The Beginning of
Western Culture

西方文化的滥觞

A Global
History

·克　编著

全球通史

②

中国大百科全书出版社

图书在版编目（CIP）数据

全球通史. 2 / 李克编著. -- 北京：中国大百科全
书出版社, 2025. 5. -- ISBN 978-7-5202-1775-0

Ⅰ. K10

中国国家版本馆CIP数据核字第2025FR1771号

出 版 人　刘祚臣
责任编辑　郭丽琴
责任校对　何　欢
责任印制　邹景峰
封面设计　周　亮
版式设计　北京崇贤馆
出版发行　中国大百科全书出版社
地　　址　北京市西城区阜成门北大街17号
邮　　编　100037
电　　话　010-88390790
网　　址　http://www.ecph.com.cn
印　　刷　河北泓景印刷有限公司
开　　本　710毫米×1000毫米　1/16
本册印张　20
本册字数　304千字
版　　次　2025年5月第1版
印　　次　2025年5月第1次印刷
书　　号　ISBN 978-7-5202-1775-0
定　　价　498.00元（全8册）

本书如有印装质量问题，可与出版社联系调换。

目　录

上古篇（下）

01 古希腊文明及希腊化时代

中古篇（上）

01 日耳曼入侵

02 英吉利民族国家的形成

03 法兰西民族国家的出现

上古篇（下）

01

古希腊文明及希腊化时代

　　古希腊是欧洲文化的发祥地，其范围大致包括三个地区，即欧洲东南部的希腊半岛、爱琴海诸岛屿还有小亚细亚地区的沿岸，其中希腊半岛是其主要部分。从爱琴文明到希腊化时代，从《荷马史诗》到《伊索寓言》，从帕特农神庙到萨莫色雷斯的胜利女神……可以说，古希腊文明不仅是西方世界的精神源头，更是全人类的文化宝库。

爱琴文明和荷马时代

考古发掘成果显示，早在旧石器时代，希腊大陆和爱琴海地区就有人类居住。进入文明时代以后，这里曾出现过米诺斯文明和迈锡尼文明，这两者又统称爱琴文明。后来迈锡尼文明衰落，北方民族迁入，古希腊历史进入了"荷马时代"。

古希腊的地理环境

古希腊地区主要包括三个部分，即希腊半岛、爱琴海上的岛屿以及小亚细亚地区的沿岸。爱琴海位于地中海东部西北隅，西接希腊半岛，东连小亚细亚地区，南与埃及、利比亚隔海相望。历史上，爱琴海地区和希腊半岛有着密切的联系，从爱琴文明开始，爱琴海便和希腊半岛等一起组成了古希腊文化区，成为西方文明的源头。

古希腊文明和古印度文明有一个共同点，那就是"希腊"这个词是一个地理名词，指的是希腊人对他们所生活的地方的称呼，在古希腊的历史上，并没有一个国家的名称叫作"希腊"。最早，希腊这个地理名词指的是希腊人的始祖所居住的希腊半岛中部偏北的地方，后来随着时间推移，范围逐渐扩大，整个希腊半岛、爱琴海诸岛乃至所有希腊人聚居的地方都被包括了进来。

东方的诸古文明，比如中国、古埃及、两河流域等都地处大河流域，沃野千米。希腊地区则截然不同，这里地小山多、海岸曲折、岛屿密布，属典型的地中海气候，夏季炎热干燥，冬季温和湿润，长年气候宜人，日照充足。海洋不仅决定了这里的气候，也在一定程度上影响了这里居民的性格，进而影响了古希腊地区的历史和发展。常年的好天气鼓励人们进行户外活动，风景秀丽的海洋自然成为好去处，所以早在旧石器时代晚期，这里的居民就走进海洋，开始了航海行动。散布在爱琴海上的诸多岛屿成为古希腊文化区的主要组成部分。同时，先进的航海技术还促进了古希腊人和周边古埃及、两河流域等地人们的沟通和交流，这也是古希腊文明辉煌璀璨的原因之一。

爱琴海诸岛和小亚细亚地区的西部沿岸组成了东部希腊地区。爱琴海上散布着将近 2500 个岛屿，大致分为 7 个群岛，分别是色雷斯海群岛、东爱琴群岛、北斯波拉泽斯群岛、基克拉泽斯群岛、萨罗尼克群岛（又称阿尔戈—萨罗尼克群岛）、南斯波拉泽斯群岛和克里特岛。其中，克里特岛是爱琴海上最大的岛屿，也是爱琴文明的中心之一，它位于爱琴海最南端，东西长约 250 千米，南北则较狭短，最宽有几十千米，最窄处只有 12 千米，面积约 8300 平方千米，它好似一条长船，漂浮在希腊和北非之间广阔的地中海之上。因此，克里特岛也成为北通希腊、南连埃及的交通枢纽。

希腊地区又可分为三部分，即北希腊、中希腊和南希腊。中希腊始终是希腊地区的政治经济文化中心。南希腊是一个半岛，在地理上又称为伯罗奔尼撒半岛，迈锡尼就位于该半岛东北部，这里创造了灿烂的迈锡尼文明。迈锡尼文明继承了克里特岛的米诺斯文明，为爱琴文明的后期。与古埃及、两河流域以及中国文明曾多次出现大一统，且大一统时期长于分裂时期的历史不同，古希腊文明始终处于城邦林立的时代。在古希腊文明几千年的历史上，希腊本土还有爱琴海诸岛上出现了数以百计的城邦小国，却始终没有出现一个统一希腊全境的国家。这些小国虽然各自独立，但其民族、语言、文化、风俗都保持着高度的一致，集体创造出了灿烂的文明，这在世界文明史上是很少见的。这种情况的出现和当地地理特点有关，一方面，多山不便于各地之间的联系，影响了希腊的统一；另一方面，希腊海岸线曲折，岛屿密布，适宜航海业和海外贸易的发展。

米诺斯文明

希腊地区很早就出现了人类活动，北希腊的卡尔息狄斯地区发现的人类头骨是已知在希腊的最早的人类遗迹，有学者认为它属于尼安德特人。在希腊半岛还发现过不少旧石器时代的遗址，南希腊的亚哥利斯地区的弗朗克提洞穴中也发现过一处中石器时代遗址，年代大约是公元前 7000 年。在希腊半岛和爱琴海诸岛上也有不少新石器时代遗址，最早的属于公元前 6000 年，其中比较著名的有马其顿的新尼科门迪亚、色萨利的塞斯克罗和克里特的克诺索斯等遗址。这些遗址表明，当时希腊各地居民基本上过着一样的生活，种植的农业作物有大麦、小麦和豆类等，驯养的牲畜有绵羊、山羊、猪等，崇拜象征丰产的泥塑女神像等。当时，希腊半岛的农业技术可能来源于西亚的两河流域，经小亚细亚半岛传播而来。考古发现，希腊新石器时代居民使用的石器都是用黑曜石制成，而黑曜石只产于基克拉泽斯群岛的米洛斯岛，这说明，在公元前7000 年到公元前 6000 年的时候，希腊半岛和爱琴海诸岛就有了往来。

克诺索斯遗址

大约在公元前 3000 年，古希腊地区进入了青铜时代。公元前 2000 年至公元前 1000 年为古希腊地区青铜时代的中晚期，在这期间，先后出现了以克里特岛和希腊半岛为中心的文明和国家，其中前者称为米诺斯文明，后者为迈锡尼文明，两者合称爱琴文明。这也是古希腊历史上的第一个时代：爱琴文明时代（公元前 20 世纪—公元前 12 世纪）。

古希腊地区的早期青铜时代还属于铜石并用时代，铜器还没有得到广泛的应用。大概和农业技术一样，当时的金属冶炼技术也是从东方传播过来的。稍晚于公元前 3500 年，爱琴地区的社会面貌出现了比较大的变化，具体表现有金属器逐渐增多，人口增长明显，爱琴海上的交通贸易较以前也更加频繁，在离海近的地方不仅出现了比较高大的建筑物，还有城防设施。这些都是从文明向文化过渡的迹象。当时发展比较突出的是爱琴海上的基克拉泽斯群岛。此地位于小亚细亚半岛和希腊半岛中间，从小亚细亚半岛向希腊半岛运输铜等金属原材料，这里是必经之路，所以，占有这种区位优势的基克拉泽斯群岛在早期青铜时代发展比较快。考古学家还在这里发现了不少雕塑作品，其中大地母神雕像和奏琴吹笛者人像，为后来的古希腊大理石雕刻艺术打下了基础。

古希腊地区最早的居民并不是希腊人，后来的古希腊作家们一般将这里的原住民称为皮拉斯基人、勒勒吉人和卡利亚人。语言学上的研究可作相关证据。爱琴地区的一些地名，如希腊半岛的科林斯、克里特岛的克诺索斯和小亚细亚的哈利卡纳苏斯等，词尾都是 nth 或 ss，而希腊语中并没有这样的词尾，所以，当年给这些地方命名的居民并不是希腊人。学者们称他们为地中海民族，可能他们和小亚细亚半岛的居民亲缘关系更近一些。在公元前 2500 年以后，一批在语言上属于印欧语系的人大概是从多瑙河流域来到马其顿等地，再逐步进入中、南希腊，和当地居民融合，形成了希腊人。

希腊爱琴地区最早的文明——米诺斯文明出现在克里特岛上。大约在公元前 2000 年，克里特岛上出现了最早的国家。王宫是米诺斯文明的标志物，当时形成的城市国家的中心一般都是王宫，这里是一个国家的政治、经济和文化中心。有的学者将米诺斯文明划分为四个时期，分别是约公元前 3000 年到公元前 2000 年的前王宫时期、约公元前 2000 年到公元前 1700 年的古王宫时期、约公元前 1700 年到公元前 1450 年的新王宫时期和约公元前 1450 年到公元前

米诺斯花瓶

1100 年的后王宫时期。

古王宫时期是米诺斯文明形成和初步发展的时期。当时的克里特岛上兴起了一系列的小国家，主要分布在克里特岛的中东部地区，其中有克诺索斯、法埃斯特、马里亚、古尔尼亚、菲拉卡斯特罗和札克罗等，其中以克里特岛中部北岸的克诺索斯和中部南岸的法埃斯特最为强大，两国之间的道路纵贯全岛。可能是在古王宫时期末期，克诺索斯统一了克里特岛。在这一时期，克里特岛上出现了文字，这也是欧洲最早的文字。这些文字最早是图形，后来逐渐简化

刻有线形文字 A 的泥板

成线形，朝音节符号演进，因此，这种文字被称为线形文字 A。线形文字 A 在克里特岛的很多器物上都发现过，遗憾的是，它们至今尚未被释读成功。

克里特岛东部是平原，适合农业生产，盛产橄榄油和葡萄酒。手工业较发达，金属制品精美，陶器更为突出，其中的卡马雷斯彩陶被认为是古代世界最精美彩陶之一。造船业同样发达，他们的商船往来于地中海各地，还有颇成规模的海军。由于克里特岛独特的地理环境，海军成为克里特岛上各国家的主要防御力量，这也造就了米诺斯文明和其他文明的一个迥异之处：无论是城市还是王宫，都没有高墙厚垒，并不重视城防建设。

米诺斯的商业也很繁荣，向外出口各种农产品、手工业产品，同时也进口外国的商品。米诺斯和古埃及的商业往来尤为密切，米诺斯人所用的黄金、象

女蛇神雕像

该雕像制作于米诺斯文明新王宫时期，是在克诺索斯遗址的米诺斯王宫神庙里发现的三件镀锡彩陶小雕像之一。

跳牛图

这是一幅米诺斯王宫内描绘惊险刺激的跳牛运动的壁画。现存于克里特岛赫拉克里翁博物馆。

牙、皂石印章等物品多产自埃及。

在古王宫时期末期，克里特岛上的王宫突然被毁，原因未知，有可能是地震或者火山等天灾。随后，岛上的居民又重建王宫，在此后的 300 年时间中，米诺斯文明迎来全盛时期，也就是新王宫时期。当时克诺索斯的米诺斯王朝的统治范围已经超出了克里特岛，基克拉泽斯群岛也在其统治之下。同时，米诺斯的商站和殖民点也遍布整个爱琴海周边地区，最西甚至到达意大利的利巴拉群岛。此外，埃及第 18 王朝宰相列赫米拉的墓中发现的米诺斯使节进贡的壁画表明，当时米诺斯和埃及保持着友好的关系。海外商贸的繁盛以及强大的海军使米诺斯王朝在地中海东部建立了海上霸权，控制了东部地中海的海运贸易网，优越的地理位置使其可以撷取欧、亚、非三大洲的资源。

遗憾的是，米诺斯人使用的线形文字 A 一直未释读成功，所以现代人对其政治、历史和社会情况还没有足够详细的了解，但是创造米诺斯文明的人和后来的希腊人不是同一种族，这一点是可以确定的。与东方文明诸国类似，米诺斯王朝也奴役着大量的奴隶和农民，近年发现的资料表明，米诺斯王朝当时还保留着以人作牺牲祭神的习俗，这也表明当时社会的奴隶制本质。

大约在公元前 1450 年，一批来自北方、操希腊语的人占领了克诺索斯王

宫，破坏了岛上的宫殿，从此这些希腊人成为克里特岛上的主宰。又过了 50
年，岛上的宫殿再次被毁坏，但此次被毁原因未知，或因希腊人入侵，或因岛
上人民的反希腊人统治起义。唯一可以确定的是，米诺斯文明就此衰落，希腊
爱琴地区的文明中心也从这里正式转移到了希腊的迈锡尼地区。

　　在希腊人入侵克里特岛以后，这里又出现了一种新的文字，它被称为线形
文字 B。它和希腊地区的皮洛斯和迈锡尼出土的泥版文字一样，已经被释读成
功，上述米诺斯文明的衰落便是根据这种文字的传播推断而来。

迈锡尼文明

　　继米诺斯文明之后创造迈锡尼文明的迈锡尼人，和克里特岛的米诺斯人不
是同一民族。从语言上说，他们属于印欧语系，是从欧洲内陆迁到希腊的最早
一支，大约在公元前 2000 年前后，他们定居伯罗奔尼撒半岛。当时克里特岛
上已经出现了米诺斯文明，迈锡尼人则相对落后，虽然也进入了青铜时代，但
是还没有形成国家。他们受米诺斯文明影响很大，400 年以后，也就是公元前
1600 年左右才形成王国。

　　迈锡尼最早的王国被称为竖穴墓王朝，其名称来自考古发现的该时期的墓
葬，墓葬为地下构筑的简单的竖穴墓室。现在发现的属于竖穴墓工朝的主要文
物是两座墓园。这两座墓园分别位于迈锡尼城堡内和城堡外，墓园内有很多王

迈锡尼女性陶土雕像

族的墓葬，墓葬里出土了大量的金银陪葬品，其中仅一个墓穴就出土 870 件，数量之多实属罕见。这些陪葬品的工艺水准都相当高超，其中大多数产自克里特岛，也有一部分来自埃及、小亚细亚以及叙利亚等地。从这些陪葬品可以推测出，当时的迈锡尼高层大概是作为雇佣兵的首领出现在克里特岛、埃及等地，那些贵重的金银器物是当时收到的报酬。与先进文明地区的密切来往也促进了迈锡尼人经济文化的发展，到了圆顶墓王朝时期（竖穴墓王朝持续了百余年，到公元前 1500 年后被圆顶墓王朝取代），迈锡尼已经不是追随米诺斯之后四处征战的雇佣兵了，已经成为能和其分庭抗礼的强国。

不同于竖穴墓王朝时期的墓葬，到了圆顶墓王朝时期，人们在地面上凿岩和砌石筑成圆形墓室，上覆高冢，前有墓道，墓室内用叠涩法砌成圆锥状屋顶，形似蜂巢，所以又被称为蜂巢墓。现在发现的最大的一座圆顶墓，内高 13.2 米，墓门高 10 米，门内过道有一块巨石为盖，重达 120 吨。在科技并不发达的当时，建成这样的墓穴实属不易。

迈锡尼文明深受米诺斯文明影响，不过它在充分吸收米诺斯文明的同时，也形成了自己的一些特点，比如迈锡尼人尚武，拥有坚固的城堡和强大的陆军，喜欢使用马拉战车等。大约在 1450 年，迈锡尼人通过某种方式入主克诺索斯王朝，他们不仅继承了米诺斯人控制的东地中海贸易网，也全面吸收了米诺斯文明的遗产。大约在公元前 1400 年到公元前 1200 年，迈锡尼文明发展到巅峰。

迈锡尼城狮子门

镶嵌贵金属的匕首刀身

出土于迈锡尼遗址 IV 号竖穴墓。图案中的猎人及其武器和盾牌
颇具早期迈锡尼文化的艺术特点。

瓦菲奥金杯

出土于希腊南部斯巴达地区附近的瓦斐奥圆顶墓，但学者们一般认
为它们应该制作于克里特岛。

迈锡尼文明包括遍布希腊地区的诸多国家，其中最为强大的是迈锡尼王国。迈锡尼王国的主要城市有迈锡尼城和军事要塞梯林斯城。迈锡尼城位于伯罗奔尼撒半岛东北部，是迈锡尼文明的中心。现代考古学家发现的迈锡尼遗址主要就是迈锡尼国王居住的城堡，城堡四周城墙用了大量的巨石环山建成，高8米，厚5米，这和米诺斯王宫建筑的全无防御截然不同。城堡建有壮观宏伟的"狮子门"——因刻有双狮拱卫一柱的浮雕而得名，城内是富丽堂皇的王宫。城堡之下的平川地带是市区，面积广阔，居住着富裕的商人和各行各业的手工匠人，其繁荣程度不逊于克里特岛的克诺索斯。

除了迈锡尼王国以外，当时其他的比较强大的王国还有地处伯罗奔尼撒半岛中部的斯巴达和西部的皮洛斯，以及中希腊的雅典、底比斯等。这些国家有时会组成一个以迈锡尼王国为盟主的军事同盟联合作战。

在海外贸易方面，迈锡尼在米诺斯的基础上走得更远。迈锡尼陶器在地中海沿岸的很多地方，包括埃及、叙利亚、腓尼基、塞浦路斯以及意大利南部利巴拉群岛等地方都曾发现。在希腊爱琴地区，迈锡尼文明的范围也要比米诺斯文明大得多，现在已经发现了至少1000多处大大小小的迈锡尼文明遗址。

1952年，迈锡尼人使用的线形文字B被释读成功，证明了线性文字B为希腊语的一种古代书写形成。现在发现的文字材料多是王室经济文书，从中可以了解当时的社会经济状况，如劳动者的数量、牲畜和农产品的数量、土地的数量、祭品的多少等。从中也可以推测出，当时的迈锡尼社会是奴隶制社会，和东方的奴隶制王国相似。

迈锡尼文明深受米诺斯文明影响而又有自己鲜明的风格，这一点在当时的手工艺品上有所体现。在迈锡尼、梯林斯、皮洛斯等地出土了不少精美的手工艺品，还有大量的金器、青铜器、陶器等，这些艺术品做工精美，从中既可以看到米诺斯文明的影子，也可以在物品形制和纹饰上看到迈锡尼文明的特点。

公元前12世纪，迈锡尼文明开始衰败，考古发现这一时期的陶器质量下降，数量也大大减小。同时，"海上民族"的骚扰又使得迈锡尼人的国际贸易遭到严重打击，经济大幅滑坡。这也可能导致了当时的统治者只能依靠武力掠夺来维持自己的奢侈生活，于是，战争四起。

《荷马史诗》还有其他一些文献中提到，以迈锡尼王国为首的希腊诸国军队曾经和地处小亚细亚的特洛伊进行了一场长达10年的战争，最后虽然是以希腊联军攻下特洛伊城而获胜告终，但此时的希腊诸国也已是疲惫不堪、元气大伤。现代学者大多认为，这场战争发生在公元前13世纪下半叶或公元前12

世纪的上半叶。总而言之，从公元前 12 世纪开始，盛极一时的迈锡尼文明日渐衰落，宫殿、文字、国家相继消失。导致迈锡尼文明衰落的原因可能是内乱所致，也可能是外敌入侵，但更有可能是二者兼而有之。

入侵的外敌，一般指的是当时北方的多利亚人，他们和迈锡尼人一样都是希腊族，但是长久以来一直居住在相对落后的北部内陆山区，当时还处于原始社会末期的军事民主制阶段。多利亚人趁迈锡尼诸邦全面衰落之时，曾多次南下进犯迈锡尼，在特洛伊战争以后约 60 年的时候，终于入侵成功，毁灭了迈锡尼文明。后考古发现，特洛伊城被毁灭的时间大约是在公元前 1200 年前后，而迈锡尼各城市被毁灭是在公元前 1150 年左右，这和《荷马史诗》基本吻合。

在迈锡尼文明灭亡后的两三百年的时间里，希腊地区一直处于一段相对黑暗的时期，反映这段历史情况的主要文献是《荷马史诗》，所以这段历史又被称为"荷马时代"。

《荷马史诗》与荷马时代

北方入侵的多利亚人并没有在希腊这里建立自己的国家，在此后的两三百年间，希腊文明传统基本上处于后退阶段，各地都退回到了原始社会时代，因此有人将荷马时代又称为"希腊的中世纪"，即"黑暗时代"。

《荷马史诗》分为两部长篇叙事诗，即《伊利亚特》和《奥德赛》，相传为诗人荷马所作，但其实它是特洛伊战争以后的数百年间，希腊民间集体智慧的结晶，非一人一时之作。《伊利亚特》和《奥德赛》都和特洛伊战争有关。《伊利亚特》中描绘了一段特洛伊战争进行到第 10 年间的故事。希腊联军中最勇猛的将领阿喀琉斯因为联军统帅、迈锡尼国王阿伽门农夺走了美丽的布里塞伊斯而愤恨不已，拒绝为联军出战，希腊联军因此战败，阿喀琉斯的朋友帕特洛克罗斯也死在了特洛伊主将赫克托耳手中。阿喀琉斯这才幡然醒悟，他决心为朋友复仇，重新上阵，并最终杀死了赫克托耳。全诗也在特洛伊人为赫克托耳举行盛大庄严的葬礼中结束。《奥德赛》讲的是特洛伊战争结束以后的事情。希腊联军攻下特洛伊城以后陆续回国，智勇双全的英雄奥德修斯也是如此，不过他在海上历尽千难万险，打败了很多妖魔鬼怪，历经 10 年，才得以回到家乡和妻子团聚。

《荷马史诗》不仅是一部文学作品，也是一个保留着不少珍贵历史信息的

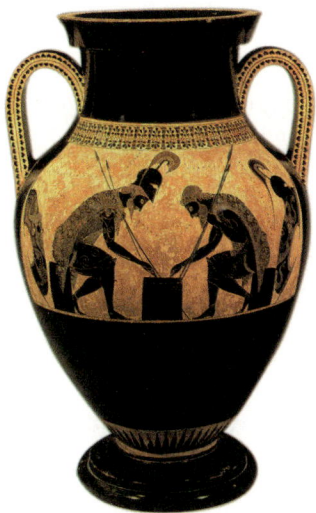

陶瓶画《阿克琉斯与埃阿斯掷骰子》
描绘了《荷马史诗》中提到的两个英雄——阿喀琉斯（左）和埃阿斯（右），他们在出征特洛伊途中遇到风暴，休息时掷骰子的情节。

文化宝库。不过，因为它是一部在迈锡尼文明结束之后的几百年时间里由民间集体创作完成的作品，又是一部文学作品，所以其间的信息难免真伪并存，也有不同时代的信息混杂在一起的情况。比如在《伊利亚特》中提到阿喀琉斯在重返战场的时候，他的母亲请人为他打造了一件非常精美的盾牌，诗中详细描绘了盾牌上的精美金银雕饰，这反映的是迈锡尼文明时期的事情，不过随后它又描绘了盾牌上浮雕的图案，雕的是农田耕作的情景，这显然是属于荷马时代的内容。所以，必须对书中提到的细节进行细致分析和深入研究，再和考古发现相互佐证，才能准确地看到《荷马史诗》里反映的当时的历史画面。

《荷马史诗》本身也是这一时代希腊民族在精神文化方面的伟大创作，其情节生动，人物形象栩栩如生，语言优美有力，堪称世界文学宝库的瑰宝。一些历史学家据此进行考证，古代爱琴文明也由此引发而探索出来。

《荷马史诗》中所反映的大部分内容为公元前 11 世纪到公元前 9 世纪的希腊社会，是反映该时期社会情况的主要史料，所以后人将这段历史命名为"荷马时代"。

荷马时代的希腊不再有奴隶制国家，人们生活在处于军事民主制阶段的氏族部落当中。当时社会组织的最基本单位是父系氏族，若干个氏族组成一个族盟，若干个族盟再组成一个部落，若干个部落再组成一个部族（这是以后希腊城邦形成的基础）。在部落和部族内部有三种机构，第一种是公民大会，这是一个部落内最高的权力机关，成员是部落的全体成年男子；第二种是议事会，成员是氏族的长老和贵族，终身任职，负责处理部落的重大事务；第三种是军事首长，由公民大会选举产生，负责统领军队作战。像神话里一些著名的英雄，比如阿喀琉斯、奥德修斯等人都具有军事首长性质，只有明显带有迈锡尼文明痕迹的迈锡尼国王阿伽门农和特洛伊国王不属于此。

当时氏族内部成员已经有了一定程度的分化，王族贵族占有大量土地、牲畜和其他财物，使用着雇工和奴隶劳动；普通的成员则靠着小块份地勉强生活，还有不少人贫困潦倒，甚至份地都丧失了，被迫去做雇工，还有的只能沦为乞丐。当时奴隶作为一种劳动工具已经被普遍接受，战俘和海盗行动劫掠而来的俘虏是奴隶的两大来源。

相对于迈锡尼文明来说，荷马时代是倒退的。但是这是从整体上说，从另一个方面看则不是，这个方面就是铁器的使用。地处北希腊的多利亚人虽然比迈锡尼人落后，但是他们因为陆路直通小亚细亚而掌握了冶铁技术，随着他们入侵希腊中南部地区，整个希腊地区进入了铁器时代。

因为希腊地区特殊的地理情况，铁器在这里的广泛应用，发挥了更大的作用。希腊山多地少，居民经常需要伐树开荒，开辟丘陵山坡为田地，挡在他们面前的经常是盘根错节的灌木丛和土石相杂的坚硬坡地，面对这样的情况，青铜工具未免有些力不从心，这也是青铜时代的农业发展没有取得太大进步的一个原因。希腊人日益广泛地掌握冶铁技术，并在农业中普遍使用铁制工具。锋利坚硬的铁锄、铁斧的重要程度甚至超过铁犁，现在考古发现当时最多的农具也是斧、锄两类。

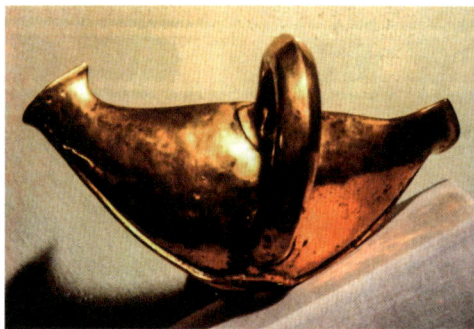

出土于特洛伊的黄金酒杯

铁器在手工业上也大放异彩。恩格斯曾说："**铁器为手工业工人提供了一种其坚固和锐利非石头或当时所知道的其他金属所能抵挡的工具**"。造船业便是其中的典型代表。造船工人们手持铁斧、铁锯、铁锤之类的工具，创造出了超过迈锡尼文明时期的成就。当时的龙骨技术日趋完善，他们将龙骨的前端做成冲角，这一点被后来希腊的战船所承袭。在荷马时代初期，曾经出现过生产衰退、人口下降的现象，不过这主要是相对之前属于迈锡尼文明的城市而言。铁器的出现使希腊各地很快发展起来较为发达的农耕经济，到了荷马时代后期，经济形势还有人口数量都呈现积极健康的态势。不得不说，之后为荷马时代画上句号的众多古典城邦，都是在铁器广泛应用带来的经济发展的基础上出现的。

综上所述，作为希腊铁器时代的开始，虽然社会暂时倒退，但和迈锡尼的青铜文明相比，荷马时代的铁器文明具有一定的进步意义，古希腊文明的恢复和发展在此时也已经亟待破茧而出。

希腊城邦时代

在荷马时代，随着经济重新发展起来，希腊各地开始出现了众多的城邦国家，古希腊历史由此进入了城邦时代（公元前 8 世纪—公元前 4 世纪）。从此时，一直到公元前 4 世纪下半叶的马其顿崛起为止，这一段历史也是古希腊文明最为辉煌的时期。

城邦国家的出现

公元前 8 世纪，希腊爱琴地区开始出现城邦国家，这些国家大多以一个城市或者大一点的市镇为中心，再加上市镇周围的农村。最早建立城邦国家的是和东方文明比较近的小亚细亚沿岸和爱琴海诸岛，以及希腊本土的雅典、优卑亚岛等文化比较发达的地区，紧随其后的是多利亚人占据的伯罗奔尼撒半岛和克里特岛等地，再之后中希腊和北希腊地区也迅速赶上。从公元前 8 世纪开始的一二百年间，希腊爱琴地区如雨后春笋般涌现出了众多的城邦国家。

这是生产力发展、尤其是铁器的广泛应用的结果。从公元前 8 世纪到公元前 6 世纪的大约二百年的时间里，希腊世界的大部分地区都处于和平发展的环境之下，没有受到外来异族的侵袭。同时，希腊地区和其他文明地区的来往日益密切，吸收了大量的东方文明成果，这些都为希腊文明的发展增加了动力。当时，铁器已经广泛应用在农业、手工业当中，在一些地理条件比较优越的地区，如科林斯、埃吉纳、米利都、雅典等地，它们的商业以及酿酒、榨油、金属加工等行业也都有了长足的进步。生产力的发展、人口的增长促进了阶级的分化，奴隶逐渐增多，最终达到了建立城邦——早期奴隶制国家的要求。

和城邦国家的建立基本同时期，一系列古希腊文明重大成果先后出现。公元前 8 世纪，希腊人在腓尼基字母的基础上创造出了自己的文字。公元前 776 年，第一届古代奥林匹克运动会举行，从此以后，希腊各邦有了共同的传统节日和历史纪年。

纵观世界古代历史，大部分民族从原始社会进入文明时期，最早出现的国家形态基本上都是城邦小国，即以一个城镇为中心，周围农村地区为其组成部分。然后，众邦国之一开始强大起来，统一周边，在这期间王权不断加强，最终从王国演变成威震一方的大帝国。但是古希腊文明却不是这样。在古希腊文明史的大部分时间里，都是城邦小国林立的状态，而古希腊人也就是在这样的状态下创造出了极其繁荣灿烂的文明。从城邦小国到地域王国再到帝国，一个关键因素就是王权的加强，可以说，建立起君主专制的政治体制是实现征服四方的基础。事实上，希腊城邦出现的初期也有过王权的代表人物——国王，他们也经历过王朝更迭，但是和东方诸国王权逐渐增强直至独揽大权不同，希腊各城邦的王权却是日渐衰微的，最终，大多数的城邦废弃了君主制，而选择了共和制度。在一些城邦中，甚至连贵族统治也没有发展成一定规模，反而衍生出了古代公民权利最发达的民主政治。这样的政治体制决定了古希腊奴隶制经济的两个突出特点，一是以小规模的私有制为主，二是商品经济比较发达，而这也是古希腊文化取得璀璨成就的一个重要原因。

海外殖民地的发展

从公元前 8 世纪到公元前 6 世纪，古希腊殖民者们在地中海沿岸地区广泛地开展殖民活动。现在发现最早的希腊殖民城邦在今天的意大利那不勒斯附近的皮特库萨岛，大约在公元前 750 年，希腊的优卑亚岛人来到这里建立了殖民点，不久，他们又在皮特库萨岛对面的意大利土地上建立了丘米城。希腊人的殖民脚步遍布地中海沿岸。在东方，因为有埃及、巴比伦等国家的存在，所以他们仅仅在埃及、叙利亚建立了少量的商站；在西方，他们广泛发展。在意大利、伊利里亚（今巴尔干半岛西北部）、西班牙和法国南部沿岸都建立了殖民城邦；在北方，希腊人进入色雷斯地区，通过赫勒斯滂海峡进入普罗彭提斯海，又通过博斯普鲁斯海峡进入黑海周围的广大地区，在今天的土耳其、保加利亚、罗马尼亚、乌克兰、俄罗斯及高加索等地都留下了他们的足迹。据不完全统计，当时的希腊共有 44 个城邦参加了海外殖民活动，他们在面积远超希腊本土的海岸地带建立了近 140 座城邦。希腊人自己这样形容："这些地处地中海、黑海地区的为数众多的新邦，就像在雨后的池塘边上彼此呼应的青蛙们。"这些"青蛙"中比较著名的有科林斯人建立的叙拉古、斯巴达人建立的塔连同、墨伽拉人建立的拜占庭、米利都人建立的奥尔比亚等。而希腊人如此大范围的海外殖民活动，在世界古代史上也是首例。

希腊人的海外殖民活动和古代常见的民族迁移不同，和近现代的资本主义殖民活动也有区别。大多数的城邦选择海外殖民的原因是当时人口增加而耕地不足，从而到海外去寻找更广阔的空间。发起海外殖民活动的城邦被称为母邦，母邦的部分公民到海外某地另立家园，那里便是子邦。每一个子邦都是希腊世界的新成员，它们在地位上和母邦完全平等，不管是政治上还是经济上，同时在各个方面都可以说是希腊本土诸邦的翻版，在当时海外殖民城邦最为集中的意大利南部地区，还有"大希腊"的称呼。

海外殖民活动不仅缓解了当时希腊人口增长带来的生存压力，也扩大了希腊贸易活动的原料产地和市场，因此，随着海外殖民城邦的兴旺，希腊世界的奴隶制商品经济也获得了充分的发展。同时，希腊人的海外殖民活动使希腊人获得了一个前所未有的广阔空间，南通非洲、北出黑海、西到西欧、东到埃及、叙利亚、巴比伦等地区，这是一个前所未有的环地中海贸易圈和经济圈，已经远远超出了希腊爱琴地区的地理范围。海外贸易的繁荣壮大了工商业奴隶主阶层，也使平民阵营的力量大大加强，从而推动了民主政治体制的建立。此外，

锻造金鱼
古希腊人于黑海北岸建立了殖民城市
奥尔比欧波力斯之后锻造了这只金鱼。

希腊人在海外殖民商业活动中加强了和其他文明的交流，开阔了眼界，这也帮助了他们创造出属于自己的更灿烂的文明。

希腊人在向外扩张的同时，内部各地区的交往也在不断发展。以宗教活动为主要内容的诸多近邻同盟的建立，奥林匹亚、德尔菲等具有全希腊意义的宗教中心和竞技中心的建立和发展，都促进了希腊人之间的相互了解和经济、文化交流。不过，各个城邦之间也发生过不同性质的战争，比如斯巴达人不断征服美塞尼亚人的战争就是其中之一。

僭主政治

古希腊海外殖民活动等经济上的变化也对其政治体制产生了影响。不仅是希腊城邦形成初期普遍存在的贵族专权局面受到了挑战，以奴役外族人为主的奴隶占有制的发展，也使一些城邦的阶级结构和政治、社会制度发生了变化。这一类表现主要有两种，分别是斯巴达"平等者公社"的形成和"僭主政治"的兴衰。

平等者公社形成于公元前8世纪到公元前7世纪之间，当时斯巴达人征服了他们的邻邦美塞尼亚，占有了那里的肥沃土地，奴役了那里的人民。为了加强对奴隶的统治，维护公民内部的团结，斯巴达施行了"平等者公社"制度。其内部斯巴达公民之间均等分配全国土地，拥有同样数目的奴隶为之耕种。斯巴达战士过着集体的军事生活，吃同样的公餐。但事实上，斯巴达公民内部还是有着贵族、平民之分，少数贵族还占有份地以外的土地，拥有较多的动产，且操纵国家的实权。

公元前7世纪到公元前6世纪，平等者公社成员约有10000人，但是到公元前5世纪时已不足6000人，到了公元前4世纪下半叶，伴随斯巴达内部贫富分化的加剧，社内成员仅约 700 人，平等者公社随之解体。

"僭主"这个词来自小亚细亚，本来和君王同义，但是被希腊人赋予了新的含义。在公元前 7 世纪和公元前 6 世纪的希腊，这个词专指城邦政治中凭借武力、使用非法手段僭越夺权的专制头领，他们将公民大会抛在脑后，未经公民选举而上台，且拥有终身独裁的权力，还可以世袭。这些人为了稳固自己的统治，通常奉行打击贵族、争取平民的政策，鼓励殖民活动发展，因此，他们受到了在海外殖民商业活动中成长起来的工商业奴隶主们的支持。当时的工商业奴隶主们虽然通过经营工商业而致富，但不能参加贵族会议，地位比较低下，所以，在反对贵族专权上他们和那些"僭主"们走到了一起。

僭主独裁违背城邦公民政治原则，且后期僭主多为骄奢暴虐之辈，已经为人民所抛弃，故僭主统治并不能持久。不过在早期的僭主阶段，相对于贵族专权，僭主还是具备一定的进步意义的。公元前 7 世纪中期到公元前 6 世纪中期这 100 年左右的时间，是这类早期僭主政治比较盛行的时代，阿尔戈斯、科林斯、西息温、墨伽拉、那克索斯和萨莫斯等城邦都建立起了僭主统治，并且国力走向强盛。

同一时期还出现了一些用成文法将城邦基本制度规定下来的"立法者"活动。这其中包括斯巴达的来库古改革、雅典的梭伦改革和克利斯提尼改革。发生这几项改革的两个城邦，斯巴达和雅典，也是古希腊城邦时代中最为重要的两个城邦。

斯巴达与来库古改革

斯巴达位于伯罗奔尼撒半岛的南部，它的名字最早出现在《荷马史诗》里，但是此斯巴达非彼斯巴达。《荷马史诗》里的那个斯巴达已经在多利亚人南侵后消失，现在的斯巴达是多利亚人南侵以后又兴起的一个城邦，多利亚人的一支在斯巴达定居下来，他们就被称为斯巴达人。又经过很长时间，他们才将原有的居民完全征服，最终建立了国家。据说在建国之初的斯巴达，由一位名叫来库古的伟人主持国政、订立法制，在他的领导下，斯巴达特有的国家制度才逐渐形成，这就是传说中的来库古改革。

不过这只是一个传说，历史上来库古是否确有其人还有待考证。现在比较通行的说法是，在斯巴达建国之初，确实有一位雄才大略的人为严密完整的斯巴达制度奠定了基础，但其中有一部分其实是来自多利亚人固有的传统。在这之后的数百年间，斯巴达制度不断完善，后人将其中的一些归到了那位来库古名下。来库古推行改革的时间有很多种说法，其中一种说法是在公元前825年到公元前800年之间。

来库古的改革措施大致分为以下几条。首先是组成了新的部落和选区，这意味着氏族组织的血缘原则被国家组织的户籍原则所取代，这也标志着斯巴达国家的建立。其次是建立议事会，由30名成员组成，两位国王也在其中（斯巴达实行双王制），并无特殊地位。议事会的实质是掌握城邦实权的贵族会议。此外，来库古还设立了5名监察官，由议事会提名，民众会表决选出，这时的监察官还没有后来那么重要，来库古设立他们的目的就是保持青年公民的风纪和体质锻炼。这也就引出了来库古设立的另一套非常有特色的制度：所有的斯巴达青年公民都要过着军营集体生活，整日的活动就是操练，随时准备出征。

当时的斯巴达男子从7岁起就要进入军事学校接受专门的军事训练，20岁开始服役，60岁才能退役回家，所以大多数的青壮劳动力都在脱产进行军事训练。为此，斯巴达统治者设立了一套专门的经济制度作为保障。当时斯巴达的居民分为三种，即斯巴达人、庇里阿西人和希洛人。斯巴达人是奴隶主阶级，他们享有全权，国家将土地按户分给他们，但土地的所有权还在国家，分到地的斯巴达人不得将土地转让，但是可以传给后代。他们中的青年公民因整天进行军事操练，所以并不进行田地劳动。在土地上劳动的，是随着土地由国家一

斯巴达重步兵大理石雕像
重步兵伴随着青铜时代文明的发展而产生，往往装备着长矛和精良耐用的护甲，集结成方阵队形展开行动。

起分配来的国家奴隶——希洛人。

据说希洛人原来是斯巴达人周围的邻居拉科尼亚地区希洛斯城的居民，他们被斯巴达人征服以后便沦为奴隶。他们没有人身自由，战时随着出征，担负苦役。庇里阿西人的地位处于斯巴达人和希洛人中间，他们没有公民权，也没有任何政治权利，但是有人身自由。庇里阿西人通常从事农业或者手工业，也有的经商，需要向国家纳税，并服兵役。

在这样的制度保障下，斯巴达国家就能专心训练强悍的军队，既可以对外征服，又可以对内镇压。不过需要指出的是，这套制度在来库古改革时只是出现了雏形，在后来镇压希洛人的过程中才逐渐完善、强化，甚至最后走向僵化。

来库古以后的斯巴达国家制度基本沿着来库古改革确定的大体方向发展。在政治体制上，双王制和议事会继续存在。两位国王地位平等，分别由两个王室家族世袭产生，战时，其中之一领兵出征，另一位坐镇国内。贵族会议议事会总揽军政大权，决定国家大事。有变化的是监察官，权力大为加强，战时国王出征，监察官一般随军监督，还有权审判国王和在王族中选定继承人。监察官还可以主持议事会，斯巴达城邦的实权掌握在监察官手中。

当时的斯巴达人占据了两个古希腊第一，第一个是他们拥有一支希腊地区实力最强、纪律最严格的军队。这得益于斯巴达人空前绝后的全民皆兵、重武轻文的习俗。斯巴达的男性公民基本上终生都过着严格的军事生活，竞争和淘汰从出生那一刻就开始了——体质不合要求的婴儿会被抛弃。可以说，斯巴达成年男子的一生便是从军的一生。从精神上看，斯巴达人也最为崇尚绝对服从、视死如归的军人气质。所以，斯巴达才拥有了一支希腊地区无敌的军队。但是，凡事都有两面性，狠抓军事的斯巴达人完全忽视了军事以外的文化建设，以至于在辉煌的希腊古典文明当中，所有的重大杰出文化成果上都没有留下斯巴达人的名字，这与其和雅典并列为希腊城邦双峰的地位极不相称。

斯巴达人另一个冠绝希腊的名号其实具有讽刺意味，那就是斯巴达人对希洛人的残酷迫害，在整个希腊世界甚至古代世界史上都无出其右。希洛人每年都要挨打，不管有无什么过失，斯巴达人就是想让他们牢牢记住自己的奴隶身份。斯巴达人统治者还会让青年公民们结成小队去希洛人聚居的村子里明察暗访，一旦发现有壮实勇敢或者表露不满、反抗的人，晚上就会对其发动突然袭击，将其活活打死。每任新当选的监察官上任，都会举行一个向希洛人"宣战"的仪式，就是宣布希洛人是法定的公敌，可以随意屠杀，且不会受到法律和宗教制裁。

斯巴达社会是一个贵族专权的奴隶社会，监察官、王族、议事会成员等社会上层，不仅掌握着政治权力，还占有了比普通公民多得多的土地、奴隶等财产，这一点连古希腊人也承认，斯巴达的政体是最为彻底的贵族寡头统治政体。

拥有无敌军队的斯巴达在伯罗奔尼撒半岛上也是霸主，且基本上是一家独大，原来在僭主统治时一度强大的阿格斯现在已经沦为二等城邦，它们和斯巴达有仇，但是复仇已是有心无力。其他如科林斯和西息温等多利亚城邦也都不是斯巴达的对手，都被斯巴达所控制。公元前 6 世纪后期，斯巴达以武力相胁迫将伯罗奔尼撒半岛的大部分城邦（除了阿尔戈斯和西北部阿卡亚等少数小邦）纠集在一起，组成了所谓的伯罗奔尼撒同盟。同盟内部的一切皆唯斯巴达马首是瞻，一切行动也以斯巴达的利益为准绳，斯巴达拥有绝对的领导权。一般来说，同盟的成员只是在外交、军事问题上按同盟决议——也就是按斯巴达的指令行动，其他方面还保持着独立。斯巴达人利用这个同盟称霸了伯罗奔尼撒半岛，同时也在整个希腊成为数一数二的大国。

雅典与梭伦改革、克利斯提尼改革

雅典城邦位于阿提卡半岛上，新石器时代就有人居住，这里发现多处青铜时代遗址，在雅典卫城内甚至发现有属于迈锡尼文明时代的宫殿遗址。现在一般认为，这里原来居住的是伊奥尼亚人。公元前 12 世纪，多利亚人南侵，虽然他们没有占据阿提卡半岛，但有大批来自其他迈锡尼文明中心的人迁居到了这里。雅典城邦的早期历史模糊不清，关于迈锡尼文明时代产生的雅典国家是否伴随着迈锡尼文明的衰落而一并消失，现在说法不一。

和斯巴达国家早期的来库古改革一样，雅典建国之初，也有一个"提秀斯改革"，性质和斯巴达非常相似。据古代的神话传说，提秀斯是迈锡尼时代的人，但是雅典建立城邦差不多是公元前 9 世纪末的事情，离迈锡尼时代隔了好几百年，显然不太可能。现在比较通行的说法是，所谓的提秀斯改革，就是当时的某位首领和民众一同进行的创建城邦宪制的活动，联合境内各村社建立中央议事会和行政机构是活动的中心内容，希腊人将这个过程称为"塞诺西辛"，即联合统一的意思。和斯巴达通过征服立国不同，雅典人建立国家的方式是协议，中央议事会和行政机构便是城邦国家的雏形。公元前 683 年左右，阿提卡全境已形成以雅典城为中心的统一的奴隶制国家。

出土于雅典迪普利翁墓地的双耳喷口瓶
瓶身展示了一位雅典贵族的葬礼场景。现存于纽
约大都会艺术博物馆。

雅典国内国民分为三个等级，即贵族、农民和手工业者。后两个等级的人不能为官，只是具有公民权，贵族充任官职、执行法律，所以雅典国内的贵族和平民界限泾渭分明，这也为后来的贵族政治奠定了基础。雅典也有过王权势力，最早时的国家首脑是国王，根据传说，当年也有过一个王朝，不过王权日益衰落，到了公元前 8 世纪左右，大权就彻底落到了贵族手里。

氏族贵族通过执政官和贵族会议控制着雅典城邦。执政官从贵族中选出，最初是终身制，后来改为任期十年，到了公元前 683 年又改为任期一年。执政官共有 9 人，分别掌管内政、宗教、军事、司法等事务，任期满以后进入贵族会议。贵族会议拥有最高的审判权和监督官员的权力，他们有权推荐或制裁执政官。贵族会议成员是终身制。当时雅典也有公民会议，只要能自备武装出征的人皆可参加，门槛较低，权力也不大，只有从贵族中选举官员的权力。

这样的政治体制使贵族控制了雅典城邦的大部分资源，除了政治权力以外，他们还控制经济命脉。阿提卡半岛上最好的土地都在雅典贵族手中，他们征收租种的地租，还用放高利贷等方式剥削着贫苦的劳动人民。当时农民的生活十分困苦，收成的 5/6 都要上交，自己只剩下 1/6，所以还得了一个绰号——"六一汉"。一旦交不起租金，那么农民本人还有家庭成员都可能沦为奴隶。有的债主甚至还将还不起债的农民卖到外邦去当奴隶，引起农民日益强烈的不满。古希腊著名哲学家亚里士多德在他的著作《雅典政制》中揭露了当时贵族统治下的社会黑暗：

"贫民自己还有他们的妻子儿女事实上都成为富人的奴隶，他们被称为"保护民"和"六一汉"，如果他们交不起地租，那么他们自己和子女就要被捕，所有借款都用债务人的人身作为担保，这样的习惯一直到梭伦的时候才有所改变。""当时雅典的政治完全是贵族寡头的统治，在民众眼中，宪法上最残酷最苛虐的部分就是他们的奴隶地位。"

与此同时，雅典的工商业也发展了起来。工商业奴隶主成为一个新兴的阶层，他们中的一部分人虽然通过贸易活动发财致富，却因为出身平民，在政治地位上比较低下，被贵族们压迫、排挤，因此，他们也对贵族专权的统治心怀不满。到了公元前 6 世纪初，氏族贵族与平民之间的矛盾已经发展到了非常尖锐的地步。公元前 594 年，由双方共同选出的仲裁人梭伦，为了缓和社会矛盾，决定对当时的雅典政治体制进行大幅度改革，这就是著名的梭伦改革。

梭伦出生于一个没落的贵族家庭，早年曾从事工商业，周游海外，是一位饱学之士，被时人誉为"七贤"之一。同时他又参加过对外战争，立有军功，

梭伦与克洛伊索斯
1624 年，画家宏多斯创作的油
画。右侧站立着的为梭伦。

他在民间颇具一定的声望。在政治上，梭伦倾向于工商业奴隶主，但对下层百姓也有同情之心。当时的雅典社会矛盾重重。饱受剥削的农民酝酿着武装起义，想要铤而走险；靠着经商致富的工商业奴隶主们政治地位低下，也对贵族统治不满；而贵族统治阶级却依然顽固不化，残酷剥削。在这样的情况下，以整个城邦公社的利益为重、作为工商业奴隶主代表的梭伦得到了大多数平民的支持，因此他也得以在公元前 594 年被选为执政官。

梭伦是个改良派，他既对贵族统治的腐化非常痛恨，但是也不愿意看到平民暴动的场面，他主张以一种温和的方式，即改革，来解决平民遭受压迫的各类问题，缓和阶级矛盾。梭伦的改革主要分为以下几个方面。

首先，梭伦颁布了《解负令》，废除了平民所欠的所有公私债务，之前沦为债务奴隶的一律解放，因欠债而被卖到外邦的人，由国家赎回；同时，宣布彻底废除奴隶债务制度，放债时禁止以债务人的人身作担保。《解负令》为雅典的贫苦公民解除了最沉重的负担，此外，它更为深远的意义在于彻底废除了债务奴隶制度。从此以后，雅典国内不再有本国人沦为奴隶，城邦的政治体制更加稳固，民主政治也有了不小的发展，进而促进了希腊奴隶制经济的繁荣。从这个角度看，废除债务奴隶制是具有进步意义的。

其次，梭伦重新划分了国内的公民等级，他废除了原来的贵族、农民、手工业者的划分，转而按照财产的多少，将公民分为四个等级。每年从田产上收入五百麦斗谷物或油、酒以上的公民为第一等级，称为"五百麦斗级"；收入在三百麦斗以上的为第二等级，称为"骑士级"；收入二百麦斗以上的公民为第三等级，称为"牛轭级"，因为他们有牛可以耕田；在二百麦斗以下为第四等级，他们靠着打工为生，所以称为"日佣级"。第一等级和第二等级为全权公民，他们有权出任国家最高的官职；第二等级不可以担任司库；第三等级的人只有权出任低级的官职；第四等级的人没有资格担任官职，但他们被允许参加公民大会，参加法庭当陪审员。以财富而不是出身来划分等级，这是对贵族势力的一大打击，同时也是一种进步。富裕的工商业奴隶主阶级就此获得了政治权利，但是平民阶级获得的权力却仍然有限，这也体现了梭伦的改革始终保持着他自以为荣的"中间路线"。

再次，梭伦改革了政权机构，提高了公民大会的作用。公民大会除了选举官吏以外，还有权决定宣战和议和等国家大事，从原来的形同摆设到现在重新拥有了城邦最高权力机关的威严，公民参与大会的积极性也普遍提高。另外，梭伦还新设立了一个四百人会议，从四个部落前三个等级中各选一百人组成，这个会议获得了不少原来为贵族会议专属的权力，比如为公民大会拟订议程、提出议案等，已经成为公民大会的常设机构。贵族会议虽然还有，但没有原先的威风与实权了。梭伦还设立了一个陪审法庭，陪审员从公民中选出，判决时通过投票决定，清除了之前由贵族垄断司法的弊端。

此外，梭伦还颁布了一些促进工商业发展的法规，比如奖励国外技工迁居雅典，改革度量衡和币制，规定公民必须让儿子学一门手艺等。

梭伦改革扩大了奴隶主阶级的统治基础，为工商业奴隶主掌握政权准备了条件，同时也将雅典引上了建立奴隶制民主政治和发展奴隶制工商业的道路，这是符合当时希腊城邦发展要求的。梭伦改革在一定程度上解救了平民的疾苦，消除了贵族特权，可以称为平民对贵族斗争的一次胜利，具有很大的进步意义。不过梭伦的改革也具有一定的局限性，比如他没有满足下层平民对土地的要求，没有给予他们平等的政治权利，不过从整体的角度看，他的改革还是比较成功的，亚里士多德曾称赞梭伦"采取曾是最优秀的立法，拯救国家"。在此后的百余年间，雅典沿着梭伦开辟的道路不断发展，同时继续进行一些民主改革，最终在希腊众城邦中发展成首屈一指的国力强大、经济繁荣、政治民主、文化昌盛的城邦。

梭伦只做了一年的执政官，任满之后便离去，此后再未涉足政界。据说在梭伦改革后期，曾经有人建议他搞僭主政治，做终身独裁者，却被他婉言谢绝，梭伦这样说道："（独裁统治）是一个美好的位置，但是没有路可以下来。"然而，在梭伦离任后的差不多一个世纪内，雅典还是落到了僭主的统治之下。

　　梭伦下台以后，分别代表贵族、农民和工商业者的三大政治势力——平原派、山地派和海岸派相持不下，相争的最后结果是山地派的领袖、曾为梭伦之友的庇西特拉图获胜，他在雅典建立了僭主统治。

　　僭主统治一般都依靠下层民众支持，并打击贵族势力，庇西特拉图就是如此。公元前541年，他彻底掌握了雅典大权（从公元前561年起，庇西特拉图曾两度掌握政权，不过都没有坐稳），基本延续了梭伦的路线，支持平民发展，抑制贵族势力。庇西特拉图还采取了鼓励工商业发展的措施，当时雅典的陶器、酒、油畅销地中海地区。庇西特拉图在雅典大兴土木，在他统治时期，雅典开始成为希腊建筑和雕刻艺术的中心。作为爱好文艺的庇西特拉图还经常组织隆重壮观的节日庆典，请来很多知名的诗人，给予他们丰厚的待遇，当时整理《荷马史诗》的工作便是在雅典进行的。

　　僭主统治下的雅典按梭伦期望的那样走向了繁荣。当时的平民对庇西特拉图的僭主统治也颇有好感，亚里士多德曾这样评述道："庇西特拉图处理国政是温和的、而且是宪法形式的；他非常温厚仁慈，对待犯法的人尤其宽容……在他统治时期，从来不和大众为难，总是致力和平，保持安静；所以人们总说庇西特拉图的僭主政治有如黄金时代。"

　　庇西特拉图于公元前527年逝世，他的儿子希庇亚斯接替了他的位置，却没有接替他父亲的"仁政"。希庇亚斯的专制、傲慢、奢侈都让百姓越来越反感，终于在公元前510年，忍无可忍的人民奋起反抗，推翻了他的统治。希庇亚斯最终逃往波斯。重获自由的雅典人民随后又赶跑了想要趁火打劫的斯巴达军队。最终，在公元前508年，平民领袖克利斯提尼针对当前的雅典情况又进行了一次重要的改革。

　　梭伦的改革没有取消部落组织，这使贵族可以利用自己在部落的势力对选举进行操纵。因此，克利斯提尼改革的首要内容便是用地域部落取代了原来的血缘部落。原来的部落分为平原、山地、海岸三派，各自代表不同的势力，新的部落组织则尽可能将三派势力糅合在一起。具体办法就是，将雅典全国分为平原、海岸、内地三大部分，每一个大部分再分成十个小部分，每一个小部分称为一个"三一区"，然后从各个大区中分别抽出一个"三一区"，组成一个地域部落。比如将位于海岸的三一区米里诺斯、位于山地的三一区派阿尼亚和位于平原的三一区古达特内昂抽出来，组成新的地域部落潘迪奥尼斯。新的划分方法不再是按血缘、胞族划分，而是按地区户籍划分，又兼容了原来三派成分，这样一来，那些氏族贵族再也不能利用血缘关系操纵选举。雅典的国家机构也由此彻底地消除了氏族关系的残余痕迹而正式形成。

每个三一区又划分为若干个"德莫斯",即自治村社,这是雅典公民政治、宗教和社会活动的最基本单位。每个雅典男性公民在年满 18 周岁以后,便可以通过某种仪式,在父母所在的德莫斯正式入籍,取得公民权,甚至一些外邦人也可以取得雅典的公民权。

克利斯提尼改革的另一项重要内容就是设立了一个五百人的议事会取代了原来的四百人议事会,这五百人分别从十个地域部落选出,每个部落选 50 人。五百人议事会作为最高的行政管理机构,负责为公民大会准备提案,执行公民大会的决议,管理财政和外交事宜等。公民大会依然存在,年满 20 岁的雅典公民都可以参加,在公民大会闭会期间,由五百人议事会负责处理国家日常政务。这五百人又分成十组,在一年的时间里轮流值班,每个小组又被称为"主席团"。每个小组在当值的时候又通过抽签选出每天值班的人,当值的人便是那一天雅典国家地位最高的公职人员,可以主持公民大会,代表国家接见外国使团。

克利斯提尼还对军队进行了改革。原来的征兵都是按照血缘部落进行,改革后则按照地域部落进行,从每个部落征一队重装步兵、若干骑兵及水手,并从中选出一名将军作为统领。大约在公元前 501 年,雅典设立了十将军委员会,由军事执政官任主席。将军由选举产生,任期一年,可以连任。在后来,将军一职多被奴隶主上层所把持,对雅典政局起着举足轻重的影响。

克利斯提尼改革的最后一个内容是设立了"陶片放逐法"。陶片指的是选票,公民可以通过投票来决定是否政治放逐某一位雅典公民,这一措施可以有效地防止僭主统治的出现,所以不失为当时民主政治的重要工具之一。

继梭伦改革之后,克利斯提尼改革将雅典的民主政治推向高峰,雅典正式

"陶片放逐法"实施下的刻有人名的陶片

确立了奴隶主民主政治，成为一个奴隶制共和国，并且在政治、经济和文化实力上一跃成为希腊地区居领导地位的城邦，俨然已经具备了可以应对强大的波斯帝国入侵的实力。

希波战争

公元前 6 世纪中叶，地处波斯高原的波斯帝国强势崛起，先后征服了两河流域、叙利亚巴勒斯坦地区、埃及以及小亚细亚，成为地跨三洲的大帝国。波斯君主的野心很大，他们的征服目标很快又锁定了西边的新邻居——隔爱琴海相望的希腊地区。当时地处小亚细亚半岛上的希腊城邦从公元前 546 年起就在波斯人的统治之下，波斯人在这里扶植傀儡，施行僭主统治，残酷剥削希腊人。另外，公元前 515 年到公元前 514 年，波斯人占据了色雷斯沿岸的一些地方，这使希腊到黑海的交通被切断，此时的希腊人不仅商业利益受损，连生存也受到了威胁。

公元前 500 年，米利都爆发反波斯起义，点燃了希波战争的导火索。

当时米利都的僭主阿里斯塔戈拉出于个人得失而发动了起义，反对波斯人的统治，小亚细亚的希腊城邦迅速响应，战火很快遍布小亚细亚西部沿海地区。米利都向希腊本土求援，雅典和优卑亚岛的埃雷特里亚出兵相助。波斯帝国自然不能坐视不理，也出动大军前往镇压。公元前 498 年，希腊联军一度攻占了波斯帝国小亚细亚行省的首都萨迪斯，不过这只是昙花一现，毕竟双方实力差距过大。公元前 494 年，波斯军队占领米利都，对希腊人进行报复性镇压，米利都城被烧毁，大部分男子被杀，侥幸活下来的都被卖为奴隶。

波斯人镇压了小亚细亚的希腊人起义后，兵锋直指希腊本土。公元前 492 年，希波战争正式打响。波斯皇帝大流士一世以雅典等城邦曾经帮助米利都为由，命令马多尼乌斯率领海陆大军越过赫勒斯滂海峡（今达达尼尔海峡），进军希腊。然而，波斯陆军在色雷斯境内受阻，海军则在北希腊的阿索斯海角遭遇飓风袭击，几乎全军覆没，因此，波斯军队还没和希腊人大规模作战便撤回了亚洲。历史上一般将公元前 492 年作为希波战争的开始点，此后一直到公元前 449 年，波斯和希腊订立《卡里阿斯和约》，标志着希波战争正式结束。通常来说，希波战争一般以公元前 479 年的大战为界限分为两个阶段，即希腊人防御和转入进攻的两阶段。其重大战役主要集中在公元前 490 年和公元前

480 年到公元前 479 年。

公元前 491 年，波斯皇帝大流士一世向希腊诸城邦派出使者，向他们索要"土和水"，示意其接受波斯帝国的统治。阿尔戈斯、埃吉纳、底比斯等城邦对波斯的淫威表示屈服，而雅典人则把波斯使者扔进了深谷，斯巴达人把波斯使者扔进了井里，让他们自己去取"土和水"。

波斯人没有善罢甘休。第二年夏天，波斯人出动 5 万大军、400 艘战舰，在达提斯和阿塔菲尼斯的统领下入侵希腊。波斯大军从萨摩斯岛出发，横渡爱琴海，取道提洛岛后在优卑亚岛登陆，猛攻曾经出兵相助米利都的埃雷特里亚，埃雷特里亚人顽强抵抗，结果却因为叛徒的出卖而被波斯人攻陷，城市被焚毁，居民都沦为奴隶。随后，波斯大军在雅典东北部的马拉松登陆，准备像征服埃雷特里亚那样征服雅典，但波斯人没想到的是，在马拉松平原上他们吃到了前所未有的败仗。

当时的形势对雅典非常不利，气势汹汹的波斯大军总人数达 5 万人，骑兵更是号称无敌。在人数上雅典处于绝对劣势，全部兵力加起来也只有 1 万人。

波斯弓箭手雕像

不过，雅典也有自己的优势。首先，雅典人是保家卫国，一向崇尚民族自由的他们无法容忍异族人的统治，所以他们为了自由和独立不惜拼死一战。相反，波斯军队则成分复杂，大部分人甚至都不是波斯人，属于强征入伍，战斗意志薄弱。其次，雅典军队虽然人数上处于劣势，但在武器装备上强于波斯人。当时雅典步兵都是身着铜铁盔甲，属于重装陆军，而他们的对手波斯人仅有护身藤盾，属于轻装陆军。另外，雅典人的指挥官米提亚德曾经去过色雷斯，对波斯军队有一定了解，再加上雅典人是本土作战，就这样，同仇敌忾的雅典人在马拉松迎战来势汹汹的波斯人，著名的马拉松战役就此爆发。

公元前490年9月12日，马拉松战役打响。米提亚德统率下的雅典步兵占据了有利地形，将主力部队放在两翼，趁波斯军队的主力骑兵还没有赶到的时候，从正面发起佯攻。波斯人仗着兵力上的优势，采用中央突破的战术，雅典中军且战且退，波斯军队则步步紧逼。突然，雅典军队的两翼主力发动迅猛进攻，雅典人的长枪密集方阵攻势凌厉，侧翼受敌的波斯人顿时抵挡不住，仓皇后撤，雅典人乘胜追击，一直追到海边，波斯败军狼狈登船而逃。在这场战役中，雅典军歼敌640余人，自身仅牺牲192人，又缴获了一批战船，可以说是大获全胜。马拉松大捷破除了波斯人不可战胜的神话，使希腊人信心大增。

马拉松一战之后，波斯军队登船渡海而走，此后的10年间，双方都在积极备战，准备再次一决雌雄。波斯方面，虽然在马拉松一役损兵折将，但是这点损失还难以动摇强大的波斯帝国的根基。公元前486年，大流士一世去世，继位为帝的薛西斯一世继续扩军备战，时刻准备卷土重来，扫平希腊。

雅典等希腊众城邦也没有被一时的胜利冲昏头脑，一些有识之士更是认识到，波斯人绝对不会就此善罢甘休，因此希腊必须全力备战，时刻准备还击侵略。当时雅典民主派的领袖泰米斯托克利便是这些人中的一员，曾经参加过马拉松战役的他深知海军的重要性，因此他极力主张建立强大的海军。当时雅典正好发现了一处银矿，在泰米斯托克利的主张下，开采出来的白银就都用在了海军建设上。就这样，短短几年间，雅典的海军实力大增，拥有三列桨战船200艘。虽然从数量上说还和波斯海军差得很远，但是希腊海军也有自己的优势，那就是拥有灵活快捷而又牢固强劲的战船。

与此同时，整个希腊世界团结了起来。在雅典和斯巴达的努力之下，希腊各城邦都意识到了眼前形势的严峻和联合抗敌的必要性，因此，在共同的敌人面前，众城邦走到了一起。公元前481年，希腊31个城邦在科林斯开会，组成全希腊同盟，共同对抗波斯。军事力量强大的斯巴达被推举为军队最高指挥，重要决策则由同盟各邦一起决定。

公元前 480 年春天，沉寂了 10 年的爱琴海战火重燃。波斯皇帝薛西斯一世亲率海陆大军横渡赫勒斯滂海峡，再次踏上了欧洲的土地。关于此次波斯军队的人数有多种说法，希腊历史学家希罗多德的说法是 260 万人左右，这还仅仅是战斗人员。但这种说法显然太过夸大。一般认为，波斯海陆大军总共 50 多万左右，其中陆军战斗人员在 40 万左右，海军水手 10 万左右。不过即便这个数字仅是希罗多德说法的 1/5，对于希腊人来说，波斯人还是占有人数上的绝对优势。毕竟希腊联军陆军仅有 11 万人，海军只有 400 艘战船，而且希腊城邦众多，这又分散了希腊的守卫兵力，因此，希腊人面临的形势依然严峻。

波斯人和希腊人的这回首次交锋在中希腊北部的隘口温泉关打响。

温泉关傍山靠海，地势极为险要，斯巴达国王列奥尼达率领 7000 余士兵扼守此关，其中核心成员是 300 名勇猛的斯巴达战士。温泉关下，蜂拥而来的是几十万波斯大军。在战役最开始的时候，希腊人凭险据守，波斯人久攻不下，死伤惨重。后来在奸细的指引下，波斯人找到了一条小路迂回到温泉关后，希腊守军顿时陷入腹背受敌的境地，列奥尼达当机立断，命令大部分守军撤离关口，转移到后方，自己则率领 300 名斯巴达战士还有 400 名底比斯战士和 700 名特斯皮亚战士继续坚守温泉关。最终，这些勇士全部壮烈牺牲，但他们的勇敢为希腊人树立了光辉的榜样，整个民族的战斗意志都被激发出来，可以说，这场战役的精神力量之伟大，远远胜于一座关隘的得与失。同时，列奥尼达等人的坚守也为希腊联军主力的集结和占领有利地形赢得了宝贵的时间。当薛西斯一世踏着希腊勇士的鲜血冲过温泉关，横扫希腊各邦的时候，希腊人已做好积极的应敌准备。

温泉关失陷以后，雅典人立刻行动起来，他们主动放弃了雅典城，将老弱妇孺撤到安全的地方隐蔽起来，壮年男子则全部参加海军。当波斯军队进入雅典城，大肆焚毁劫掠时，希腊海军则开到了萨拉米斯海湾，引诱波斯军队前来交战。萨拉米斯海湾地处雅典西南，是一条夹在萨拉米斯岛和大陆之间的狭窄水域，双方海军将在这里展开决战。希腊人挑选这里作为战场主要是因为：波斯海军的战船高大笨重，在狭窄的海湾里调度不灵，而轻便快捷的希腊战舰却能运转自如。一场大战下来，波斯舰队惨遭重创，战舰被击沉 300 余艘，相比之下，希腊人的损失只有 30 艘。薛西斯一世此时再无心恋战，率领残兵败将撤回了亚洲。萨拉米斯海战也正式成为希波战争的转折点。

波斯人并未全部撤走，由大将马多尼乌斯统领指挥的一部分陆军，约 15

列奥尼达在温泉关
法国画家雅克·路易·大卫于 1814 年创作，现保存于卢浮宫博物馆。

万人退守北希腊，并在这里过冬。第二年，这支波斯军队又占领了雅典。不过，波斯军队之后在普拉提亚和希腊联军展开决战时，希腊联军在斯巴达国王帕萨尼亚斯的指挥下，以少胜多，重创波斯军队，马多尼乌斯战死，希腊本土全境获得解放。

此后，希腊人从被动防御转为主动进攻，战场也从希腊本土转移到色雷斯还有小亚细亚地区。当时，对海外事务不太关心的斯巴达人逐渐淡出战争，而在公元前 478 年成立的、以雅典为领袖的提洛同盟则肩负起了反击波斯人的重任。公元前 468 年，雅典将军客蒙在亚洲的埃于吕麦顿河口大败波斯军队，此后，波斯再也没有发动过大规模的反攻。公元前 460 年，波斯帝国治下的埃及爆发反波斯起义，雅典趁机出兵予以支援，不过因在公元前 454 年遭受重大损失而罢手。公元前 449 年，雅典海军在塞浦路斯的萨拉米斯城再次大败波斯海军，奠定了最后的胜局。

公元前 449 年，雅典代表卡里阿斯和波斯签订和约，波斯宣布放弃对小亚细亚地区希腊城邦的统治，军舰不再进入爱琴海，但塞浦路斯归波斯管辖。

希波战争不仅对交战的希腊、波斯双方，也对日后的世界历史格局产生了深远的影响。对于希腊来说，反侵略战争的胜利使得希腊各邦得以继续发展，尤其是雅典，更是将古希腊的文明推向巅峰；对于波斯来说，侵略希腊的失败成为其帝国由盛转衰的转折点，常年劳师远征又连战连败，耗尽了波斯帝国的元气，从此以后帝国便走下坡路。另外，希波战争的结局也奠定了世界文明发展格局上的东西方并立、并存之势。波斯元气大伤，后又被马其顿征服，但希腊也无力进入东方，波斯所承载的古代东方文明的传统并没有断绝，且因被后来的帕提亚帝国、萨珊波斯和伊斯兰文明继承而持续不绝，这就是东西方文明的大格局，而奠定这一格局的便是希波战争。

提洛同盟

因为有外来的敌人——波斯帝国入侵，希腊世界各城邦团结一致，不过，当希腊人连战连捷的时候，外部压力一去，城邦内部又开始出现裂痕。普拉提亚战役以后，雅典成为希腊联军中的绝对主力，雅典海军也是希腊人和波斯军队抗衡的主要力量，因此，雅典逐渐凌驾于希腊各邦，尤其是爱琴海和小亚细亚沿岸各邦之上，并最终建立了雅典霸权。

在斯巴达逐渐退出对波斯的战争以后，雅典成为反波斯的领导力量。公元前478年底至公元前477年初，在雅典的组织下，爱琴海诸岛、小亚细亚地区还有中希腊的一些城邦结成了一个新的同盟，因为同盟的金库设在提洛岛上，所以同盟得名"提洛同盟"，在历史上又被称为"第一次海上同盟"。提洛同盟最初成立的目的就是反波斯作战，最早的成员有35个，后来加入的新成员越来越多，最后接近250个，几乎所有的爱琴海和小亚细亚的城邦都加入了进来。同盟的章程和伯罗奔尼撒同盟基本一致，盟主雅典为一方，其他盟邦为另一方，在军事和外交上听从雅典指挥，到了后来，这个同盟成了雅典实现霸权的工具，因此又被称为"雅典海上同盟"。

从提洛同盟的盟金用途的演变也可以看出雅典的霸权发展。同盟协议规定，成员各邦要一起组建海军，最初同盟大概有300艘三列桨战舰，其中150艘由雅典负责装备，剩下的150艘由其他各邦负责，不过由于不少成员无法直接提供舰只，所以他们一般都出钱，委托雅典人帮他们装配，于是就形成了成员出钱、雅典用其装配船组成舰队的盟金制度。这个制度本是为了和波斯人作战而设立，但是后来随着波斯人的败退和雅典人的强盛而发生了改变，雅典人开始利用这一制度对入盟各邦进行经济上的勒索，盟金因此有了贡金的色彩。公元前454年，同盟的金库从提洛岛搬到了雅典，此后，雅典人更是直接将一部分盟金挪用到了自己国家的城市建设上，可见当时联盟的盟金已经全在雅典人的掌握之中。

随着波斯人节节败退，希波战争接近尾声，对敌作战的任务退居第二位，希腊世界的内部矛盾重新明朗化。雅典通过提洛同盟对各城邦的控制越来越强，同盟已经从联合对外的作战同盟演变为雅典控制各城邦、建立霸权的工具。希波战争结束以后，盟金照常缴纳不误，可以说，各盟邦都在用盟金为雅典的各项建设"作贡献"。此外，雅典还在其他方面严密控制着盟邦的成员：雅典向盟邦国家派出大批的军事殖民者，自行退盟的城邦会被残酷镇压。不仅如此，各城邦还都要建立亲雅典的民主政体，重要案件都要由雅典审理，要使用雅典铸币等。总而言之，当时的雅典已经在政治、经济、文化等方面严格控制住了各盟邦。

雅典建立的霸权为其自身迅速发展提供了优越的条件。站在雅典的角度看，它是古典文明的中心，文化高度发达；它也是民主政治的标杆，政治民主无出其右。但是，从整个希腊世界的角度看，雅典却是剥削、奴役其他城邦的独裁者，不仅称王称霸，更有顺之者昌、逆之者亡的发展趋势。其实，雅典霸权的建立和其他国家逐渐演变成为大帝国的趋势是一致的，只不过那些国家，比如亚述、波斯等是将周边的小国家吞并，变成自己治下的一个城市或者一个行省，而雅典是在希腊城邦体制下建立的霸权，受其控制的盟邦依旧保持着独立，虽然这种独立也许只是形式上的独立。

伯里克利掌舵下的雅典

雅典的民主政治在希腊世界首屈一指，甚至在公元前5世纪又有了新的发展。自梭伦改革以来，执政官只是从第一、二等级中选举产生，相对来说，覆盖面还是窄。从公元前487年起，执政官开始由抽签产生，就像选出五百人会议的成员那样，覆盖面扩大。公元前457年，公民大会作出决定，第三等级公民也可以担任执政官，后来第四等级也加入进来，就这样，雅典成为古代奴隶制度下的民主最高峰。

当时雅典的舵手是伯里克利（约公元前 495—公元前 429 年），他出身名门望族，属于第一等级，母亲是克利斯提尼的侄女。伯里克利青年时就投身民主运动，结交了一批颇有影响的好友，比如坚持民主和科学思想的唯物主义哲学家阿那克萨戈拉、出身平民下层但又做过执政官的厄菲阿尔特。后者在当政期间便推行改革，结果在公元前 461 年被反对派贵族暗杀。就这样，伯里克利继续了他的挚友没有完成的事业，执掌雅典政权一直到他逝世。伯里克利为人廉洁奉公、刚正不阿、目光长远、善于演说，可以说，一位优秀的政治家应具备的品格和气质他都具备。同时，他的背景也很契合当时的环境。他的出身表明他代表工商业奴隶主的殷富公民，他的交友表明他同样也可以作为平民群众的代言人，所以，雅典这艘航船在他的掌舵下走到了极盛。马克思也说过："希腊的内部极盛时期是伯里克利时代。"

雅典的民主政治制度在古代发展到了空前绝后的地步，主要体现在以下四个方面：

第一，雅典的公民有资格担任任何官职，包括执政官，没有任何财产、等级、资历的限制。因此，雅典公民享受着古代条件下能做到的最广泛也是最平等的参政机会，公民的政治素质普遍也很高。

第二，当时国家政权的主要权力机构——公民大会、五百人会议和陪审法庭都握有实权，而不是摆设。公民大会是名副其实的国家最高权力机关，所有

伯里克利雕像
他所在的时代被称为伯里克利时代，是雅典最辉煌的时期。

公民都可以参加，选举执政官、推选十将军等国家大事都在公民大会上进行。

第三，原来高高在上的贵族势力已被铲除殆尽。贵族会议虽然还存在，不过只负责与宗教有关的事务，因为卸任执政官进入贵族会议的惯例还在，而执政官完全有可能出身平民，所以贵族会议其实已经是"名不副实"了。

第四，出任官职和参加政治活动的公民可以获得工资和补贴。按照原来雅典城邦的传统，做官是一种尽义务的活动，不但没有工资，有关的开销也要自己承担，这对贫苦公民参政来说是种限制，他们没有殷实的家底可以让自己去做义工。因此，看到了这一弊端的伯里克利开始改革，逐步为出任供职和参加政治活动的公民提供经济上的酬劳，这项措施最受第四等级的公民欢迎，因为工资和补贴对于他们起到了生活救济的作用。

不过，雅典的民主政治也是建立在奴隶制的基础之上的，这样的民主政治还是有相当大的局限性。比如，所谓的民主都是雅典公民内的民主，广大奴隶非但没有任何权力，还被公民残酷地奴役着，和牲畜没什么两样；即便不是奴隶，是自由民，也有至少一半的人没有被民主政治所覆盖，也就是妇女还有外邦人；此外，作为政权重要组成部分的十将军委员会就相对"不民主"。因为十将军始终通过选举选出，可以连任，但没有工资，这样就断绝了那些贫穷公民的参与。将军是雅典政坛上举足轻重的人物，伯里克利就是因为从公元前443年起一直到公元前429年，连选连任首席将军，才彻底控制了雅典政局，成为事实上的雅典政府首脑，后来十将军还是连选连任，所以在十将军的选举上，这个漏洞不能不说是雅典民主政治的瑕疵。

公元前 5 世纪的希腊奴隶制度发展

在公元前 5 世纪，希腊世界的奴隶制经济得到了充分的发展，是公认的古代最发达的奴隶制社会之一。不过希腊世界的经济发展并不平衡，小亚细亚地区和希腊本土地区发展得就很不一样，希腊本土内部也不统一。伯罗奔尼撒半岛的内陆地区、中希腊和北希腊的西部与北部地区经济发展相对落后，所以这里还没有普遍使用奴隶劳动，奴隶制经济发展相对迟缓。在那些奴隶制建立得比较久的地区，还有奴隶制经济比较发达的地区，比如雅典、底比斯、斯巴达等地，奴隶制度主要分为两种：斯巴达型和雅典型。

斯巴达，国家经济以农业为主，土地国有，农业奴隶也归国有，工商业不

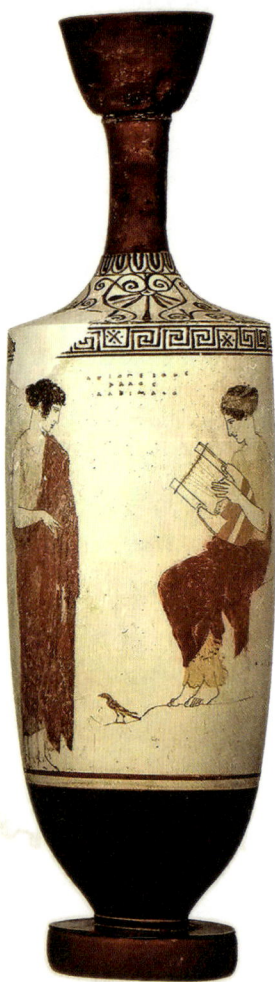

缪斯与处女

这是公元前 5 世纪上半叶的画家阿希莱斯在一只细颈长瓶上绘制的，主要展现了缪斯演奏竖琴的场景。

发达。前面已经提到过，斯巴达的奴隶多为被斯巴达征服的国家的居民，他们耕种土地，向奴隶主缴纳一部分收成。而雅典型，又称开俄斯型，代表国家就是雅典，虽然农业是经济基础，但是工商业也相当发达，部分农业生产也为工商业服务，比如一些经济作物，葡萄、橄榄等在农业生产中占有重要地位。土地、奴隶等重要生产资料归奴隶主所有，有专门的奴隶市场进行奴隶交易，奴隶被广泛应用在社会的更多方面。总的来说，雅典型的奴隶制度在希腊世界更普遍一些，也更先进一些。

首先，国家的基础农业少不了奴隶的身影，一般可以分为三种情况。斯巴达式的国有奴隶是一种情况，不过在公元前 5 世纪这种形式就已经处于落后位置，并逐渐开始衰退。另外两种情况都是私人使用奴隶，奴隶归私人所有。贵族等社会上层人物的田产中使用的奴隶规模相对较大，一般在 20 人左右。另一种情况是最为普遍的使用奴隶的情况，那就是自耕农或者小农使用奴隶。当时一名奴隶的价钱差不多和一头驴相等，所以对于家里拥有两三头牲口的小农家庭来说，置备几名奴隶也在财力范围之内，多一点的可能有五六个奴隶，少一点的两三个，甚至第四等级的贫农也有一些拥有至少一名奴隶，可见当时奴隶的应用范围之广。

其次，在工商业中使用奴隶更广泛，尤其是在雅典这样的城邦。当时的手工作坊中普遍使用奴隶，大的作坊使用几十人，多的可达上百人，小作坊则一般在 10 人以内。手工作坊的主人一般处于第三等级。雅典的国有矿山是奴隶最为集中的地方，比如劳里昂银矿就有 1 万名以上的奴隶，在这里劳动的奴隶有业主自置的，也有租来的，当时有一些大奴隶主专门出租自己的奴隶，比如雅典首富尼西亚斯就有 1 千名左右的奴隶出租。

家庭劳动也是奴隶们劳动的重要场所。上至第一等级之家，下至第四等级的贫民，家里基本都有奴隶，只是数量多少的区别。在一些公务部门也可以看到奴隶们劳动的身影，他们可能负责管理档案文书，也可能在担任警察刑吏。

总之，在希腊社会中奴隶被普遍使用，古希腊文明的辉煌成就也正是建立在大量奴隶的血汗劳动之上的。

和东方一些文明相比，以雅典为代表的希腊奴隶制经济还有以下几个特点。

第一，希腊世界的奴隶使用虽然非常普遍，但都只是小规模使用，拥有几十名奴隶相对来说算是主流，个体拥有奴隶数量相差不大。和东方帝国动辄拥有成千上万甚至十万、几十万奴隶的豪门贵族相比，希腊的大奴隶主们只是小规模。

第二，在希腊的奴隶制经济当中，占据优势地位的是农业的小农经济和手工业的小作坊经济，这和部分东方文明的王室、贵族、神庙经济占主导地位截然不同。从等级制度上看，希腊的第三等级人数也占据绝对优势，据学者估计，当时雅典公民人口（包括家属）总数约为 17 万，其中 10 万是第三等级，前两个等级仅有 4 千人。因此，马克思说过：“*小农经济和独立的手工业生产……构成了古典社会全盛时期的经济基础*。”

第三，希腊各邦的奴隶一般都不是本城公民，通常都是外邦人还有蛮族人。和东方国家的奴隶有战俘和债务奴隶两大来源不同，希腊世界基本没有债务奴隶，战俘是奴隶的最主要来源，他们可能来自小亚细亚、叙利亚、腓尼基甚至是两河流域，也可能是色雷斯人和黑海沿岸的斯基泰人，也可能是来自非洲的黑人。在希腊，本国公民不会为奴，这使得奴隶主的专政统治更加稳固，无论是大奴隶主还是贫穷的小农都会团结一致，使本国内部产生阶级矛盾的风险大大降低。同时，每个城邦都有奴隶市场，爱琴海上的开俄斯岛就是当时希腊世界最大的奴隶市场。

以雅典为代表的古希腊城邦是民主的，不过那只是公民内部的民主，对待奴隶他们一样是非常残酷的。当时的希腊公民们不仅像驱赶牲畜一样奴役奴隶，让他们为自己劳动，还用各种各样的残酷方式虐待奴隶，抽筋折骨、剥皮、绞杀、烧死、往鼻子里灌醋、在肚子上压砖……手段之残忍令人发指。这些是希腊古典文明阴暗的一面，但也是反映其本质的一面：古希腊文明是奴隶制文明，他们的一切发展都是建立在对奴隶的残酷剥削之上的，那些灿烂文明成果的背后是无数奴隶们的血汗。

　　饱受压榨剥削的奴隶们自然会奋起反抗，且反抗的方式也多种多样。最简单的方式可能是消极怠工、逃亡，然后逐步升级到击杀个别暴虐残酷的奴隶主，直到忍无可忍之时便发动武装起义。伯罗奔尼撒战争期间，在雅典和斯巴达都出现过奴隶大规模逃亡的现象。公元前412年，雅典的两万名手工业奴隶逃亡，给予雅典沉重打击。奴隶起义也出现过很多次，其中声势最为浩大的两次都发生在伯罗奔尼撒。公元前494年，阿尔戈斯奴隶起义爆发，且前后坚持了20余年；公元前464年，斯巴达爆发的希洛人大起义几乎将斯巴达城摧毁，虽然最后还是被奴隶主镇压下去，但那已经是在起义爆发的10年后了。

伯罗奔尼撒战争

　　雅典人通过控制提洛同盟建立了霸权，不过没有人是天生逆来顺受、甘愿听别人指挥的，因此雅典人的霸权统治并不安宁，不断有城邦向其发起挑战，其中少不了天生尚武的斯巴达人。斯巴达和雅典是两种政治制度，斯巴达支持各邦的贵族派，雅典支持民主派，双方都想将自己的制度推而广之，各不相让，最终导致了一场希腊世界的内战——伯罗奔尼撒战争。

古希腊重步兵战斗浮雕

　　中希腊的城邦科林斯是以斯巴达为首的伯罗奔尼撒同盟的成员之一，这是一个工商业发达的城邦，在意大利、西西里以及爱琴海北岸都有它的经济利益，因此和工商业同样发达的雅典发生了利害冲突。公元前435年，科林斯的殖民地科西拉因为对一块殖民地的控制权问题和母邦发生了矛盾，于是转而在公元前433年和雅典结盟。与此同时，科林斯的另一块殖民地、提洛同盟的成员帕提地亚又因为被雅典所侵扰而退出了提洛同盟，随即它得到了伯罗奔尼撒同盟的支持。也是在这一年，伯罗奔尼撒同盟的成员墨伽拉又和雅典发生了冲突。

　　公元前432年，伯罗奔尼撒同盟召开大会，向雅典提出了一些异常苛刻、强硬的条件，其中包括驱逐伯里克利、解散提洛同盟。这样的条件雅典人自然不接受——不过也不排除伯罗奔尼撒同盟是故意提出雅典不可能接受的条件，只是为战争找借口。在雅典断然拒绝后，公元前431年，伯罗奔尼撒同盟对雅典宣战，伯罗奔尼撒战争正式爆发。

　　当时雅典的掌舵人还是伯里克利，在战前他就凭着敏锐的政治嗅觉意识到战争已经难以避免，因此已做好了迎战的准备。他深知在斯巴达强大的陆军面前，雅典陆军不是对手，斯巴达人也一定会利用这一优势采用陆上围攻的策略。因此，伯里克利决心避己之短、用己之长——雅典有强大的海军，可以在海上进行反击。同时，陆上也做了两手准备，一是加固城墙，以抵挡斯巴达陆军的进攻；一是修筑并加固了从雅典城到海港比雷埃夫斯的长垣夹道，只要这座墙不被斯巴达人攻破，雅典城就可以直通大海，就不会成为孤城，还可以调动海军对斯巴达还有其他伯罗奔尼撒同盟成员进行袭击。

　　战争爆发以后，斯巴达军队屡次从陆上入侵阿提卡，大肆劫掠，但雅典人依靠坚固的城防坚守城池，并出动强大的海军进攻，屡屡获胜。伯罗奔尼撒同盟军久攻不下，只好围城。当时阿提卡的居民纷纷躲进雅典城和比雷埃夫斯港避难，一时间城内人口数量陡增。而密集的人口、恶劣的卫生条件也使海外传来的瘟疫（可能是鼠疫）大为流行。公元前430年，雅典城暴发了大瘟疫，据说1/4的居民都被瘟疫夺取了生命，甚至连伯里克利也没能幸免。此后，提洛同盟内部的矛盾，还有雅典公民内部的主战派和主和派的矛盾都有所增长，内耗使雅典的实力受到了不小的影响。再之后，双方的作战互有胜负。雅典海军曾占领皮洛斯城，斯巴达军队也曾在色雷斯的安菲波利斯城下激战。总体而言，双方相持不下，又都感到精疲力竭。这时，雅典的主和派得势，于是在公元前421年，双方签订和约，这个和约因雅典主和派将军尼西亚斯而得名，即《尼西亚斯和约》。至此，伯罗奔尼撒战争的第一阶段结束，这10年又被称为"阿希达穆斯战争"，因发动战争的斯巴达国王阿希达穆斯而得名。

《尼西亚斯和约》的主要内容就是维持战前态势，双方退出占领的对方领土，交换战俘，保持50年的和平。实际上，条约根本没有得到彻底的执行，双方侵占的土地也都没有退还，所有的矛盾依然存在，停战只不过是暂时的休战。

伯罗奔尼撒战争的第二阶段在公元前415年开始，又称西西里战争。当时在西西里岛上也有不少希腊城邦，有的也参与到了伯罗奔尼撒同盟和提洛同盟

《古城瘟疫》
由巴洛克时期法国画家米歇尔·斯威兹创作，生动地描绘了暴发于伯罗奔尼撒战争期间的雅典大瘟疫。

的争端当中。当时雅典在亚西比德的极力鼓动下，决定介入西西里岛的城邦纠纷当中。公元前415年，雅典人派出亚西比德、尼西亚斯还有拉马科斯率领的一支远征军前往西西里岛。到了以后，亚西比德却牵涉进了一件宗教案中，不想上法庭的亚西比德因此叛逃去了斯巴达，并向斯巴达统治者献上可以重创雅典的妙计。就这样，公元前414年，斯巴达出兵支持西西里岛上的希腊城邦叙拉古，雅典远征军全军覆灭。这场战役让雅典人损失了200多艘战舰，3.5万名士兵，也因此奠定了雅典最终失败的命运。

西西里惨败后，雅典人虽然大力修造战舰，重建海军，但为时已晚。此时的斯巴达派出军队长期驻扎在雅典的德凯利亚地区，不断对雅典进行骚扰。又随着雅典的那些盟邦看见雅典的西西里惨败后纷纷离去，雅典国内的政治形势也不断恶化。公元前411年，雅典贵族派发动政变，民主政体被推翻，建立了寡头政治，不过第二年就又被推翻，民主政体得以重建。在这以后，虽然雅典凭借强大的海军在小亚细亚沿岸还有黑海海峡地区屡屡获胜，但是斯巴达却得到了来自外邦的帮助。斯巴达人以承认波斯对小亚细亚希腊城邦的统治为条件，换得波斯人的资助得以重建海军。公元前405年，斯巴达将雅典海军100余艘战舰诱入赫勒斯滂海峡后发动突然袭击，羊河一战（也叫阿哥斯波塔米战役），雅典海军全军覆灭，海上优势成为过去。第二年，斯巴达从海陆两面将雅典重重包围，走投无路的雅典宣布投降，长达27年的伯罗奔尼撒战争终于结束。

雅典和斯巴达随后签订和约。和约规定，雅典解散提洛同盟，参加伯罗奔尼撒同盟；拆毁雅典通往港口的长墙；只保留12艘警备舰，其余舰只全部交出；并放弃海外领属等。至此，斯巴达取得了整个希腊世界的霸权。

斯巴达人的霸权和后斯巴达时代的联邦战乱

斯巴达成为希腊世界的霸主以后，整个爱琴海并没有平静下来，旧的矛盾没有解决，反而又出现了新的矛盾。一方面，战败的雅典还有原来的提洛同盟成员对斯巴达的仇恨还没有消解，同时伯罗奔尼撒同盟内部的成员、原来斯巴达的战友科林斯、底比斯等城邦也对斯巴达的独断专横心怀不满；另一方面，外国势力又参与进来。在希波战争中战败而暂时撤出欧洲的波斯人，这次在伯罗奔尼撒战争后期又重新涉足希腊，并成为操纵希腊政局的重要力量。波斯人的援助对斯巴达人最后取得战争的胜利起到了至关重要的作用，但是战争结束

以后，斯巴达却因为小亚细亚的希腊城邦的政治统治问题和波斯发生了武装冲
突，这使波斯人转而去支持了对斯巴达不满的希腊诸城邦。

公元前395年，中希腊小城邦洛克利与福基斯发生领土纠纷，斯巴达和底
比斯各支持一方，于是两个小国的领土纠纷演变成了两个大国的战争。战争初
期，形势对斯巴达颇为不利，双线作战的他们在哈利阿图斯之战中被底比斯击
败，随后科林斯、雅典等城邦群起响应，和底比斯结成了反斯巴达军事同盟，
同盟军的策略是扼守科林斯地峡，切断中希腊和南希腊的交通线。斯巴达人随
后四处抽调兵力猛攻科林斯地峡。隔岸观火的波斯人选择了支持反斯巴达同盟
各国。公元前394年，由雅典人科农指挥的波斯舰队击败斯巴达海军，随即将
斯巴达在爱琴海诸岛上的势力予以清除。胜利回归雅典的科农用波斯人援助的
资金重建了伯罗奔尼撒战争后拆毁的长墙工事。斯巴达人虽然在海上惨败，但
是在陆上还是取得了一些胜利，不过在公元前390年，在科林斯湾附近，斯巴
达重装步兵又被雅典将领伊菲克拉特麾下的轻装步兵重创。此后，雅典海军转
战赫勒斯滂，控制了赫勒斯滂海峡和博斯普鲁斯海峡。此时境外的波斯人成为
足以决定战局的力量，所以交战双方竞相派代表和波斯谈判。面对雅典的复兴
之势，波斯人对此极为不安，因此对原来的"一边倒"政策作出调整。公元前
387年，斯巴达人再次以承认波斯人对小亚细亚希腊城邦的统治为条件，换得了

斯巴达勇士列奥尼达雕像

波斯人的支持。在波斯的压力下，交战双方签订了和约，使这场持续 7 年的战争结束。因为反斯巴达一方曾经在科林斯缔结军事同盟，因此这场战争又被称为科林斯战争。

随着斯巴达和雅典、科林斯等城邦签订了明显有利于斯巴达的《大王和约》，斯巴达继续自己在希腊世界的霸权，肆无忌惮地干涉其他城邦的内政，践踏主权。雅典也在战争中趁机恢复了海军，略有复兴之色。但是，波斯才是这场战争的最大赢家，它重新控制了小亚细亚的希腊城邦，让希腊人在希波战争中的胜利果实丧失殆尽。

不过，由于斯巴达人靠着将小亚细亚各邦出卖给波斯才得以苟延霸权，因此，雅典、科林斯等各邦都对其表示唾弃。公元前 378 年，底比斯的民主派在雅典的支持下推翻了斯巴达人扶植的寡头政治，驱逐了国土上的斯巴达军队，又恢复了以底比斯为首的联盟，且日渐强大。公元前 371 年，底比斯在留克特拉痛歼斯巴达军队，次年又冲进了伯罗奔尼撒半岛，解散了伯罗奔尼撒同盟。此时的斯巴达虽然还没有亡国，但已不再是希腊世界的头号军事强国，政治影响也江河日下。

另一边，雅典利用各城邦对斯巴达霸权统治的不满，在公元前 378 年又组成了新的城邦联盟，史称"第二次雅典海上同盟"。最初的时候，雅典郑重表示入盟成员平等，不会以任何形式干涉他邦内政，这曾帮它赢得了广泛的支持。不过好景不长，在底比斯强大起来以后，雅典又深感不安，又和老对手斯巴达走到了一起，共同抵制底比斯。公元前 362 年，底比斯在曼丁尼亚战役中再次战胜斯巴达，其领袖伊帕密浓达却不幸阵亡，底比斯人的霸权还未持续太久，便就此结束。

之后，雅典人故态复萌，在第二次海上同盟中又摆出了盟邦霸主的架势，遭到众盟邦反对。公元前 357 年，"同盟战争"爆发，两年以后，雅典战败，第二次海上同盟宣告解体。

从希波战争结束，到第二次海上同盟解体，这近一百年的时间里，雅典、斯巴达等城邦先后称霸，又先后倒下，各城邦混战不止，同盟组合、分裂只在瞬息之间，希腊人始终没有找到一条摆脱战乱、通往和平的道路。可见，辉煌一时的城邦体制的生命力已经开始枯竭，这也为之后马其顿王国的兴起，进而控制希腊，并最终横扫三大洲提供了有利条件。

古希腊文化

古希腊人创造出了非常灿烂的古典文化。这里的"希腊人"并不是一个种族概念，而是从公元前4世纪开始，就泛指一切接受希腊文化和操希腊语的人。古希腊文化大体可以分为两个时期，即早期文化时期（公元前8世纪—公元前6世纪）和古典时期（公元前5世纪—公元前4世纪）。其中，古典时期的文化尤其辉煌，为后世留下了丰富的文化遗产。

宗教与希腊神话

古希腊人的宗教是多神教。在古希腊文化最初的时候，神话和宗教紧密地交织在一起。和其他那些古老的民族一样，古希腊人最早也有过自然崇拜、祖先崇拜和英雄崇拜。最早的原始部落都有自己信奉的神，后来发展为各个城邦的神，再之后就发展为整个希腊都共同尊重的神。在这个过程中，《荷马史诗》起到了重要的作用。

《荷马史诗》不仅是一部关于战争和英雄的史诗，还是一部宗教经典。它将众神栩栩如生地展现在希腊人面前，换句话说，它将众多的、来源各异的神灵按照氏族的分类以神话故事的形式讲述了出来。事实上，生活在公元前8世纪末至公元前7世纪初的诗人赫西俄德曾写过一部《神谱》，在这部书中，他就已经详细地介绍了包括波塞冬、阿波罗、赫拉、雅典娜等诸神在内的神的家族体系。

古希腊神话主要由两部分组成，即神的故事和英雄传说。神的故事以宙斯的"夺权"为界限，可以分为前奥林匹斯神系和奥林匹斯神系两大阶段，具体内容有开天辟地、神的产生、神的谱系、神世界的改朝换代、人类的起源和神的日常活动等。古希腊人认为，最初的宇宙是混沌一片，后来才分为天地，大地女神盖亚是万物和众神之源，她生天神乌拉诺斯，后来天地结合生了六男六女，合称12位泰坦神，他们彼此结合又生了日、月、星辰、黎明等许多神。后来，天神乌拉诺斯的孙子宙斯逃过父亲克洛诺斯的吞食，推翻了泰坦巨神的统治，自己成为宇宙的主宰，以他为首的奥林匹斯山（在北希腊）诸神的统治也就此正式确立。宙斯和他的兄弟姐妹、妻子儿女等共同组成了奥林匹斯众神，其中的12位主神分别是众神之父宙斯、宙斯的妻子赫拉（婚姻女神）、宙斯的二哥波塞冬（海神）、宙斯的女儿雅典娜（智慧之神）、宙斯之子阿波罗（太阳神）、狩猎女神阿尔忒弥斯、爱与美之神阿芙洛狄忒、战神阿瑞斯、火神赫菲斯托斯、神使赫尔墨斯、农业女神德墨忒尔和灶神赫斯提亚。他们有各自的领域和职责，成为希腊城邦宗教信仰的核心。

希腊神话的一个主要特点是"神人同形同性"，也就是每一个神都有一段生动的故事。在古希腊人的脑海中，神是人最完美的体现，所以他们按照人的形象创造了诸神。神和人一样，也有七情六欲，也有各种美德和缺点。比如有不少神都非常任性，贪图享乐，嫉妒心非常强，复仇心理严重，还有的神很好色，经常到人间和美貌男女私会，因此有人说过，希腊诸神的人格化是古希腊

《命运三女神》雕塑
这是希腊帕特农神庙东山墙上群雕《雅典娜诞生》中的一组雕像，三位女神分别为阿特洛波斯、克罗托和拉克西斯，是留存下来的古希腊艺术珍品之一。

宗教最显著的特点。同时，古希腊神话中的神虽然具有人所不具备的超能力，但是他们并没有主宰人类命运的决定力量，神话中有很多人和神对抗甚至人战胜神的例子，这一点和东方文明的宗教迥然不同。东方文化中的神是至高无上的，是神圣不可侵犯的，他们主宰着宇宙，人在他们面前就如同草芥。而古希腊神话中的神就是具备超凡能力的普通人，希腊神话充满了生活气息。

古老的希腊神话是当今世界艺术宝库中不可多得的瑰宝，它不仅是古希腊文学艺术的宝库和土壤，而且对世界文化，尤其是西方文化产生了极其深远的影响，更是欧洲艺术创作取之不尽的源泉。

宙斯神像

哲学

古希腊的哲学也取得了不小的成就。早在公元前 6 世纪，古希腊就诞生了朴素的唯物论和辩证法的萌芽。西方历史上最早的一批唯物主义哲学家就诞生于小亚细亚地区的希腊城邦，他们反对过去流传的种种神话创世说，认为世界的本原是一些物质性的元素。其中比较著名的有米利都的泰勒斯（约公元前624—公元前 547 年），他认为世界万物都起源于水，最后也都复归于水。他的弟子阿那克西曼德（约公元前 610—公元前 545 年）认为，万物的本源是"无限"，一切都从无限中产生，一切最后又都归于无限。另一位唯物主义哲学家阿那克西美尼（约公元前 588—公元前 524 年）则主张气是万物之源，自然界的千变万化都是由气而生。这三位哲学家虽然在世界万物之源到底是什么上有着不同的看法，但他们都有一个共同点，那就是肯定了物质第一性之哲学原理。在哲学史上，泰勒斯、阿那克西曼德和阿那克西美尼三人同属一个学派，这个学派就是"米利都学派"，也称为"爱奥尼亚学派"。

比这三位年代稍晚的另一位哲学家赫拉克利特（约公元前 544—公元前483 年）出生于小亚细亚的爱菲斯城，他认为万物之源是火，其他的一切都是由火形成的。火可以化生一切，一切又复归于火。基于火的运动，赫拉克利特进一步指出，世间万物都处在有规律的永恒运动当中。赫拉克利特有一个很著名的比喻，用来说明事物的流动变化，即"人不能两次踏进同一条河流"，因为当人们第二次踏进河水时，遇到的已经是新的流水，而不是原来的流水了。赫拉克利特认为，每一项事物的内部都存在着对立面的斗争，这是一切运动变化的原因。这些思想已经具有朴素的辩证法思想，因此列宁也称他是辩证法的奠基人之一。

当时在意大利南部则产生了另一种思想倾向的哲学学派。他们认为世界的本源并不是火、水等物质性的元素，而是一些抽象的原则，在毕达哥拉斯学派那里是"数"，在以巴门尼德为代表的爱利亚学派那里则是"存在"，他们认为"存在"是不变的，不生不灭的，所谓万事万物的运动变化都只是现象而已。这一类学派主张的非物质性的抽象原则，对以后唯心主义哲学的产生有很大的影响。

在公元前 5 世纪，随着希腊古典哲学的发展，唯物主义哲学又有了新的发展。这一时期的代表哲学家是恩培多克勒（约公元前 495—公元前 435 年）和阿那克萨戈拉（约公元前 500—公元前 428 年）。恩培多克勒来自西西里岛，

苏格拉底之死

由法国画家雅克·路易·大卫在 1787 年创作，现存于纽约大都会博物馆。

他对之前的那些朴素唯物主义哲学家的万物本原理论进行了改进，他认为万物的起源不是一种物质的元素，而是四种，即水、火、气、土合四种而为一物，他的这一思想开启了物质可分为更细成分的思路，为后来的原子论提供了启发。阿那克萨戈拉是伯里克利的老师、挚友和其政治上的坚定支持者，他继续发展了物质可分之说，他认为世间万物都是由许多性质不同的微粒以不同的比例组成的，这种微粒他称之为"种子"，这对后来德谟克利特的原子论是一个直接的启发。

德谟克利特的原子论是古代唯物主义的最高体系。德谟克利特出生在色雷斯的阿布德拉，但是长期在雅典活动。他认为，万物的本源是小得不能再分的"原子"，肉眼难见，数量无限，运动是原子的固有属性。原子聚合成万物，因为构成此物的原子有形状、次序以及位置上的差异，所以万物才有差异。德谟克利特不仅在哲学上有所成就，在其他方面，包括数学、天文、生物、医学、伦理、修辞等领域都有涉猎，所以，他可以说是古代第一位百科全书式的学者。

在希腊文明的古典时期（一般来说，希腊文明的古典时期指的是公元前 5 世纪—公元前 4 世纪，不过通常又将公元前 5 世纪称为古典盛期，公元前 4 世纪称为古典后期），雅典成为古希腊世界的政治、经济和文化中心，因为民主政治的需要，当时的雅典出现了一批以教授演说的论辩术为业的思想家，他们被称为"智者"。这些"智者"已经不再去深究宇宙如何生成、万物之源是什么等问题，他们的讨论中心是人类社会的政治伦理，"人"是他们研究的焦点。

"智者"主要代表人物是普罗泰戈拉和高尔吉亚，他们的思想奠定了智者学说的基础。不过有三位哲学家与之相比对后世的影响较大，他们是苏格拉底（约公元前 469—公元前 399 年）、柏拉图（公元前 427—公元前 347 年）和亚里士多德（公元前 384—公元前 322 年）。他们三人是师徒关系，柏拉图是苏格拉底的学生，亚里士多德是柏拉图的学生。苏格拉底和柏拉图都是雅典城的公民，亚里士多德不是雅典人，他来自北希腊的斯塔吉拉，但是长期在雅典任教。三人虽然是老师和学生关系，但是观点却未能统一，苏格拉底和柏拉图是唯心主义的代表人物，而亚里士多德则摇摆于唯物主义和唯心主义之间。

苏格拉底认为，哲学的主要任务是探讨和人生幸福有关的那些道德伦理问题。他主张知德合一，知识是美德的基础，教育是获得这两者的途径。苏格拉底总在强调求知的人要先承认自己的无知，对此他有一句名言："我知道自己一无所知。"所以他强调不破不立，人要通过辨析的方式发现自己原来认为正确的各种传统观念的谬误，从而形成新的思想。苏格拉底虽是唯心主义，不过他的不破不立、弃谬求新的哲学教育方法却有一定的辩证原理包含其中。也正是因为他坚持自己的主张，以身作则，并且性格倔强、言辞激烈，因此得罪了雅典的统治者。公元前 399 年，年已 70 岁的苏格拉底被控以藐视传统宗教、引进新神、败坏青年和反对民主等罪名判处死刑，苏格拉底拒绝了朋友和学生们要他乞求赦免和外出逃亡的建议，坦然饮下毒酒，从容就义。也正因如此，在欧洲文化史上，苏格拉底一直被视为追求真理而死的圣人。

苏格拉底自己没有什么著作，后人主要通过他的学生柏拉图流传下来的对话来了解他的思想。柏拉图和亚里士多德则都有大量的著作流传至今，可见他们创立了庞大的、完整的哲学体系。

柏拉图是比苏格拉底更为彻底的唯心主义者，他认为精神是第一性的，物质是第二性的，理念或者观念才是万物的本原，理念世界是真，物质世界或者说现实世界是不真实的存在，是虚幻的。在政治上，柏拉图鼓吹贵族奴隶主专政制度，斯巴达那样的国家是他理想中的共和国，由富有知识的"贤哲"统治，勇猛的武士负责保卫国家不受侵略，安分守己的农民和手工业者从事生产劳动。柏拉图追随老师苏格拉底一直到他饮鸩而死，后来他曾到西西里岛和南意大利等地讲学，但主要还是在雅典活动。他在雅典的北郊阿卡德谟开办了一所学校，成绩斐然，所以后来西方即以阿加德米作为高等研究机构或科学院的名字。柏拉图博学多才、文笔优美，在西方文化史上颇具代表性，他的不少哲学著作都是对话体，内容引人入胜、妙趣横生，对后世产生了很大的影响。

柏拉图本人以学识渊博著称，他的学生亚里士多德不仅青出于蓝而胜于蓝，各项成就不输于老师，还对柏拉图错误的唯心论进行了批判，"吾爱吾师，吾更爱真理。"就是他的名言。亚里士多德认为柏拉图的观念论是错误的，观念或理念都是人的抽象思维，在客观上并不存在理念的世界。不过亚里士多德的唯物论并不彻底，他虽然承认物质客观的存在，又认为一切事物都是由形式和质料构成的，但他将形式和质料割裂开来，认为形式是第一位的，是积极主动的；质料是第二位的，是消极被动，质料必须凭借形式的推动才能成为现实的东西，这就否认了事物本身的运动。由此，亚里士多德也就陷入了二元论的泥潭。

亚里士多德的著述颇丰，研究领域广泛，在自然科学和社会科学贡献巨大，是希腊古典文化的集大成者。据说他的作品有上千卷，流传到现在的也有47卷，且涉及领域甚广，包括逻辑、经济、伦理、政治、文艺理论，甚至还有自然科学中的植物学、动物学、生理学、物理学等方面。在政治上，亚里士多德拥护奴隶制，他认为奴隶就是会说话的工具，就是主人的私有财产，而文明的希腊人奴役落后的蛮族也是正义的，他甚至认为人生而有主奴之分，主奴的不平等，这才是真正的平等。像亚里士多德这样极力拥护奴隶制的名人在当时数不胜数，由此可见，当时的希腊古典文化具有很深的奴隶制烙印。

文学和戏剧

古希腊的文学作品主要分为史诗、戏剧、神话传说等几部分。《荷马史诗》是史诗中的杰出代表，古希腊神话传说前面也已经提到过，这里不再赘述。在这几大部分以外，还有一部文学作品在后世影响很大，即《伊索寓言》。

《伊索寓言》是一部寓言故事集，相传为公元前6世纪的一个名叫伊索的奴隶所做。其实，它和《荷马史诗》一样不是一人一时之作，是在当时很长的历史时期内，由民间集体创作而成。《伊索寓言》中的几百个故事基本都是动

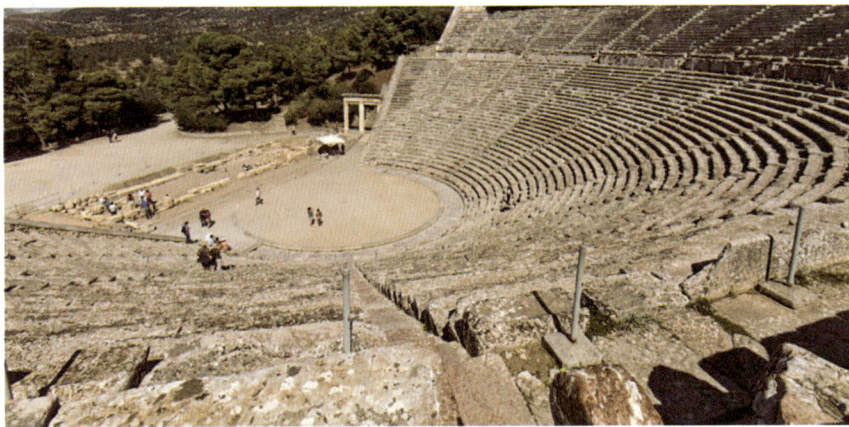

古希腊埃皮道罗斯剧场遗址

《被缚的普罗米修斯》

17世纪彼得·保罗·鲁本斯创作的油画作品，描绘了恶鹫啄食普罗米修斯肝脏时的情景，现存于美国费城艺术博物馆。

物故事，短小精悍、情节生动，但是又寓意深刻、富含哲理，至今仍在世界各国广泛流传，其中的《狼和小羊》《兔子和乌龟》《农夫与蛇》《狐狸和葡萄》《农夫和他的孩子们》《蚊子和狮子》等篇章更是家喻户晓。

公元前 5 世纪，古希腊文学的主要成果是戏剧。希腊戏剧从节日的歌舞演出中脱胎而出。每年的春秋两季，古希腊人都要举行祭祀酒神的仪式，在仪式上，合唱队载歌载舞，在歌唱中夹有道白，后来，合唱队的表演就逐渐演变成了戏剧。早期的戏剧题材多来自神话传说，后也有反映人间现实生活的作品。当时的很多城邦都修建了露天的大剧场，专供戏剧演出，观看戏剧也成了希腊公民们娱乐放松的一种方式。

古希腊戏剧可分为悲剧和喜剧。在悲剧方面，古希腊有著名的三大悲剧作家，分别是埃斯库罗斯（约公元前 525—公元前 456 年）、索福克勒斯（约公元前 496—公元前 406 年）和欧里庇得斯（约公元前 480—公元前 406 年）。埃斯库罗斯是悲剧题材的奠基者，又被称为"悲剧之父"。他的作品感情慷慨激昂，饱含爱国热情，歌颂人对悲惨命运的奋勇反抗，令人奋发向上。在埃斯库罗斯留下的诸多作品中，最著名的当数《被缚的普罗米修斯》。这部作品取材于古希腊神话，泰坦巨神之一的普罗米修斯因为把火种带给人类而触怒了天神领袖宙斯，因而被宙斯绑在悬崖上饱受折磨，但是英勇的普罗米修斯始终不屈，盛怒之下的宙斯用雷电轰击悬崖，普罗米修斯在雷电中沉入地下深渊。埃斯库罗斯成功地塑造了普罗米修斯这个面对暴力勇于反抗的英雄形象，作品情节虽不甚复杂，但激烈的观念矛盾使剧情冲突迭起，气势磅礴，风格独特，至今仍是古典戏剧舞台上的经典剧目之一。

索福克勒斯的作品艺术较高，透过他的作品可以看到雅典伯里克利时代古典文明的鼎盛。索福克勒斯流传至今的作品只有 7 部，他的作品庄重和谐、气势宏伟，无论是抒情还是叙事都恰到好处，有"戏剧艺术的荷马"之称。索福克勒斯最著名的作品是《俄狄浦斯王》。这部作品同样取材于希腊神话传说，表现的是人和命运的悲剧性冲突。同索福克勒斯无法摆脱当时占据统治地位的命运观点的束缚一样，最终俄狄浦斯也没有逃脱太阳神"神示"的罗网，但他对命运是强烈不满的，他认为俄狄浦斯并不是有意地杀父娶母，他本人不仅没有罪，还是一个为民除害的大英雄。在命运面前，俄狄浦斯没有逆来顺受或者苦苦哀求，而是奋起抗争，待一切真相大白后又勇于承担责任，主动要求将自己放逐。这样一个功绩无数的大英雄却惨遭厄运，作家愤慨不已，对神的所谓正义性表示怀疑，控诉命运的不公和残酷，也热情歌颂俄狄浦斯的坚强意志和顽强精神，尽管结局是悲惨的——俄狄浦斯没有逃脱命运，但是这种明知"神示"却奋起抗争的精神，正是对人的自主精神的肯定，自此，全剧思想得到升华。

欧里庇得斯的作品注重写实和激情，重视对心理描写尤其是心理矛盾的刻画，因此他的悲剧作品特别能打动人心。此外，欧里庇得斯的思想比较超前，作品题材也跳出了一般藩篱，他主张男女平等，对奴隶表示同情，所以他的作品更能为现代人所欣赏。欧里庇得斯留下的作品有18部，其中最著名的是《美狄亚》。美狄亚是科尔基斯的公主，也是一位神通广大的女巫，她为了帮助自己的心上人伊阿宋，设计拿走了金羊毛，又背叛了父亲和国家，杀死了弟弟，之后和伊阿宋一起出逃。但她没想到，在历尽千难万险以后，伊阿宋却娶了另一位公主，让她惨遭抛弃。悲痛万分的美狄亚展开了残忍的报复，她毒死了那位公主和她的父亲，又亲手杀死了自己的儿子，只留下失去新娘又断绝了子嗣的伊阿宋独自过着痛不欲生的生活。欧里庇得斯成功塑造了一个对爱情无比追求、面对悲惨的命运又奋起抗争的复仇女子形象，从中也可以看出，作者对妇女的卑微地位和不幸遭遇是怀有深切同情的。

在喜剧作家中，最杰出的代表是阿里斯托芬（公元前446—公元前385年），他拥有"喜剧之父"的美称。他的作品多取材于现实生活，生活气息浓厚，文笔轻松活泼，深受人民喜爱。阿里斯托芬还用诙谐、幽默的笔调对一些严肃的社会问题进行讨论，比如他谴责希腊各邦奴隶主的混战，嘲笑那些腐败

喜剧作家阿里斯托芬

无能的民主派人物，抨击贫富悬殊、妇女地位低下等社会阴暗面，奠定了寓庄于谐的喜剧基本风格。阿里斯托芬留下了 11 部作品，包括《鸟》《云》《蛙》《阿卡奈人》等，其中《鸟》是阿里斯托芬最具代表性的作品，也是现存的作品中唯一一部神话幻想题材的戏剧。它主要讲述了两个雅典人和一群鸟一起建立了一个"云中鹁鸪国"的故事，在那里没有剥削，没有贫富之分，劳动是生存在那里的唯一条件。这部作品主要讽刺了雅典城市中的寄生生活，可以说是欧洲文学史上第一部描写理想社会的作品，其情节复杂，抒情味浓，富于幻想，结构完整，堪称一部杰作。

公元前 4 世纪，在埃斯库罗斯等几位戏剧大师之后，希腊各地虽然还有一些剧作家及悲剧、喜剧相继出现，但是无论水平还是深度都难以和这几位大师相提并论。

史学

古希腊文明在社会科学方面也取得了不小的成就，涉足的具体学科有逻辑学、修辞学、政治学、经济学等，其中成就最为显著的为史学。纵观古希腊历史，有三位古典历史学家最为优秀，他们是希罗多德（约公元前 480—公元前 425 年）、修昔底德（约公元前 460—公元前 400 年）和色诺芬（约公元前 440—公元前 355 年）。

希罗多德是欧洲第一位史学家，被尊为"史学之父"。他出生于小亚细亚的哈利卡纳苏斯，游历的脚步遍及小亚细亚、黑海沿岸地区、两河流域、叙利亚、腓尼基以及埃及等地。希罗多德每到一处便搜寻民间传说，访问文明古迹，了解风土人情。在希波战争以后，他到雅典定居，曾参与雅典在南意大利建立图里城邦的事务之中，更和伯里克利等人关系友好。希罗多德代表作为《历史》。这是一部多达 9 卷的历史巨著，通篇以希波战争为主线，但是也用了近一半的篇幅对埃及、巴比伦、波斯等国的历史进行了介绍，很多篇章都是根据希罗多德采访的第一手资料撰写而成，同时他注重探究核实，大部分史事都注意筛选、比较和分析，力争做到历史真实性与艺术性的完美结合，为后世的历史叙述体奠定了坚实的基础。《历史》中保留了大量珍贵的史料，虽然也有一些不可信的传闻，甚至有些地方还带一点迷信色彩，但是论眼界之开阔、材料之丰富、文笔之生动，《历史》可以说在西方古代史学作品中无出其右。在叙述希波战争时，希罗多德用优美而又富有深情的笔调，歌颂了希腊人的爱国热情和雅典人的民主精神，留下了很多脍炙人口的优秀篇章。

修昔底德是继希罗多德之后又一位杰出的希腊历史学家。他曾经被选为雅典将军参加伯罗奔尼撒战争，又在战败以后被解职、放逐。后来他回到雅典，专心著书，记述这场他认为是希腊历史上最重要的战争，这部著作就是《伯罗奔尼撒战争史》。《伯罗奔尼撒战争史》是一部编年体史书，共8卷，从战前背景一直记述到公元前411年。修昔底德著史的一个优点是注重纪实求真，在这一点上他比希罗多德做得更好。修昔底德非常重视对史事的去粗取精、辨伪存真，因此，他的著作不仅保留了大量的珍贵史料，还具备很高的科学性，迷信色彩也比较少。纵观《伯罗奔尼撒战争史》，近百万言，结构严谨，详略得当，论述精辟严密，堪称西方史学的楷模。

色诺芬的生活时代要比希罗多德和修昔底德晚，他虽然是雅典富户出身，但是反对雅典的民主政治，斯巴达是他的崇拜对象。色诺芬是苏格拉底的学生，政治观点和柏拉图颇为相近。色诺芬一生军政阅历非常丰富，曾经作为希腊雇佣军参与波斯帝国的内部王位斗争，并在事败之后的危急当中率军撤退，他的著作《远征记》记叙的就是这件事。色诺芬还曾为斯巴达国王所重用，也因此被祖国雅典下令驱逐。总之，他的一生纷繁复杂，他的建树也不只在历史学领域，在军事学、经济学、教育学、政治学、哲学等方面也都有所涉猎。《希腊史》是他的主要历史著作，共7卷，是《伯罗奔尼撒战争史》的续篇，此书意味隽永，记述详细又富有情趣，虽然相比希罗多德和修昔底德有著作还有一定差距，但是在古典史学中仍属上乘之作。

建筑、雕刻艺术

古希腊的建筑艺术多半和宗教活动有关。希腊人的祭神一般都不在神庙内部进行，而是在庙前，所以庙的规模都不大。最早的神庙为木结构，后来出现了石结构，一般采用希腊盛产的大理石。在公元前7世纪以前，原始的希腊神庙已经在科林斯等地出现，这些神庙的结构是从迈锡尼时代的"麦加隆（正厅）"脱胎而来。公元前7世纪左右，希腊形成了两种围柱式神庙构筑法，即多立克柱式和爱奥尼柱式。多立克柱式的特点是朴素挺拔，没有柱基，柱身粗壮，越往上越小，表面刻有凹槽，槽之间为棱角。这样的结构使柱子在阳光下望去会产生明朗的起伏转换和阴影效果，颇有意境。柱头处无装饰，多是一圆盘形柱颈。爱奥尼柱式则匀称轻巧，下面有柱基，柱身细长，上下粗细基本没有变化，表面也有凹槽，但槽之间没有棱角。柱头有装饰，多为涡卷形，卷下有图案装饰。前者盛行于希腊本土地区和西西里岛，后者则被小亚细亚的希腊人广泛采用。柱式结构是希腊杰出的基础样式，这是属于希腊人的伟大创造，对后世影响非常大。公元前 5 世纪，希腊又出现了科林斯柱式，这是在爱奥尼柱式的基础上形成的，它的柱头较高，呈花篮形，装饰更多。在公元前 4 世纪，这种科林斯柱式大为流行。

　　位于雅典卫城的帕特农神庙代表了古希腊建筑艺术的最高成就，被人们誉为"虽出自人工之手，却具有神奇永恒的生命"。总面积 2170 平方米，耸立于雅典卫城高处，46 根高大的圆柱环绕四周，是典型的多立克柱式风格。圆柱用材为名贵的铁纹白色大理石，遍布上下的凹槽使圆柱在明暗阳光下表现出强烈的立体感和垂直感。神庙石墙更加神奇，它是由切割成块的大理石拼接而成，全部墙体没有使用一点灰泥，却严丝合缝，矗立不倒，可见当时切割与磨制大理石还有砌墙的工艺之高超。

帕特农神庙

以雅典娜女神像为代表的大量雕塑，是帕特农神庙中最杰出的艺术品。该雅典娜女神像出自古希腊著名雕塑家菲狄亚斯，这座神像高达 12 米，主体材质为木材，辅以黄金和象牙，肌肤由象牙雕刻而成，衣冠、武器则镶以黄金。通常这类使用贵重材料做成的雕像都是小型的，这一尊却例外，雅典人为此仅黄金就用了 40 塔伦特（塔伦特是古希腊重量及货币单位，1 塔伦特约合 26.3 千克）。在雅典娜巨像南北两面墙上各镶有 20 个大理石雕像，比真人略大，作为雅典娜巨像的陪衬。在神庙中还有大量装饰性雕塑，共分为三个部分。第一部分是柱廊内长达 160 米、高 1 米的浮雕带，表现的是向雅典娜献新衣的盛大场面；第二部分是东西两侧山墙上的浮雕，分别描绘了雅典娜从其父宙斯头中诞生、雅典娜和波塞冬争做雅典保护神的神话故事；第三部分是围绕神庙四周的回檐浮雕板，共 92 块，题材多为希腊人与异族斗争并取得胜利的内容。这些浮雕在构图和雕刻技法上都达到了很高的水准，不仅技艺精巧纯熟，而且展现了古希腊繁盛时代的精神风貌，以及古典现实主义的艺术最高水平。

古希腊雕刻艺术的成果不仅有神像，雕塑家们还创造了大量的理想化的运动员雕像。早在公元前 7 世纪，古希腊就出现了石质裸体男青年雕像，希腊的艺术家们对表现运动中的人体姿态极具热情，在这方面取得了巨大的成

掷铁饼者
古希腊的雕塑代表作之一。年轻运动员在将铁饼掷出前的一瞬间——身体侧转，高举右臂，肌肉紧绷，极富美感。

就。公元前 5 世纪著名的三位雕塑家有两位都以此而闻名，他们就是米隆和波吕克利特，第三位是长于塑造神像的菲狄亚斯。米隆善于表现运动中的竞技者，《掷铁饼者》便是他的代表作。这件作品记录了一个年轻运动员在将铁饼掷出前一刹那间的姿势，洋溢着青春的活力和健康的力量与美感。波吕克利特主要作品都是青铜雕塑，重点在于人体表现的比例法则，他塑造的人物形象坚实有力，《持矛者像》是其代表作。这件作品表现的是一个扛着长矛阔步前进的裸体男青年形象，体格强健，气质英武。这座雕像身长为头长的 7 倍，被认为是古典雕塑最为标准的体型，长期以来一直被奉为人体雕塑的楷模。菲狄亚斯的代表作除了帕特农神庙中的雅典娜女神像以外（帕特农神庙也是在他的领导下修建的），还有奥林匹亚宙斯庙中的宙斯像，被誉为"世界七大奇迹"之一。

公元前 4 世纪为古典时期后期，当时希腊世界城邦混战不断，黄金时代一去不复返，人们对神的崇敬也日趋淡薄，在艺术上反映为庄严崇高的理想化风格已经让位于世俗化、个性化的表现风格。雕刻作品中体现出来的艺术家的个人情感和风格也越来越浓厚。当时古希腊雕刻艺术的一个新进展是女性裸体雕像，题材多是爱与美之神阿芙洛狄忒（即维纳斯），当时著名的雕刻家有普拉克西特列斯、斯珂帕斯和利西波斯。

普拉克西特列斯的代表作是《尼多斯

尼多斯的阿芙洛狄忒

原作已于 476 年在君士坦丁堡的大火中被焚毁。此为普拉克西特列斯原作的仿品，现存于梵蒂冈博物馆。

的阿芙洛狄忒》，这件作品是为小亚细亚的尼多斯神殿所做，故而得名。半裸的爱与美女神阿芙洛狄忒将衣服放在身边的石瓶上，正准备下海沐浴。阿芙洛狄忒身体曲线优美，神态好似欲行又止，女性特有的雍容、温柔和娇羞表现得淋漓尽致，所以在当时被誉为最完美的杰作。

斯珂帕斯擅长雕刻饱含激情的战斗场景和悲剧性人物，只可惜，他的作品传世不多，目前已知小亚细亚的摩索拉斯陵墓的壁带浮雕的一部分为他所作。摩索拉斯陵墓是公元前 350 年左右为波斯帝国的卡地亚总督摩索拉斯修建的，规模宏大，装饰精美，其浮雕构图明确，动感强烈，充满紧张的战斗气氛，其表现出来的粗犷、暴力是帕特农时期的作品所少见的。

利西波斯是古希腊古典时期的最后一位大雕刻家，同时也是古典时期和马其顿希腊化时代中间承前启后的一位大雕刻家。据说他是波吕克利特的同乡，他的作品也多是青铜雕像，但他更喜欢在雕刻中加长人体比例，身长通常为头长的 8 倍，显得人体更加修长而优雅，不过相对来说，在刻画勇武刚强方面不如波吕克利特。《刮汗污的运动员》是利西波斯的代表作。这件作品描绘了一位正在擦拭汗水的运动员，作品成功地刻画出了这位运动员的精神状态：有点疲惫，脸上表情劳累，全身肌肉紧张。利西波斯用他高超的技艺和雕塑特有的语言让静止的大理石有了生命。

医学

在自然科学方面，古希腊人也取得了不小的成就，同时他们还对古埃及、古巴比伦等国家的先进成果加以吸收、利用并创新。有很多前面提到的哲学家同时也是自然科学家，比如泰勒斯、亚里士多德、毕达哥拉斯等，皆是如此。

古希腊人的医学是后来古罗马以及欧洲医学发展的基础。前面提到过的哲学家恩培多克勒提出了世间万物都是由四种元素组成的，分别是水、气、火、土，而人体的各部分也不例外，比如肌肉就是由等量的四种元素组成，神经由火和土与双倍的水结合而成；骨骼则是两分水、两分土和四分火混合而成。另外他还认为，汗和泪是由一部分血液转换而来，动物指甲的形成是神经与空气接触表面受冷的结果。这些观点虽然并不十分准确，但毕竟为打破神创论作出了贡献，四元素说也为后来的"四体液说"奠定了基础。

　　哲学家亚里士多德对医学和生物学也有一定的研究，比如他曾检验过不少动物的尸体，可以说他是最早进行比较解剖学的人。他还曾经详细论述过动物内脏器官的情况，其配合论述所用的说明图也可以认定为最早的解剖图。亚里士多德还曾深入研究过一些鱼类的情况，曾相当精准地记载了大静脉的分支和哺乳动物臂部的表浅血管的情况，并指出大多数的静脉与动脉相伴而行。他还曾对节肢动物的生殖器官和消化器官进行论述。尽管亚里士多德的一些论断是错误的，比如他认为心脏是感觉活动的根源，而不是大脑，但他的研究为后世的生物学、医学研究奠定了一定的基础。

　　古希腊医学中最出色的人物是被奉为"西方医学之父"和"医学始祖"的希波克拉底（公元前460—公元前370年）。希波克拉底出生于科斯岛的一个医学世家，年轻时曾巡游各地，足迹遍布小亚细亚。以他的名字冠名的《希波克拉底文集》共60篇，成书于公元前3世纪末，其中除了他本人的著作以外，还有不少后来学者的贡献。

　　希波克拉底是一个唯物主义者，他在四元素理论的基础上提出了"四体液病理学说"。这种理论认为，生命由血、黏液、黄胆汁和黑胆汁四种体液决定，四种元素的不同配合是四种体液的基础，每一种体液又和一定的"气质"相对应，每一个人是什么气质由他体内的占优势的体液所决定，比如热是血的基础，从心而来，如果血这种体液占优势，那么这个人的气质就属于多血质。四种体液平衡是一个人健康的前提，失衡就会多病。

　　希波克拉底主张从一个统一的整体角度对机体的生理过程进行分析，比如在《希波克拉底文集》中就有这样一段话："疾病开始于全身……身体的个别部位立刻相继引起其他部位的疾病，腰部引起头部的疾病，头部引起肌肉和腹部的疾病……，而这些部分是相互有关系的……能把一切变化传递给别的部分。"

　　希波克拉底已经注意到了外界因素对疾病的影响，也已经产生了比较明确的预防思想。他强调在做一个城市的医疗工作之前，一定要对这座城市的气候、土壤、水以及居民的生活方式等方面进行研究。希波克拉底很重视饮食疗法，同时也没有忽略药物在治疗中的作用。《希波克拉底文集》中收集了曼陀罗花、藻粟、鼠李皮、天仙子等数百种药物，可见当时的医学已经渐渐褪去了迷信的色彩，一个相对合理、科学的医学体系已经产生。

　　在《希波克拉底文集》中还多处对医生的职业道德进行论述，其中对后世影响最大的当属《希波克拉底誓言》，它充分反映了希波克拉底学派的医学道德观，是确定医生对病人、对社会的责任及医生行为规范的誓言，以此为基础，也是后世许多西医院校医学生在行医之前需背诵的誓词。

天文学

　　和所有文明民族一样，古希腊人也抬头对满天星象进行观测，并形成了最初的宇宙观。荷马时代的希腊人认为，自己居住的陆地周围全是海洋，日月星辰每天晚上都会落到海里熄灭，或者说是休息，第二天清晨再重生。后来又有人认为，天体不是落到了海里，而是从地下穿过，所以就推测在地下有隧道、走廊之类的，到最后终于有人认识到地下既没有隧道也没有走廊，大地其实是悬着的。

　　纵观古希腊以及后来的希腊化时代，先后曾诞生过四个学术中心，分别是小亚细亚、亚平宁半岛、希腊本土以及埃及的亚历山大，而古希腊天文学的发展也正伴随着学术中心的转移发展。

　　在小亚细亚，泰勒斯创立了"爱奥尼亚学派"。泰勒斯认为，大地是浮在水上的一个圆盘，并指出月亮发光是因为反射的太阳光。他的继任者、在雅典的阿那克萨戈拉同意大地是个圆盘的观点，并认为太阳是一块"红热的石头"，大小和希腊相仿，上面根本没有什么太阳神；月亮则和一座城市大小相仿，上面有山、有谷。阿那克萨戈拉正确地解释了产生日月食的原因：日食是月亮挡住了太阳，月食是月亮走到了大地的影子里。他还认为银河是很多远处的星体发出的光。泰勒斯的另一位学生阿那克西曼德则首次提出天是球形的论断，因为他发现天空包括各种天体在内都在围绕北极星转动，所以天空应该是球形。与泰勒斯等人认为大地是一个圆盘不同，阿那克西曼德认为大地是一个圆柱形，人们生活在圆柱的一端的平面上。

　　公元前4世纪，古希腊的文化中心从小亚细亚地区转移到了亚平宁半岛，在这里出现了毕达哥拉斯学派。毕达哥拉斯学派的创始人毕达哥拉斯也认为大地是球形。这一思维的出现是人类认识宇宙进程中的一个里程碑，因为它"违背了常识""违背了直觉"，不顾球形的另一端的"对跖人"将会"头朝下"这种有些惊世骇俗的事实，而承认地球是球形。另外，这一思维还意味着否定了希腊人自己处在世界中心的这一观点，而这一切在当时颇有些超前的想法正是伟大发现的起点。

毕达哥拉斯雕塑

　　毕达哥拉斯学派的另一位学者菲洛劳斯曾提出一个大胆的天体运行模型：中心火。他认为在宇宙的中心是一团炽热的火焰，日月星辰和地球等都在不同的同心圆上围绕着中心火运行着。地球 24 小时绕中心火一周，而且一面永远对着中心火，这显然是受到了月亮的一面永远对着地球的启发。菲洛劳斯认为，希腊处在地球背着中心火的一面，所以希腊人永远也看不到中心火。不过后来有人旅行到了印度，也没有看到中心火。菲洛劳斯的这个设想虽然是错误的，但是他能设想地球是处在运动当中的，则是非常大胆、非常富有想象力的。

　　在希腊本土以雅典为中心的柏拉图学派是另一个著名学派，雅典也是希腊世界的第三个文化中心。柏拉图将"中心火"说加以改变，将地球放在了宇宙中心的位置，认为其他天体都围绕地球运转。柏拉图的门徒欧多克斯提出了一套"球壳说"，初步对行星复杂运动进行了解读。柏拉图的另一位门徒亚里士多德则在他的基础上提出了"水晶球模型"：地球是宇宙的中心，静止不动，其他的星体在水晶壳的带动下绕地球转动。这个模型因为和人们所观察到的天体运行现象完全符合，非常符合常识，所以在此后长期统治着人们的思想观念。而"地洞说"因为找不到证据，又不符合人们自古以来的"天地对称"的观念，所以渐渐地就被淡忘了。

　　亚里士多德的另一贡献是他论证了大地是球形的。亚里士多德找到了证据：发生月食时大地的影子是圆的，所以大地是球形。此外，如果持续向南走，会发现一些前所未见的星座从南天升起，而回头看北极星则有所降低；站在海边远望，远方出现的船总是先露出桅顶，再露出船身，这些都证明大地是个球形。不过，虽然亚里士多德和毕达哥拉斯都认为大地是球形，但毕达哥拉斯的观点只是出于一种理念上的崇拜：宇宙间最完美的形状是球形，所以大地当然是球形，这是一种感性的认识；而亚里士多德则用科学的方法证明了这个观点是正确的，他的认识是理性认识。从亚里士多德开始，人们的整体宇宙观又有了新的发展：宇宙分为"月下"和"月上"两部分，"月下"包括地球还有大气，由土、水、气、火四大元素组成；"月上"是田界，由轻盈、不朽的第五元素组成，天体和天球完美无缺，遵循着永恒不变的法则。

到古典时期，古希腊天文学已经取得了不小的发展，也为后来希腊化时代的进一步发展奠定了基础。

古希腊数学

希腊地区的数学发展历史可以分为几个阶段，从最早的爱奥尼亚学派到柏拉图学派为止，时间上是从公元前 7 世纪中叶到公元前 3 世纪，这段时间也基本上是古希腊文明时期。

最早的学派是爱奥尼亚学派。在当时，天文、数学和哲学是不分家的，所以早期的哲学家、天文学家们也对数学科学的萌芽作出了贡献。泰勒斯是希腊哲学鼻祖，他对数学也有研究。在埃及游历时，他曾经利用日影及比例关系估算出了金字塔的高度，令埃及法老大为惊讶，而他利用的正是相似三角形的原理。泰勒斯在数学上的另一项贡献是开始了命题的证明，他提出的命题包括圆可以被任意直径所平分，等腰三角形底角相等、对顶角相等，等等。这些命题看起来都很简单，似乎是理所当然，但是泰勒斯并不满足"知其然"，他还要"知其所以然"，这标志着人们对客观事物的认识从感性认识上升到了理性认识的高度，这是数学史上的一次飞跃。证明命题是希腊几何学的基本精神，因此，泰勒斯可以说是几何学的先驱者。

接下来的是毕达哥拉斯学派。这个学派在数学上最著名的成就就是发现了勾股定理（西方称毕达哥拉斯定理）。算术、几何不分家是毕达哥拉斯学派研究数学的一个特点，如他们发现一种公式，可以用三个正整数表示直角三角形的三边长，还发现从 1 开始的连续奇数和一定是平方数，这些都既是算术问题，也和几何有关。

　　毕达哥拉斯学派和爱奥尼亚学派的一个显著区别是对实用性的重视。泰勒斯等人研究数学的一个原因便是实际应用，而毕达哥拉斯学派则不重视这个，他们将数学和宗教、哲学联系起来，他们想通过数学来探索宇宙间永恒的真理。

　　再接下来是"智人学派"。公元前 5 世纪，雅典成为希腊世界的文明中心，这里群贤云集，经常就一些问题展开讨论，数学也是当时必备的一门知识，所以"智人学派"应运而生，他们的职业就是教授文法、逻辑、数学、修辞、天文、雄辩等科目。

　　在数学上，当时出现了"三大难题"，分别是三等分任意角、倍立方和化圆为方。倍立方问题就是已知一立方体，求作一立方体，使其体积是已知立方

拉斐尔所绘《雅典学院》
该画以古希腊哲学家柏拉图举办雅典学院为题材，描绘了代表着哲学、数学、音乐、天文等不同学科领域的文化名人会聚一堂的场景，表现了古典时期学派林立、相互切磋的景象。

体的二倍。化圆为方就是求作一正方形，使其面积上等于一已知圆。因为这些问题都要用没有刻度的直尺和圆规去做，所以也被称为"尺规作图"。古希腊人的兴趣不在于实际解决这些问题，他们更关心在尺规的限制下，如何从理论

上将这些问题解决，这也标志着几何学从解决实际问题朝建立系统理论迈出了关键的一步。

在对化圆为方问题的研究中，"智人学派"的安提丰提出了"穷竭法"，这是近代极限理论的雏形。所谓"穷竭法"，就是先在圆内做一个内接正方形，然后再做正八边形、正十六边形、正三十二边形、正六十四边形……安提丰认为，直到最后得到的正多边形的面积一定会和圆的面积无限接近，也就是两者的差会穷竭，这便是一种求圆面积的近似方法。这也和中国古代数学家刘徽提出的"割圆术"不谋而合。

生活在公元前4世纪的柏拉图在雅典建立了他自己的学派，非常重视数学的他却在认识上有了一点偏差：他只关注数学在智力训练上的作用，比如学习几何可以培养逻辑思维能力，却忽视了数学的使用价值。不过，柏拉图学派还是涌出了不少数学家，比如前面提到过的提出"球壳说"的欧多克斯，他就是柏拉图的学生，创立了比例论，后来欧几里得的《几何原本》第五卷《比例论》里大部分多是欧多克斯的成果，这也是他在数学上的最大贡献。柏拉图的另一位学生亚里士多德则为形式逻辑奠基，他的逻辑思想为后世几何学在严密的逻辑体系中发展开辟了道路。

当时除了柏拉图学派以外，还有一些学派，比如以芝诺为首的埃利亚学派、以德谟克利特为代表的原子论学派，也都在数学上作出了自己的贡献。芝诺以提出的四个悖论而震动学术界；原子论的学者则将他们的原子论观点运用到数学上，认为无论是线段、平面还是立体，都是由许多不可再分的原子组成的，计算其面积和体积就等于将这些原子集合起来。这种推理方法虽然不太严谨，却为数学家们发现新结果提供了一条重要的线索。

公元前4世纪以后，希腊世界的数学逐渐从哲学和天文学中脱离出来，成为一门独立的学科，数学的发展也进入了一个新的历史阶段——初等数学阶段，不过，这大致已经是马其顿希腊化时期的事情了。

马其顿的崛起及希腊化时代

在古希腊的古典文明出现危机并走向衰败的同时，它的北方邻国马其顿强大了起来，趁势入侵并占领了希腊地区。随后在亚历山大大帝的率领下，马其顿东征西讨，建立起了一个地跨三洲的大帝国。但帝国在亚历山大大帝英年早逝之后就分崩离析了，随即在原来的国土上出现了托勒密王国、塞琉古王朝、马其顿王国等一批"希腊化国家"，以及帕提亚帝国，这个建立在原亚历山大帝国领土上的、非常强大的非"希腊化国家"。为了保持叙述的连贯性，帕提亚帝国的后续、有"波斯第二帝国"之称的萨珊王朝也放在这里介绍，紧随帕提亚帝国之后。

马其顿的兴起与腓力二世

马其顿位于巴尔干半岛北部，境内由上马其顿和下马其顿组成。上马其顿是山区，只有几个关隘和外界来往；下马其顿是滨爱琴海平原，土地肥沃，适合发展农业，因此，这里一直是马其顿地区的政治、经济和文化中心。在传统上，下马其顿对上马其顿有宗主权。这里的居民主要是希腊人（多利安人）、色雷斯人和伊利里亚人，与南边的希腊地区的希腊人有亲缘关系。他们也崇拜希腊的神明，对宙斯和赫拉克勒斯尤其崇拜。

和南边的邻居希腊相比，马其顿人在文明发展的道路上落后很多。当希腊城邦已经在政治、经济和文化方面高度繁荣之时，北面的马其顿人才刚刚迈入文明世界的门槛。大约在公元前 6 世纪中叶，马其顿出现了奴隶制王国，国王是一国的首领，是全国土地的主人。当时国王的权力也不是特别大，王国下辖的各个部落仍保持着一定的独立性。公元前5世纪初期，波斯帝国侵略希腊，也一度统治了马其顿，不过当时的亚历山大一世（约公元前498—公元前454年在位）暗中和反波斯的希腊城邦联络，并告之以情报。也是在亚历山大一世在位时，马其顿得以统一。后来到了阿尔赫拉奥斯（公元前413—公元前399年在位）统治期间，马其顿开始进行军事和币制改革，旨在加强王权，还把首都从阿伊格迁到了离海更近的佩拉。此后的马其顿国王们开始注重向南边的邻居希腊学习，他们把先进的希腊文化引入宫廷，又和希腊城邦进行贸易，这使马其顿发生了较大的变化。腓力二世时期，马其顿真正强大起来。

腓力二世当上马其顿国王的过程比较曲折。腓力年轻的时候曾经在底比斯做人质，因此对希腊城邦的情况比较了解。公元前359年初夏，马其顿前国王的幼子被推举为王，腓力作为叔父摄政。当时马其顿国内危机四伏，一些分离势力蠢蠢欲动，腓力的几个兄弟也都对王位虎视眈眈。腓力很快稳定了局势，大概就在这个时候，原来的幼小国王被废，腓力被推举为王，成为腓力二世（公元前359—公元前336年在位）。

腓力二世统治时期的马其顿硬币
正面是宙斯头像，背面是骑在马背上的腓力二世。现存于大英博物馆。

腓力二世上台以后，在政治、军事、经济等方面都进行了改革。在政治上，改革主旨是削弱贵族势力、加强王权，腓力二世借助神话抬高自己的地位，声称自己是赫拉克勒斯的后裔。在军事上，组建了一支由国王直接指挥的常备军，并吸取底比斯军队编制的特点，组成了后来名动天下的马其顿方阵。此外，他还很重视军队的武器装备，并组建了海军。他的军事改革措施使马其顿军队的战斗力大大增强，为后来平定希腊乃至亚历山大东征打下了基础。在经济上，主要进行币制改革，废除了原来的波斯币制，金币采用阿提卡制，银币采用色雷斯制，这样马其顿就可以在雅典和色雷斯的货币流通范围内开展自由贸易，尤其是能和南边的卡尔息狄斯同盟开展贸易。

经过腓力二世改革，马其顿已经成为巴尔干半岛上的一个强国，领袖腓力二世作为一个野心勃勃的人，他有着强烈的征服欲望，因此，他把目光放到了南边的邻居身上。当时，希腊城邦已经走到了古典时期的最后几年，城邦内部战乱不断，这也就给了马其顿乘虚而入的机会。

征服希腊

在希腊城邦，早些时候就有一些有识之士对北方新崛起的马其顿加以关注了。腓力二世曾为了夺取出海口，和希腊城邦发生过冲突。对于当时的希腊人来说，他们曾同仇敌忾，最终将波斯侵略者赶出了希腊，取得了希波战争的辉煌胜利。不过此时的希腊已经不是 150 年前的那个希腊了，在城邦内部，特别是在雅典城邦内部，因为利益不同而出现了持有两种不同态度的希腊人：亲马其顿派与反马其顿派。

民主派工商业奴隶主是反马其顿派的中坚力量。因为爱琴海北部还有黑海地区是雅典商人的传统贸易地区，崛起的马其顿人对他们的商业利益构成了威胁。普通公民大部分也支持反马其顿派，他们既担忧城邦的现状，又不愿意接受马其顿国王的统治。反马其顿派的首领德摩斯梯尼是一个武器商人，他天生雄辩，指出马其顿人就是想侵略希腊，呼吁希腊人团结起来，为希腊的自由而战。

亲马其顿派的主要人员是奴隶主上层分子，他们感受到了城邦的危机：奴隶和贫民的反抗日益激烈，城邦之间又战乱不断，长此下去，他们的利益必将不保。这些人自己无力扭转局面，所以就将希望寄托到了邦外的马其顿，想让腓力二世来领导希腊，用亲马其顿派的领袖伊索克拉底的话说，就是"（让腓力）不仅成为希腊统一的领袖，而且成为征服波斯人的领袖"。不过，进攻波斯不是为了报战争之仇，而是要掠夺东方的财富，"让爱国主义思想所感发的斗争精神把希腊变成东方无穷的财富的主人吧！"

从当时的情况看，两派的想法都是不切合实际的。希腊城邦制度已经危机重重，实力远非当年可比，即便团结起来也未必是新兴的马其顿的对手；而亲马其顿派企图借腓力二世东侵来解除城邦的危机，更无异于是引狼入室。

公元前 355 年，神圣战争的爆发为马其顿插手希腊城邦事务提供了机会。

所谓的神圣战争，就是争夺德尔菲神庙的庙产。德尔菲位于希腊中部福基斯境内帕尔纳索斯山南麓，是阿波罗神庙及其神托所的所在地，是古代希腊的宗教中心，对许多城邦的政治活动都有一定影响。当年底比斯人称霸中希腊的时候，就从福基斯城邦中夺走了对德尔菲神托所的控制权。福基斯自然不能善罢甘休，他们夺走了德尔菲的金库，又招募了一支庞大的雇佣军，准备和底比斯一决雌雄。最终，福基斯凭借强大的雇佣军打败了中希腊联军，又进占了色萨利。然而，夺取德尔菲金库的做法本已使福基斯陷入孤立，染指色萨利更是又触怒了马其顿，就这样，马其顿也参与到了反福基斯的阵营当中。公元前 352 年，马其顿大军开进希腊，打败了福基斯。他将福基斯人赶出色萨利以后，又将目光转向了卡尔息狄斯半岛。公元前 348 年，奥林托斯城邦因为叛徒的出卖而陷落，城邦被毁，卡尔息狄斯半岛上的其他城邦迫于腓力二世的淫威而拆除了城防工事，爱琴海北部一带落入马其顿之手。不久之后，神圣战争就以福基斯的战败而宣告结束。德尔菲地区的安菲替温尼同盟将福基斯开除，同盟议会落入腓力二世手中，这时，马其顿人的势力已经到达了中希腊。

南边的雅典人面对腓力二世的步步南进终于坐不住了。神圣战争以后，马其顿占领了色雷斯地区的一些城镇，这引起了雅典的不满，于是反马其顿派占了上风，他们匆忙组织起一个反马其顿联盟，准备对抗马其顿。公元前 339 年末，马其顿进占埃拉提亚，这里距离雅典只有两天的路程。危急关头，雅典只好和底比斯结盟。第二年，以雅典和底比斯为主力的希腊联军在彼奥提亚的喀罗尼亚和马其顿展开决战，马其顿大胜，从这以后，希腊城邦实际上已经丧失了政治上的独立。

公元前 337 年春，腓力二世在科林斯召开全希腊会议，除了斯巴达以外的希腊城邦悉数到场。腓力二世在此成立了一个"希腊联盟"，马其顿是其主宰，但希腊诸城邦还保持着形式上的独立。成立联盟的原因是腓力二世准备远征东方的波斯，他打算和希腊城邦签订永久性攻守同盟条约，共同向波斯宣战。之后，腓力二世便积极备战。第二年春天，1 万人以上的马其顿希腊联军先头部队渡过赫勒斯滂海峡，随后腓力二世统率的主力大军准备在秋天出发，然而，腓力二世最终没能踏上东征的路途，这个任务落在了其子亚历山大肩上。因为在这一年的夏天，在他女儿的婚礼上，腓力二世遇刺身亡。

亚历山大东征

　　腓力二世的突然离世，使新兴的马其顿王国面临危机。北方那些被征服、吞并的部落开始蠢蠢欲动，希腊世界的反马其顿派马上又活跃起来，底比斯首先竖起反旗，伯罗奔尼撒的一些城邦也群起响应。

　　面对这一切的马其顿新掌舵人是年仅 20 岁的亚历山大（公元前 336—公元前 323 年在位）。亚历山大曾拜亚里士多德为师，从小便接受希腊文化熏陶。同时，他又在父亲的东征西讨中展现了自己的军事才能，喀罗尼亚战役中，亚历山大作为马其顿部队的左翼指挥官，正是他及时捕捉到战机，全歼希腊联军的精锐——底比斯圣队，才使马其顿获得了这场关键战役的胜利，而当时的他只有 18 岁。腓力二世遇刺身亡后，亚历山大继位，史称亚历山大三世，后又因其无与伦比的功勋战绩，被人尊称为亚历山大大帝。

　　当时的人们都认为亚历山大太过年轻，无法完成腓力二世制定的东征计划，那些趁机起义的人们也是这样认为的。事实上，这位年轻的统帅先是进军巴尔干半岛北部，平定叛乱的伊利里亚诸部落，又将色雷斯人击退到多瑙河岸边。随后，他又以迅雷不及掩耳的速度回军直扑底比斯城下，底比斯人措手不及，城池陷落。亚历山大杀一儆百，毁灭了这座古城，让包括雅典在内的其他希腊城邦立刻表示臣服。就这样，各邦国又统一到了亚历山大麾下。后顾之忧已除，原定目标犹在，亚历山大就此挥军直指东方的波斯。

亚历山大大帝青铜头像

《伊苏之战》

这幅马赛克镶嵌画描绘的是亚历山大大帝（左）带领军队击溃波斯皇帝大流士三世（右）的场景。现存于那不勒斯国家考古博物馆。

公元前 334 年春天，亚历山大率领 3 万步兵、5 千骑兵跨过赫勒斯滂海峡，开始了 10 年东征的路途。从某种角度来说，亚历山大这一次出征有些冒险，因为他的部队只带了一个月的给养，唯有速战速决或从当地补充给养才能保证部队的供应。小亚细亚的格拉尼库斯河畔成为马其顿和波斯初次交手的战场。最终，马其顿人以少胜多，击溃了兵力上是自己 4 倍的波斯军队，随后又乘胜追击，兵不血刃地占领了小亚细亚的重要城市萨迪斯。就这样，马其顿大军沿小亚细亚西海岸南下，先后占领了吕底亚、卡里亚、吕基亚等地，接着北上安哥拉（今土耳其安卡拉），东进卡帕多西亚，再南下奇里乞亚。

公元前 333 年 10 月，马其顿在伊苏斯城和波斯皇帝大流士三世展开决战，波斯军队大败，大流士三世逃走，其母亲、妻女都被亚历山大抓了为俘虏。至此，亚历山大获得了战争主动权，通往叙利亚、腓尼基的门户就此打开。随后，马其顿大军挥军南下，占领了叙利亚、腓尼基。不过，亚历山大在推罗却遇到了他出征以来最为顽强的抵抗——推罗人整整抵抗了 7 个月。在亚历山大围攻推罗的时候，波斯皇帝曾派使者向亚历山大示好，表示愿意割地赔款以求和，但是亚历山大不为所动。

公元前 332 年 11 月，马其顿大军进入埃及，无人能挡的亚历山大被当地祭司奉为"埃及的法老""阿蒙神之子"。随后，亚历山大在尼罗河口亲自选址建造了一座城市，并以他的名字命名，这也是他在东方建立的第一座城市。第二年春天，亚历山大率领 4 万步兵、7 千骑兵从埃及出发，取道巴勒斯坦、腓尼基进入两河流域北部。9 月，马其顿大军北渡底格里斯河；10 月 1 日，在尼尼微附近的高加米拉原野，马其顿军队和波斯军队再次展开决战。虽然大流士三世之前做了充分的准备，但他仍然不是亚历山大的对手。高加米拉战役是亚历山大东征以来规模最大的战役，战败的大流士三世再也无力抵抗，仓皇逃命，亚历山大则穷追不舍，随后巴比伦、苏萨、波斯波利斯、埃克巴坦那等重要城池相继陷落。大流士三世最后逃入巴克特里亚，被巴克特里亚总督拜苏斯杀害，随着大流士三世的去世，波斯帝国也正式灭亡。

尾随大流士三世而来的亚历山大进入巴克特里亚，追击拜苏斯一直到粟特，并最终将其处死。亚历山大的东征没有到此结束，他又在中亚地区征战了三年。公元前 327 年，亚历山大进入古印度西北部地区，当时这里处于分裂状态，各邦国互相敌对，亚历山大利用他们之间的矛盾，软硬兼施，取得了一些胜利。

《亚历山大大帝进入巴比伦》
法国画家夏尔·勒布伦绘。现存于巴黎卢浮宫博物馆。

不过，当他想继续东进，征讨恒河流域的时候，军中却疫病流行，官兵厌战情绪高涨，亚历山大只好放弃东进。公元前 326 年，亚历山大率军沿印度河南下，分水陆两路西返。公元前 324 年，亚历山大回到巴比伦，10 年东征至此结束。

10 年间，亚历山大还有他的马其顿王国发生了天翻地覆的变化。10 年前的马其顿只是巴尔干半岛的霸主，领土不过巴尔干半岛以及爱琴海周边；10 年以后，小亚细亚地区、两河流域、腓尼基、叙利亚、巴基斯坦、埃及、波斯、中亚的巴克特里亚还有印度的西北部地区则全部为马其顿的统治范围之内，马其顿也正式成为一个地跨三大洲的大帝国，论幅员辽阔可以说是前所未有。在这 10 年间，亚历山大也由一个区域王国的国王变成了一个大帝国的皇帝。波斯帝国是他东征的主要对手，马其顿大军的势如破竹固然有波斯本身老化腐朽的原因，但更重要的还是亚历山大本人灵活的政治谋略和杰出的军事才能。

客观地说，亚历山大东征是一场侵略战争，给东方人民带来了深重的灾难，一大批历史悠久的古城化作一堆废墟，成千上万的劳动人民沦为奴隶。虽然亚历山大打着把人民从波斯人的奴役下解放出来的旗号，这也让他一度赢得了小亚细亚、埃及等地人民的拥护，但是，一旦遇到抵抗，亚历山大便露出侵略者的本性，城破之后，幸存者被卖为奴，财富被洗劫一空，完全不是解放者的样子。对于西亚和中亚的百姓来说，从大流士三世到亚历山大三世，不过是换了个统治者而已，并没有什么本质区别。

从另一个角度来说，亚历山大东征促进了东西方文化的交流。亚历山大虽然征服了希腊，却也接受并传播了古希腊文化成果。在亚历山大以后，希腊文化继续在亚洲传播，这些文化被称为希腊化文化，从亚历山大起到罗马征服埃及的这几百年时间（公元前 323—公元前 3 年）也被称为希腊化时代。当时在埃及的亚历山大图书馆里，收藏着从世界各地收集来的图书和手稿，东西方各地的学者都被这些藏书吸引而来，到这里研究学习。也正是从这个时候开始，古希腊文明又一次高速发展起来，后来人们所熟知的欧几里得的几何学，阿基米德的力学、数学和物理学，伊壁鸠鲁的唯物主义哲学等，都属于这个希腊化时代的文明成果。随着理论上的文化应用到实际生活当中，一系列科学发明相继出现，这些发明创造又促进了东西方各国的物质文明发展。当然，这些文明的发展不能归功于亚历山大东征，但是追根溯源，亚历山大的东征是一针催化剂，虽然注射这针催化剂的人——亚历山大并没有看到这一切，因为他在东征回来的第二年就去世了。

海达斯佩斯河会战

公元前 326 年，亚历山大大帝在海达斯佩斯河战役中战胜印度国王波罗斯。

帝国的分裂——混战 20 年

　　亚历山大东征的过程即马其顿帝国建立的过程。在短短的 10 年内，亚历山大东征西讨征服了庞大的土地，只可惜他没有时间重新建立起一套统治机构，只能在当地原有的制度基础上糅合一些马其顿 – 希腊色彩。亚历山大基本沿袭了波斯帝国的行省制度，但是地方权力有所削弱，民政、财政、军事三大权分开。亚历山大政权的核心骨干是希腊 – 马其顿人，对各地的本地人一般是利用而不重用。

　　为了巩固自己的统治，亚历山大在政治上采取宽容政策，他对各地的宗教都很尊重：他在埃及拜谒过阿蒙神庙，又为伊西丝女神建庙；在巴比伦向主神马尔杜克献祭，又重修了被波斯皇帝薛西斯毁掉的马尔杜克神庙。这些举动赢得了当地祭司的好感，因此他们对亚历山大颇为拥戴，这也为亚历山大的统治增添了一层神圣的光环。除了宗教政策，亚历山大还采取联姻、招募军队等方式打破民族界限，笼络各地贵族，解决马其顿军队兵源紧张的问题。

　　亚历山大的远征促进了东西方文化交流，他的远征军中有各种专业人才，包括工程师、地理学家、哲学家、测量师等，这些人沿途搜集资料，和当地百姓交往，绘制地图，保存了不少珍贵的历史资料。一向混沌不清的古印度历史，就是因为亚历山大的入侵，才有了一段相对清晰的记录，这也是亚历山大东侵的一个客观结果。

　　亚历山大远征回来以后，并没有满足，他的脑海中有着宏大的规划，他还想远征西北非、意大利和西班牙，但是这一切都因为一场疟疾而变成了空想。公元前 323 年，也就是亚历山大回到巴比伦之后的第二年，他染上了恶性疟疾，最终不治身亡，年仅 33 岁。

　　亚历山大尸骨未寒，他的部将就因为谁来继承王位而产生了分歧。当时有两派实权人物，骑兵统帅佩尔狄卡斯主张等待亚历山大与中亚贵族女子罗克珊娜的孩子出生，如果是男孩就拥立为王，但是步兵统帅墨勒阿革洛斯主张让腓力二世的庶出子阿里达乌斯为王。最后的结果是双方妥协，新生子和阿里达乌斯都被立为王，分别为亚历山大四世和腓力三世。随后，这些掌管兵权的将领们就开始瓜分庞大的马其顿帝国。

　　地位最高的佩尔狄卡斯施展诡计，借用腓力三世的力量发动兵变，杀害了墨勒阿革洛斯，镇压了步兵派的势力，统治了马其顿的亚洲部分。随后，他重新分配各大将领的属地。托勒密占据埃及，安提柯获得了小亚细亚的大部分地区，利西马科斯据有色雷斯，亚历山大东征时留守马其顿本土监国的安提帕特则继续留守马其顿。不过，这只是一次暂时的势力划分，众实权人物之间的重重矛盾注定了庞大的马其顿帝国不能安定。在此后的 20 余年间，亚历山大的部下、儿子等人，为了争夺权力展开了一场旷日持久的混战，这一系列战争又被称为"继业者战争"。

公元前 323 年底，战争爆发，诱因是佩尔狄卡斯的一次政治婚姻。他原本已经和安提帕特的女儿尼西娅订婚，但他为了使自己的独揽大权合法化而将尼西娅抛弃，转而和亚历山大的妹妹克利奥帕特拉结婚，这样一来，他们将来生下的孩子就会成为王位继承人，而且是纯马其顿血统（亚历山大四世有一半的亚洲血统）。安提帕特得知这件事以后，倍感受辱，他便联合安提柯、利西马科斯、托勒密等人起兵反对佩尔狄卡斯。公元前 320 年，佩尔狄卡斯进攻埃及的托勒密，不幸战败后，众叛亲离，最终被自己的部将培松、塞琉古等人所杀。此后，安提帕特等人签订了和约，重新划定了势力范围，安提帕特被推举为领袖，但他在公元前 319 年就去世了。

安提帕特临死前指定马其顿将领波利伯孔而非他自己的儿子卡山德继承他的摄政王之位，这激怒了卡山德，两人随即在马其顿及希腊爆发了一场内战。卡山德获得了安提柯和托勒密的支持，波利伯孔则与原来佩尔狄卡斯的部将欧迈尼斯联手。最终，波利伯孔被卡山德逐出马其顿，只能带着亚历山大四世和他的母亲罗克珊娜逃到了伊庇鲁斯。在伊庇鲁斯，波利伯孔得到了亚历山大大帝的母亲奥林匹斯太后的支持，又重新杀回了马其顿，并杀死了傀儡国王腓力

波利伯孔像
马其顿将领波利伯孔，曾全程追随亚历山大长征。

三世。但卡山德再次得势，他抓到了奥林匹斯并将其杀死，又控制了小傀儡皇帝亚历山大四世及其母亲罗克珊娜。另一边，欧迈尼斯被安提柯击败身死，此后的安提柯一直是战乱的主角，他一心想攫取更多的领土，疯狂招致忌恨。而其他的竞争者也是矛盾重重，无法拧成一股绳只会相互拆台。大概是在公元前309 年，卡山德秘密地杀害了亚历山大四世和罗克珊娜。公元前 306 年，安提柯称王，第二年托勒密、塞琉古也相继称王。至此，亚历山大帝国不仅从实际上，而且从名义上也不复存在了。

此后，以安提柯为一方，托勒密、塞琉古、利西马科斯等人为另一方，双方剑拔弩张。公元前 301 年，双方在弗里吉亚的伊普苏斯展开了一场大决战，安提柯兵败阵亡，他的领土被胜利者瓜分。此后，虽然还有一些战争，一些地区也又经易手，不过马其顿、西亚和埃及三足鼎立的大局已定。

统治埃及的托勒密王朝

托勒密王朝的建立者是亚历山大的部将托勒密·索特尔（公元前 367—公元前 282 年）。托勒密出身马其顿贵族，曾在宫中接受侍从训练而与亚历山大结识。亚历山大继位后，他进入国王侍卫队，参加了亚历山大东征，后累积军功升为马其顿舰队司令，之后驻守埃及。亚历山大去世以后，托勒密成为埃及

托勒密一世像
亚历山大病逝以后，托勒密在分封协议中成为埃及总督，随着马其顿帝国的分崩离析，托勒密很快在埃及建立起自己的势力。

的实际统治者，并在继业者战争中站稳了脚跟，成为坚持到最后的几个人之一。公元前305年，托勒密正式称王，史称托勒密一世，托勒密王朝的历史也由此正式开始。

托勒密王朝据有富庶的尼罗河流域，这使其有经济实力和塞琉古王朝、马其顿王国展开激烈的角逐。在托勒密王朝，王室中兄妹、姐弟通婚的现象很常见，所以后来的男性后裔一般都称为托勒密，等到托勒密王朝最后一个国王时已经是托勒密十五世；而女性常用名则有克利奥帕特拉、贝勒尼基和阿尔西诺伊等。

从公元前274年一直持续到公元前2世纪中叶的叙利亚战争，是托勒密王朝历史上的重要事件。这场战争旷日持久，断断续续，可分成6次。战争的对阵双方是托勒密王朝和塞琉古王朝。第一次叙利亚战争从公元前274年持续到公元前271年，塞琉古国王安条克一世突袭占领了托勒密统治下的叙利亚及南安纳托利亚沿海地区，但是这些领土在3年后得而复失，托勒密王朝的托勒密二世不仅抢回了失地，还占领了卡里亚及大部分的奇里乞亚。

此后，在公元前260年到公元前253年之间爆发了第二次叙利亚战争。塞琉古的新国王安条克二世拉上了马其顿的安提柯二世做帮手，对托勒密在亚洲的军事基地发起进攻。不过关于这次战争没有留下太多资料，大概清楚的是托勒密海军被马其顿打败，奇里乞亚、爱奥尼亚等领土丢失，安条克二世则夺回了米利都等地。公元前253年，安条克二世迎娶了托勒密二世的女儿贝勒尼基，双方握手言和，第二次叙利亚战争结束。

第三次叙利亚战争（公元前246—公元前241年）和这桩政治婚姻有关。安条克二世去世以后，贝勒尼基和安条克二世原来的妻子劳迪丝为了替各自的儿子争夺王位而大打出手，最后劳迪丝的儿子登基成为塞琉古二世，贝勒尼基母子被害。而贝勒尼基的弟弟、托勒密王朝的新国王托勒密三世因支援来迟，便直接向塞琉古宣战。刚开始，托勒密进展顺利，在叙利亚和安纳托尼亚大胜塞琉古王朝，不过在安德罗斯战役中，托勒密却将基克拉泽斯输给了马其顿国王安提柯二世。但是，第三次叙利亚战争的最后胜利者却是托勒密，原因是劳迪丝要儿子塞琉古二世和弟弟安条克·伊厄拉斯共享政权，随后安条克·伊厄拉斯便宣布独立。东方的巴克特里亚和帕提亚大致也是在这一时期独立。公元前241年，为了和平，双方停战，托勒密获得了叙利亚北岸，托勒密王朝达到巅峰。

　　第四次叙利亚战争发生于公元前 219 年到公元前 217 年。公元前 223 年，新继位的安条克三世雄心勃勃，想要重新恢复塞琉古王朝失去的土地。当时的托勒密处于混乱状态，年轻的国王托勒密四世没有实权，一群弄臣掌握着军政大权。公元前 219 年，安条克三世发动战争，收复了腓尼基、巴勒斯坦等一些地区。当时在托勒密掌权的大臣索西比乌斯也积极备战，他还组建了一支由埃及本地人组成的方阵步兵，并最终在拉菲亚战役中击败了安条克三世，使托勒密王朝得以继续控制着叙利亚地区。不过，此后的托勒密王朝开始走向衰落，那些参加过拉菲亚一役的埃及本地人爆发起义，在上埃及建立了自己的王国，一直到公元前 185 年才被镇压下去。

托勒密王朝壁画

　　第五次叙利亚战争的发动者仍然是安条克三世。托勒密四世在公元前 205 年逝世以后，托勒密政权更迭频繁，几乎处于无政府状态。安条克三世瞅准了这时托勒密王朝内部混乱的有利时机，于公元前 202 年，第二次入侵叙利亚，并在帕尼翁战役中大胜托勒密，不过后来罗马因自己的经济利益有被干扰的风险而插手调停，让他们不要入侵埃及本土，安条克三世和他的盟友马其顿的腓力五世表示接受。公元前 198 年，安条克三世征服了叙利亚。此时，处在内忧外患压力下的托勒密王国不得不在公元前 195 年和塞琉古王朝签订和约，承认叙利亚为塞琉古王朝的领地。

　　公元前 170 年到公元前 168 年，塞琉古王朝和托勒密王朝又进行了第六次叙利亚战争。塞琉古国王安条克四世一度进展顺利，已经包围了亚历山大港，但后来托勒密寻求到了罗马的帮助，在罗马人的压力下，安条克四世放弃了征服埃及的希望。

持续了100多年的叙利亚战争最终以塞琉古王朝的胜利而告终。长期的战争消耗了托勒密的国力，再加上内部民族矛盾与阶级矛盾不断激化，从公元前3世纪末叶开始，托勒密走向了衰落，一直到公元前30年被罗马灭亡。

托勒密王朝实行国王为首的中央集权制度，其中既有原马其顿的军事民主制遗风，也有埃及自古以来的法老专制制度的痕迹。国王独揽大权，马其顿人、希腊人作为统治阶层的骨干，把持着重要官职。地方上，托勒密王朝依旧是过去的州（诺姆）的区划，埃及本地人有机会当上州长，不过权力已大幅缩水。地方真正掌握实权的是将军，一般由马其顿人、希腊人充当。在托勒密王朝时期，埃及的神权势力地位有所下降。

托勒密国王是全国土地的所有者，他将土地分为两大部分，一部分由王室经营，称为"王田"；另一部分统称为"授田"，其中，赠予神庙的称为"神田"，可以赐给官员的称为"赐田"，也可以分配给军人作为份地。王田由王田农夫租来耕种，缴纳实物佃租，同时还要缴纳各种苛捐杂税、服劳役。耕种神田和赐田的，可能也是和王田农夫差不多的农民。军人份地大小不一，平时种地，战时出征，以服兵役代租，也要缴纳各种税收。据说，托勒密王朝的税收多如牛毛，名目繁多，很可能超过200种。

此外，托勒密王朝严格控制着油料、纺织、矿业、皮革、盐业、钱庄、印染、皮毛、香料等行业，无孔不入的垄断和多如牛毛的税收使王室聚敛了巨大的财富。当时的对外贸易也很活跃，托勒密二世将以前法老没有修好的、连接红海和尼罗河的运河完工，又开发非洲东海岸，建立了一大批商业据点，最远可达今天的索马里，还派出军队为商队护航。

托勒密统治者对文化事业也很重视。托勒密王朝虽然以武力开国，但是对文化事业兴趣浓厚，他们慷慨解囊，大力扶植文化事业的发展，首都亚历山大城也取代雅典成为当时地中海最大的文化中心。这里学者云集，他们充分吸收古希腊还有东方文明的优秀成果，在文学、史学、数学、天文学、物理学、地理学、动植物学等学科上都取得了辉煌的成就。

对埃及来说，托勒密王朝是异族统治，外来的希腊人、马其顿人的高压政策也激起了埃及本地民众的强烈反抗，随着时间发展，全国阶级矛盾、民族矛盾也日益严重。公元前3世纪末频繁爆发的埃及人民起义，动摇了托勒密王朝

朱鹭形棺材

在托勒密王朝时期，朱鹭被视为神祇的化身之一，一般被神庙专门饲养。在它们死后，部分遗体就会被安葬在朱鹭形的小棺材中，以示尊敬。

的统治，末代女王克利奥帕特拉七世（公元前 70—公元前 30 年）为了守住国家，先后投靠了罗马的恺撒和安东尼，不过托勒密王朝仍旧难逃此劫，最终还是在公元前 30 年被屋大维灭亡。

统治西亚的塞琉古王朝

塞琉古王朝是几个希腊化国家中面积最大的，中国古书称其为"条支"，大概是根据其首都安条克城而来。鼎盛时期的塞琉古王朝东起赫勒斯滂海峡，西至兴都库什山，辖有小亚细亚、叙利亚、美索不达米亚、波斯、巴克特里亚等地，核心区域是叙利亚，所以又称叙利亚王国。塞琉古王朝的建立者塞琉古一世（约公元前 358—公元前 281 年）出身马其顿，原为亚历山大大帝部将，公元前 321 年出任巴比伦总督。公元前 312 年，塞琉古据巴比伦自立，公元前 305 年称王，之后他向东扩张领土，在印度河流域被孔雀王朝的旃陀罗笈多击败，两国订立和约。随后，塞琉古的目光转向西方。公元前 301 年，他联合托勒密、利西马科斯等人在伊普苏斯一战击杀安提柯一世，瓜分了他的领土。公元前 281 年，塞琉古又在库鲁佩迪安战役中击败了利西马科斯，从而基本独占了亚历山大帝国在亚洲的领土。也是在这一年，塞琉古渡过赫勒斯滂海峡准备进军马其顿，结果却被人刺杀。

这个刺客是托勒密·克劳诺斯，他是埃及托勒密王朝的建立者托勒密一世的儿子，他的弟弟接替了父亲的王位成为托勒密二世，他则跑到了色雷斯的利西马科斯宫中，因为利西马科斯的第三任妻子阿尔西诺伊是他同父异母的妹妹。在利西马科斯被塞琉古杀死以后，托勒密·克劳诺斯找机会刺杀了塞琉古，当然也有可能是他看到塞琉古已经不大可能帮自己夺取埃及的王位才这样做的。后来，托勒密·克劳诺斯向阿尔西诺伊求婚，但是在婚礼后将阿尔西诺伊最年轻的儿子杀死，这使阿尔西诺伊不得不逃回埃及，最终嫁给了自己的亲弟弟托勒密二世。再后来，托勒密·克劳诺斯死在了与加拉太人的战争当中。

塞琉古一世延续了亚历山大大帝的政策，在亚洲修建了 30 多座城市以驻扎马其顿军队，这些城市也都成为推行希腊语言文化的中心。

塞琉古一世
塞琉古一世别名"胜利者"。

公元前 3 世纪中叶以后，塞琉古王朝为了争夺叙利亚、巴勒斯坦地区和托勒密王国展开了长达百年的叙利亚战争。初期塞琉古王朝处于下风，东部的两个省份——地处伊朗东北部的帕提亚和地处中亚的巴克特里亚相继独立，塞琉古王朝版图大为缩小。后来的安条克三世（公元前 223—公元前 187 年在位）虽然一度收复了不少东部丢失的领土，但是在公元前 190 年的马格尼西亚战役中又被罗马击败，丢失了小亚细亚。后来，安条克四世（公元前 175—公元前 163 年在位）更曾一度占领埃及，赢得了叙利亚战争的最后胜利，但是这时的塞琉古王朝已经是日薄西山。此后，西边的罗马日益强大，不断东进；东边的帕提亚也在不断向西扩张，夹在中间的塞琉古王朝只能苟延残喘。公元前 141

年，美索不达米亚被帕提亚吞并，塞琉古王朝只剩下了叙利亚。公元前 64 年，罗马大将庞培攻灭塞琉古王朝，叙利亚成为罗马的一个行省。至此，持续了 200 多年历史的塞琉古王朝画上了句号。

塞琉古王朝的统治阶层骨干都是皇亲国戚和王室亲信，叙利亚人、犹太人、波斯人等被排除在高级官僚之外长达两代人之久，即便是在后来情况稍有好转的时候，他们占整个统治阶级人数的比例也不到 2.5％。塞琉古王朝延续了波斯帝国的行省制度，但相对松弛一些，让地方上拥有了一定程度的自治权，这种自治权不利于国王对地方的控制，容易产生分离倾向，帕提亚和巴克特里亚的独立就是例子。

塞琉古王朝的土地制度与托勒密王朝大同小异。全国的土地都是"王田"，直接归属王室的土地由农民耕种，缴纳租税；剩下的土地通过"让与"的方式分配。国王可以赐给大臣们田地，军事殖民地的军人也可以领取份地。这些"让与"的土地有的是王田农夫耕种，有的则是主人亲自耕种，他们一般是军人或者城市平民，也有可能由佃农、奴隶耕种。塞琉古的农民和托勒密的农民境遇也基本一致，他们被束缚在土地上，即便迁居也不能摆脱原有的义务和责任。

塞琉古王朝拥有比较发达的商业和手工业，这和其境内纵横东西的海陆商路、星罗棋布的新旧城市以及统一的货币和语言是分不开的。当时塞琉古境内统一使用希腊语，通行的货币也是阿提卡制。因为塞琉古王朝地处东西方中间，所以在商业上主要经营转手贸易，叙利亚、美索不达米亚、希腊等地的精巧手工艺品和东方的丝绸、香料都经塞琉古人转运到需要它们的地方。这也使得塞琉古和托勒密曾因争夺商路而开过战。塞琉古王朝的手工业在发达的商业刺激下走向了繁荣，小亚细亚的萨迪斯城就以其生产的华美地毯而闻名。其他一些行业，如金属冶炼、酿酒、玻璃制造、纺织印染等也较发达。

统治希腊、马其顿的马其顿王国

在亚历山大大帝死后形成的诸多希腊化国家当中，除了托勒密王朝和塞琉古王朝以外，还有一个极为强盛且影响力巨大的国家，那就是统治马其顿和希腊的马其顿王国。

亚历山大大帝去世后，在他东征时留守马其顿监国的安提帕特成为马其顿和希腊的实际统治者。公元前319年，安提帕特去世，他指定的继承人波利伯孔和他的儿子卡山德展开了争夺。最后，卡山德得势，傀儡小皇帝亚历山大四世及其母亲罗克珊娜，外加亚历山大大帝的母亲奥林匹斯先后都被他杀死。

再后来，卡山德和塞琉古、托勒密、利西马科斯联手对付安提柯。伊普苏斯一战，安提柯战败身亡，卡山德成为马其顿的最高统治者。公元前297年，卡山德病死，他的长子腓力四世登基后不久也同样病死了，次子安提帕特二世因为母亲过分宠爱自己的弟弟亚历山大五世而将其母杀死，兄弟俩因此爆发内乱。卡山德的家族就此陷入了血腥的骨肉相残之中，最终也失去了马其顿王国的统治权。

刻有德米特里一世头像的银币

终结卡山德家族的是德米特里，他是在伊普苏斯战死的安提柯的儿子。德米特里和他的父亲安提柯一样，是一员能征善战的勇将，年轻的时候就已经能独当一面，成为安提柯的左膀右臂了。安提柯战死以后，德米特里带着残兵败将逃亡，当时大部分的领土都已丢失，原来曾经支持过他的希腊人也都转变态度。不过击败他父亲的同盟——塞琉古、托勒密、利西马科斯等人的关系也不是铁板一块，于是，德米特里苟延残喘，利用他们之间的矛盾得以重整旗鼓。公元前295年，德米特里卷土重来，不仅攻占了雅典，还重新控制了不少希腊城邦。随后，他趁着马其顿的卡山德家族兄弟内乱之机入主马其顿，自己当上了国王。

在德米特里重新当上国王的时候，他父亲在亚洲的领土已经被利西马科斯等三人瓜分殆尽了：利西马科斯分得了爱奥尼亚，塞琉古得到了奇里乞亚，托勒密控制了塞浦路斯、吕西亚和奇里乞亚东部。德米特里专心经营希腊，几年的时间他便基本征服了希腊半岛。当时希腊北方崛起的一股新势力——伊庇鲁斯王国，在这时的德米特里面前也有几分收敛。

在当时的"继业者"国家中，德米特里的马其顿王国虽面积最小，却拥有最强的军事实力。另外几个国家再一次联合起来，妄图吞并马其顿。在他们的引诱下，伊庇鲁斯国王皮洛士撕毁了和德米特里的和约，随后，利西马科斯和皮洛士同时入侵马其顿，托勒密的海军也开进了地中海。在沉重的军事压力和残酷的国内政治之下，马其顿军队也开始反抗德米特里。内外交困的德米特里此时决定孤注一掷，他要发动一次东征，妄图成功以后可以用亚洲的资源再回来平定马其顿。于是，他做好了对家里的安排，立他的儿子安提柯为希腊总督和王储，自己则率领军队攻入小亚细亚。起初，他进展非常顺利，公元前287年，他先后占领了萨迪斯、米利都等爱奥尼亚城邦，托勒密海军也被逐出了爱琴海。公元前286年，德米特里在奇里乞亚打败了塞琉古，不过胜利并没有给他带来什么收获，马其顿士兵已非亚历山大大帝时可比，他们已经厌倦了战争。之后，利西马科斯、塞琉古、托勒密等人的不断骚扰最终使德米特里陷入了困境，他被塞琉古包围，被迫投降。虽然德米特里的儿子安提柯愿意用所有领地来换取父亲的自由，但最终也没有成功。3年以后，德米特里死在了塞琉古的监狱当中。

在托勒密、塞琉古以及马其顿王国三分亚历山大帝国的过程中，还有一支外部势力也参与了进来，这就是外来入侵的"蛮族"——加拉太人。

加拉太人据说是凯尔特人的一支，他们当时居住在多瑙河流域。本来色雷斯这个地方在地理位置上为希腊城邦起到了一个屏障的作用，可以保护南方文明不受北边"蛮族"的侵扰，且亚历山大死后一直统治色雷斯的利西马科斯也善于和他们打交道。但在公元前281年，利西马科斯、塞琉古一世相继被杀，塞琉古一世的儿子安条克一世又因和埃及的托勒密有纠纷而无暇北顾，利西马科斯的遗产不久落入托勒密·克劳诺斯手中。但是，托勒密·克劳诺斯并无处理这类事情的能力，公元前279年托勒密·克劳诺斯被加拉太人掳走。

之后，又一支加拉太人南下侵扰，这次他们遇到了希腊的保护者、德米特里的儿子安提柯。安提柯积极组织城邦联军进行防御，再加上雷暴和暴雪等恶劣天气，让加拉太人的这一次入侵惨遭失败。与此同时，另一支入侵的加拉太人却成功乘船渡过海峡去了小亚细亚，在那里横冲直撞，一直横行到公元前

275 年才被安条克一世消灭。

加拉太人的入侵造成了马其顿和色雷斯的权力真空，这为安提柯提供了机会。公元前 277 年，安提柯占领了色雷斯的首府，又在赫勒斯滂海峡附近击败了最后一批入侵的加拉太人，这也奠定了安提柯作为马其顿新王朝建立者的地位。次年，安提柯宣布自己为马其顿国王，安提柯王朝（公元前 276—公元前 168 年）正式建立。

马其顿王国，或者说安提柯王朝的王权非常强大，传统上的人民权利基本不被重视，只有少数的"马其顿要人"把持着大权。马其顿的城市发展较快，历代统治者都新建了一些城市，如公元前 316 年，卡山德建立了塞萨洛尼基和卡山德里亚；公元前 293 年，德米特里在色萨利建了德米特里亚城等。这些新建的城市再加上原来的都城佩拉一起成为马其顿的贸易中心和文化中心。

虽然城市发展比较快，但还是有很多马其顿人生活在农村，他们可能是自耕农，也可能是佃农，从国王或者贵族那里租来土地耕种。马其顿王国的奴隶制没有获得大的发展，一般只有城市的某些家庭中使用奴隶。亚历山大东征的后果在马其顿本土体现得最为明显：相对于南方的希腊、小亚细亚地区以及两河流域诸文明，马其顿人在文化上是落后的，军事强大的他们趁其他文明腐朽不堪的好时机，才有了亚历山大的所向无敌。无敌并没有改变马其顿贫困落后的面貌，相反，频繁的征战耗尽了马其顿的人力资源，又影响了社会生产。亚历山大死后，这里又成为众多军阀你争我夺的战场，加上加拉太人的入侵，这使得马其顿和托勒密的埃及以及叙利亚等地的经济差距进一步拉大。

马其顿人对南部的希腊统治比较宽松，从安提柯二世开始就是这样。只在科林斯等战略要地驻扎卫戍部队（共三个地方有马其顿驻军，希腊人将其称为"希腊人的三副脚镣"），目的是镇压可能出现的反抗。安提柯二世尊重希腊人的自由和自治权，通常是用扶植亲马其顿的代理人掌政的方式进行间

马其顿国王腓力五世统治时期的钱币

接控制。

在一向崇尚自由和自主的希腊，反马其顿的势力一直存在，且一有机会他们就会跃跃欲试。到了安提柯王朝，希腊人也没有放弃反抗，只不过斯巴达、雅典这两大核心都已无力领导各邦反抗，这一时期的反抗核心力量是两个同盟——埃托利亚同盟和阿哈伊亚同盟。

埃托利亚同盟最初是一个松散的部落联盟，到公元前 367 年才形成比较固定的同盟国，核心地区是希腊中西部的埃托利亚，盟址在特尔蒙。从公元前 4 世纪的下半叶起，埃托利亚同盟的力量就在同马其顿的斗争中不断发展壮大。公元前 290 年，同盟控制了德尔菲，公元前 3 世纪下半叶，同盟实力达到了极盛，盟员不仅有中部希腊的城邦，还有一些伯罗奔尼撒半岛的城邦也加入了进来。

阿哈伊亚同盟的历史比较悠久，核心地区是伯罗奔尼撒半岛北部的阿哈伊亚地区。该同盟早在公元前 4 世纪就已成立，后在马其顿人的打击下解体。公元前 280 年，一些城邦趁着马其顿内乱又重新集结，也是在公元前 3 世纪下半叶达到极盛。公元前 239 年到公元前 229 年，埃托利亚同盟开始和阿哈伊亚同盟联手反抗马其顿。

公元前 228 年左右，雅典和伯罗奔尼撒半岛基本脱离了马其顿的羁绊。而埃托利亚和阿哈伊亚这两个既联合起来对抗过马其顿，也曾相互斗争过的同盟，也迎来了各自的最终命运——他们都不是日益强大的罗马的对手，最终在公元前 2 世纪中叶先后被罗马人解散。

公元前 220 年继位的马其顿国王腓力五世是一位雄心勃勃的君主，他试图重新控制整个希腊，并向伊利里亚和小亚细亚地区扩张，而这就和逐渐向地中海东部地区扩张的罗马发生了冲突。公元前 215 年到公元前 168 年，罗马与马其顿之间先后进行了三次马其顿战争，最终以马其顿的惨败、末代国王珀尔修斯被俘去世而告终。从此以后，一个作为独立国家的马其顿王国不再存在，取而代之的是四个彼此分离但是还有一定自治权的自治共和国。公元前 148 年，罗马在镇压了马其顿的大规模起义后，将这四个地区合并，又和伊利里亚等地区一起组成了一个由罗马人直接统治的行省。两年后，希腊全境也落入了罗马人的统治之中。

统治波斯的帕提亚帝国

亚历山大死后，在他征服并建立起来的亚历山大帝国的领土上还出现过一个国家，这个国家从三大希腊化国家之一的塞琉古王朝脱胎而出，并在三大希腊化国家相继被罗马灭亡以后继续发展，和古罗马还有当时的汉朝一起成为世界上的三个大国之一，这就是帕提亚帝国，中国古书一般称其为"安息"。

帕提亚的疆域大致相当于今天伊朗的呼罗珊地区，在之前的波斯帝国和塞琉古王朝时期，这里是一个省。大约在公元前 3 世纪前期，一支游牧民族——帕尼人从北方中亚的锡尔河流域迁徙到了帕提亚地区，并和当地原有居民相融合。公元前 247 年左右，塞琉古王朝和托勒密王朝打响了第三次叙利亚战争，帕尼人的首领趁机将塞琉古总督杀死，自立为王，建立了阿萨息斯王朝（中国史书上"安息"的称呼，可能就是从这个名字而来），以尼萨（今土库曼斯坦阿什哈巴德）为都城。

公元前 238 年，塞琉古王朝征讨帕提亚，前期一度获胜，后因内部出现矛盾而退兵，帕提亚得以继续保持独立。公元前 3 世纪末叶，塞琉古再次入侵，帕提亚被迫纳贡。此后在公元前 192 年到公元前 189 年，塞琉古和西边的罗马兵戎相见，无暇东顾，这时今伊朗西部地区又独立了一些小国。

帕提亚建国以后，曾经数次迁都。在阿尔沙克一世（帕提亚王国的创建者）的弟弟和继承者梯里达底统治期间，都城从尼萨迁到了里海东南的赫卡通皮洛斯；到了米特里达梯一世（公元前 171—公元前 138 年在位）统治时期，又将都城迁到了埃克巴坦那（今伊朗的哈马丹）；而米特里达梯二世则在公元前 90 年将都城迁到了泰西封。现在一般认为，米特里达梯一世和米特里达梯二世是帕提亚帝国的真正缔造者，正是在他们手上，帕提亚逐步走向强大。

米特里达梯一世继位后，先是进攻东边的邻国巴克特里亚王国，巩固了自己的东部边境；随后掉头向西，于公元前 155 年占领米底，进军两河流域的通道就此打开；之后，他又对塞琉古王朝发动反攻。公元前 141 年，帕提亚人占领了塞琉古王朝在两河流域最重要的城市——底格里斯河河畔的塞琉古亚，并在对岸修筑了一座军事要塞，这也就是后来成为帕提亚都城的泰西封。至此，整个两河流域都划入了帕提亚版图，强大一时的塞琉古王朝只剩下了叙利亚。

此时的帕提亚帝国西边与罗马对峙，以底格里斯河为界；东边与康居、大月氏为临；东南方占有坎大哈，最远处可达印度边境。在米特里达梯一世统治后期，帕提亚的东边国境被一支中亚游牧部落所侵扰，他们就是塞种人。因此，米特里达梯一世又转头向东，应对塞种人。在米特里达梯一世去世后，继位的弗拉特斯二世和阿尔达班一世继续和塞种人以及后来的月氏人作战，不过并没有取得决定性的胜利，帕提亚国土遭受了游牧部落的大肆洗劫。

阿尔达班一世之子米特里达梯二世是一位伟大的政治家，帕提亚帝国的历史就是在他这里迎来了转折点。米特里达梯二世上台后，在政治上和军事上均进行了较大的改革，其中在军事上，主要用重装骑兵取代了原来的重装步兵作为军队的主力。公元前 115 年，米特里达梯二世夺回了马尔吉安那的安条克城（在米特里达梯一世统治晚年，帕提亚曾经占领这座城，后来丢失），此后这座城便一直沿用它的伊朗语名字——木鹿。因为强大的米特里达梯二世的存在，塞种人西进无门，只好转而向南，在今天的锡斯坦地区定居，并承认了帕提亚的宗主权。

公元前 1 世纪初，帕提亚再次向西北方向扩展，大约在公元前 94 年占领了现在的亚美尼亚地区，当时帕提亚的国土面积可达 200 万平方千米。与其形成鲜明

米特里达梯二世雕塑

对比的是塞琉古，当时只剩下了叙利亚一带地方，被夹在东边的帕提亚和西面的罗马之间。

公元前 64 年前后，罗马灭亡了塞琉古王朝，在这里建立了叙利亚行省，由此，帕提亚和罗马这两大强国开始直接对话。公元前 53 年，罗马统帅、前三头之一的克拉苏率领大军渡过幼发拉底河，入侵帕提亚，结果在卡莱战役中被帕提亚军队围歼，克拉苏父子战死。

1 世纪的时候，帕提亚东方的贵霜帝国开始兴盛，这使帕提亚不得不从阿姆河流域退出。

在西方，帕提亚和罗马的战争仍然继续，主要的争夺对象是亚美尼亚和两河流域。114 年到 116 年，罗马皇帝图拉真御驾亲征，打败了帕提亚，将亚美尼亚和两河流域收入囊中。但是，他的继任者哈德良却又将其放弃。161 年，帕提亚国王沃洛加西斯四世率军入侵叙利亚，形势一度大好，但随后罗马人展开反击，又夺回了亚美尼亚。165 年左右，罗马人一度占领了两河流域，但是没过多久又被帕提亚夺回。

长年累月的战争严重削弱了帕提亚的国力，帝国内部也出现了矛盾。帕提亚帝国最后一任国王是阿尔达班五世（213—224 年在位），在他在位期间，残暴的罗马皇帝卡拉卡拉入侵帕提亚，但是卡拉卡拉于 217 年遇刺身亡，阿尔达班五世随后打败了他的继承者马克里努斯，迫使其以重金乞和，退出两河流域。外敌虽去，却又祸起萧墙。在波斯人眼中，帕提亚统治者是外来的，且现在已是日薄西山，自然要反抗其统治。当时的法尔斯总督阿尔达希尔所属的萨珊家族已经兴起，阿尔达希尔也得到了法尔斯省地方世俗与宗教权贵的支持，所以他正式宣布独立，向阿尔达班五世发起挑战。

224 年，奥尔米兹达甘平原战役中，阿尔达班五世阵亡，帕提亚帝国也随之灭亡。随后，阿尔达希尔建立了自己的王朝，定都泰西封，称阿尔达希尔一世，他的王朝也就是伊朗历史上辉煌的萨珊王朝。

帕提亚虽然和希腊化诸国基本同时兴起，但是一般不将其认定为希腊化国家，因为从民族语言还有文化上说，帕提亚帝国算是波斯帝国的后继者，其领土也基本在先前的波斯帝国范围之内。

庞大的帕提亚帝国内部自然也存在发展不平衡的问题，两河流域经济比较发达，农业、手工业、商业都很繁荣，但是伊朗山区还有里海沿岸地区则还处于狩猎、游牧阶段，差距比较大。帕提亚地处横贯亚洲大陆的丝绸之路，商业上主要是过境贸易，因此帕提亚和当时的汉朝一直保持着友好的关系，如公元前 115 年，汉朝派使者出使帕提亚，帕提亚国王米特里达梯二世更是派两万骑兵在东部边境上迎接，礼节隆重；87 年，帕提亚国王阿尔达班三世派使者到汉朝进献狮子、符拔；148 年，帕提亚王子安清到中国传播佛教，并翻译多部佛经等。

帕提亚统治者早先崇尚希腊文化，使用希腊文字，欣赏希腊戏剧，用希腊人的方式生活。被征服地区则一直保持着原来的文化传统，并未被希腊文化所渗透。1 世纪初，帕提亚进入所谓的"反希腊化"时期，崇尚希腊文化的王权开始衰落，各地实力派纷纷独立，民族意识的觉醒成为当时的主流。

帕提亚帝国的政治统治实际上比较松散，中央集权程度不高，与其说它是一个大帝国，不如说它是一个由若干个独立小王国、自治城邦、贵族领地和行省组合而成的政治综合体，且这些小王国和城邦都有相当的自治权，还有自己的军队。帕提亚王国的国王兼任帕提亚帝国的元首，但是王权也受到一定的限制，并没有绝对的权力，新任的元首也得由皇族议会一致通过才能加冕。帕提亚帝国的政治结构虽然比较松散，但是在抵御外敌入侵的时候却比当初的波斯帝国要团结，这是因为帕提亚帝国比波斯帝国小，民族矛盾也比较少。在领土内的民族中，只有两河流域的民族相对疏远，但是两河流域人民反抗帕提亚的斗争远没有像他们反抗波斯那么强烈，所以在面对罗马入侵时，帕提亚帝国可以做到团结对外，也正是因为这一点，让比帕提亚强大得多的罗马在双方的斗争中没有占到什么便宜。

帕提亚之后的波斯萨珊王朝

灭亡帕提亚帝国的萨珊王朝（224—651 年）是古代波斯的最后一个王朝，也是波斯自波斯帝国被亚历山大大帝灭亡以后的首次统一，因此，它一般被视为第二个波斯帝国。萨珊波斯并不属于亚历山大帝国分裂后的"希腊化国家"，它离那个年代非常久远——萨珊波斯建国时，亚历山大大帝已经去世 547 年，塞琉古、托勒密、安提柯等国也都早已消失在历史的长河中。

阿尔达希尔一世（224—240 年在位）在泰西封加冕称王后，接收了原来帕提亚帝国的广袤土地，随后，他又北征亚美尼亚，向东粉碎了帕提亚遗族与大月氏人的联合，巩固了帝国的边境。

萨珊波斯继承了和罗马以及后来的东罗马——拜占庭帝国抗衡争霸的历

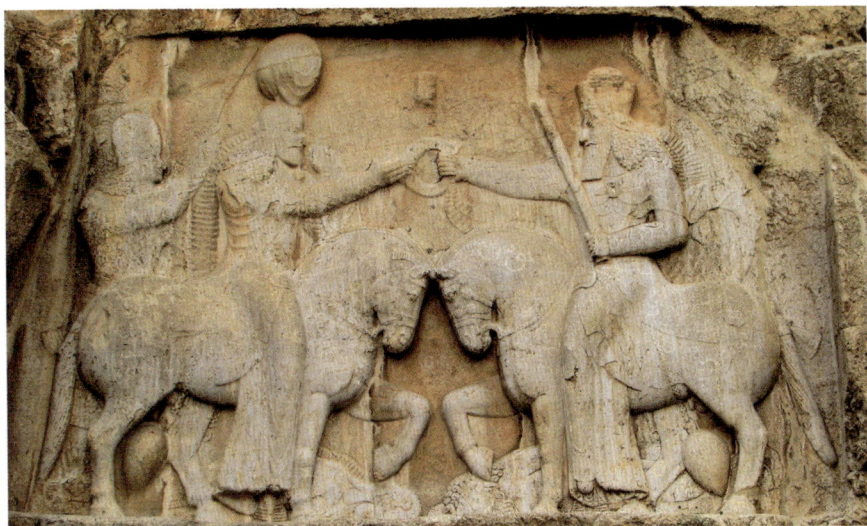

阿尔达希尔一世从阿胡拉·马兹达手中接过神环进行加冕

史。阿尔达希尔一世之子沙普尔一世（240—272年在位）曾三次大败罗马帝国，第三次（260年）更是俘获了罗马帝国皇帝瓦勒良。当时，萨珊王朝的东境远达锡尔河流域和印度河中上游。在公元四五世纪，萨珊王朝和西邻东罗马帝国长期作战，互有胜负；东边则长期受到游牧民族匈尼特人和嚈哒人的骚扰。在萨珊王朝国王卑路斯一世（457—484年在位）因对抗嚈哒人而战死后，萨珊王室曾一度衰弱，贵族开始掌权。不过在卑路斯一世之孙库思老一世（531—579年在位）统治时期，萨珊王朝达到了极盛。他推行改革，打压贵族势力，对外联合西突厥击溃嚈哒。572年，为切断拜占庭的海上商路，萨珊王朝占领了也门。至此，其统治范围南临波斯湾，西抵幼发拉底河，北达高加索、亚美尼亚、中亚阿姆河，东到葱岭（今帕米尔高原）。

到了库思老一世之孙库思老二世（590—628年在位）统治时，萨珊王朝进一步大举扩张，一度恢复了古波斯帝国的绝大部分版图：他征服了整个小亚细亚，洗劫了叙利亚，安条克、大马士革、耶路撒冷先后落入其手，最后在619年又占领了埃及。不过好景不长，622年，拜占庭皇帝希拉克略一世收复了小亚细亚；627年，他又进兵底格里斯河中游，虎视萨珊王朝的都城泰西封。628年，波斯贵族发动政变，库思老二世被杀。此后10年间，萨珊王朝先后有5位国王登基，但他们都只是贵族势力手中的傀儡。此时的萨珊波斯已经

库伯勒图案饰板
出土于希腊—大夏王国阿伊哈努姆城址，库伯勒坐在由狮子牵引的车上。这是希腊化时代的巴克特里亚的作品。

因为长期对外作战和内讧而国力大伤，迅速走向衰落。

再后来，阿拉伯势力崛起，其扩张矛头指向萨珊王朝。637年，阿拉伯人大败萨珊王朝于卡迪西亚，占领了泰西封；642年，在尼哈旺德战役中萨珊王朝战败，走向灭亡；651年，萨珊王朝末代国王伊嗣俟三世被杀，萨珊王朝正式灭亡。

巴克特里亚王国

巴克特里亚是古希腊人对今兴都库什山以北的阿富汗东北部地区的称呼，中国的《史记》《汉书》等史书一般称这里为"大夏"。它是从塞琉古王朝分离出来的、由希腊–马其顿殖民者在中亚地区的兴都库什山北麓、阿姆河上游一带建立的国家，因为这里的上层统治者多是希腊移民，因此历史上又称其为"希腊–大夏王国"。

早年间，这里先后被波斯帝国、亚历山大帝国以及塞琉古王朝所统治，其中塞琉古王朝曾将大批希腊–马其顿人迁居到这里。到了公元前255年，在塞琉古王朝忙着和托勒密王朝进行叙利亚战争时，该地的两个东部省份——巴克特里亚和帕提亚趁机相继独立，当时领导巴克特里亚独立的正是塞琉古王朝的巴克特里亚总督狄奥多图斯一世（约公元前256—公元前248年在位），他建立

犍陀罗地区的菩萨头像

了巴克特里亚第一个王朝。

最早的巴克特里亚王国除了据有巴克特里亚以外，还占领了阿姆河以北的索格狄亚那、马尔吉亚那和阿里亚，这三个地方也被称为三个"撒特拉普"，即"省"或"郡""州"的意思。狄奥多图斯一世将自己的亲信功臣任命为各州总督，这也为后来王国发生内乱，最终分裂埋下了伏笔。

约在公元前230年，在狄奥多图斯一世之子狄奥多图斯二世在位时，巴克特里亚北部的索格狄亚那总督欧西德莫斯篡夺了狄奥多图斯家族的政权，自立为王，开创了巴克特里亚王国的第二个王朝。公元前208年，塞琉古国王安条克三世东征，久攻巴克特里亚都城不下，最后双方在公元前206年签订和约，塞琉古承认巴克特里亚王国独立，但是其要像帕提亚一样向塞琉古王朝纳贡称臣。

再之后，欧西德莫斯之子德米特里一世（约公元前200—公元前185年在位）趁南方的印度孔雀王朝衰落之际大举南进，占领了喀布尔、犍陀罗和旁遮普等地（相当于今天的阿富汗和巴基斯坦），巴克特里亚王国就此迎来了极盛时期。德米特里一世还将首都迁至古印度的西北部地区，国家的重心也随之迁移。德米特里二世（约公元前185—公元前165年在位）统治时期，巴克特里亚继续向印度扩张，公元前2世纪70年代，巴克特里亚王国版图东起恒河中游流域，西达波斯沙漠，南到孟买湾，北至锡尔河，势力鼎盛。但是好景不长，大约在公元前168年，监领兴都库什山以北地区的希腊贵族欧克拉蒂德斯发动叛乱，占领了巴克特里亚本土城区为王，从此，统一的巴克特里亚以兴都库什山为界一分为二，一在巴克特里亚本土，一在印度。至此，巴克特里亚作为一个统一国家，存在了不到100年。此后，两个国家又分为若干个割据的小国，但这已经对地区格局没有大的影响了。到1世纪初，巴克特里亚在已臣属大月氏的五翖侯和罽宾的塞种人的夹击下彻底衰亡。

希腊化时代的科学文化发展

　　希腊化时代指的是从亚历山大东征开始，一直到托勒密王朝，这个最后的希腊化国家被罗马灭亡为止的这一段时间。希腊化时代的文化是一种混合性文化，虽然它仍然属于希腊文化的范畴，使用希腊的语言文字，承袭希腊的传统习俗，但是它已经和古典时期的希腊文化有了明显的区别，它是希腊文化和东方文化相互融汇交流以后的成果。文化是对时代的反映，古希腊城邦文化是独属于希腊的一种城邦文化，而希腊化时代的文化则是一种世界性的文化。此时的埃及亚历山大城也取代了雅典成为希腊化时代的文化中心。

哲学

　　哲学是人们对世界的总体认识，它是最能将一个时代的社会心态和精神面貌反映出来的学科。因此，历史大势的发展势必也会在哲学的发展中有所体现。希腊化时代，城邦理想破灭，现实世界从巴尔干半岛一隅扩大到了东到印度、西到意大利的庞大世界。在这样的历史环境下，人们的思想走向了两个极端，在脱离已进入历史尘埃的城邦之后，相背而行：一方面进而敞怀拥抱无比广阔的世界；一方面却对这个世界厌恶失望之极，所以退而独善其身。当时的哲学有几大学派，分别是斯多葛派、伊壁鸠鲁派、犬儒学派以及怀疑主义，这些学派的差异便是这两种截然相反的思潮的反映。

　　斯多葛派是塞浦路斯人芝诺于公元前300年左右在雅典创立的，该学派的理论兼具唯物主义和唯心主义的特点，特别重视现实世界。斯多葛派承认事物是物质的、发展的、运动的，但是决定这一切的是"世界理性"，也就是神性，这才是世界的主宰。所以他们强调人要顺从天命，要安于自己在社会上的地位，这样才能获得幸福。这是一种宿命论的思想。

伊壁鸠鲁派和斯多葛派针锋相对，这一派坚持唯物主义，提倡快乐主义。伊壁鸠鲁派的创始人伊壁鸠鲁（公元前341—公元前270年）出生于萨摩斯，公元前306年到雅典开办了自己的学派，因为他的学派开在一所花园里，所以又被称为"花园学派"。伊壁鸠鲁对德谟克里特的原子论进行了继承和发展，他认为原子不仅形状、大小不同，重量也不相同；原子不仅有直线运动，也有非直线运动。伊壁鸠鲁派承认必然性，也承认偶然性，同时也认识到了内引导作用。伊壁鸠鲁派宣扬无神论，认为人死魂灭，根本没有什么鬼魂、神灵。斯多葛派将自然神化，伊壁鸠鲁派正相反，他们将神还归自然，这不得不说是人类思想史上的一大进步。伊壁鸠鲁派还主张人生应当避免痛苦，提倡用正当的方式取得快乐，这种快乐不是肉欲物质享受之乐，而是将情感困扰排除之后的心灵宁静之乐，因此人要修身养性，简朴节制，抵制奢侈的物质生活对身心的腐蚀，这样才能达到人生的最高幸福。后世有一个词，叫作"伊壁鸠鲁主义"，用以表示享乐主义，其实已歪曲了伊壁鸠鲁派的原意。

犬儒学派主张消极对待生活。安提斯泰尼是犬儒主义的创始人，也是苏格拉底的学生，曾亲眼见到苏格拉底饮鸩而死。在公元前3世纪，犬儒主义风行一时，"犬儒"这个名字的来源有两种说法：一种是当年安提斯泰尼在雅典城外

犬儒学派
此画反映了犬儒学派哲人们的生活状态，他们顺其自然，随遇而安，以过艰苦生活、抵制利欲为善。

一个叫"快犬"的地方讲学，故而得名；另一种说法是，这个学派主张回归原始自然状态，生活方式粗野，像狗一样，所以被贬为"犬"。犬儒派人士宣扬根据"自然"生活，对当下的社会持批判和漠不关心的态度，对财富、地位都没什么追求。事实上，这是一种遁世主义，背后是他们对现实的不满，但是又无力改变，只好选择远远地离开。

怀疑主义也是这样，反映了一种消极的态度。怀疑主义的创始人为皮浪，他曾经参加过亚历山大的远征军。这一派的核心思想是一切都不可知，感觉和理性得来的知识都不可靠，要认识客观世界是不可能的，甚至客观世界是否存在也是可疑的，所以"你不妨享受目前，因为未来还无从把握"。皮浪主张对一切都无动于衷，不做任何反应，以免引起无谓的争论和烦恼。从另一方面来看，皮浪这种怀疑论否定了知识和科学，其实是其对奴隶主阶级没落的心理反映。

文史学

希腊化时期的文学成就并没有古典时期那样显著，不过在形式上和内容上都出现了创新。在诗歌方面，各种诗体的形式和内容都进一步明确，并且在史诗、田园诗、讽刺短诗、赞美诗等一般诗体之外，还出现了一种科普诗，顾名思义，就是用诗歌的形式来介绍科学研究的成果，这种诗体由阿拉托斯创立。阿拉托斯（约公元前315年—公元前240年），生于小亚细亚的奇里乞亚，后来成为马其顿国王安提柯二世的宫廷诗人。他曾将天文学家欧多克索斯关于星座的论著用六步韵诗体改写出来，命名为《太空万象》，曾被译为拉丁文。田园诗的创始人是忒奥克里托斯，他本是西西里岛的叙拉古人，后来到了埃及的亚历山大城学习。他创作了不少牧歌，热情歌颂田园的美景和年轻牧人的恋情，融抒情、写景、叙事于一体，优美动人，魅力十足，对后世的这一体裁诗歌影响很大。

在戏剧方面，悲剧继续涌现，但已不再具有古典时期的那般活力，也没有太优秀的悲剧作家。在喜剧方面，公元前320年左右出现了新喜剧，并大获成功。新喜剧的题材不再是神话，而是社会上的悲欢离合、人间百态，这也从一个侧面反映了当时人们对政治的冷漠。新喜剧的代表作家有米南德、菲莱蒙和狄菲卢斯，其中以米南德最负盛名。

米南德生于雅典的一个贵族家庭，他的叔父是中期喜剧诗人阿莱克西斯，曾

古希腊新喜剧诗人米南德

教导过他剧本创作。米南德和伊壁鸠鲁有过交往，在哲学思想上也受到了他的影响。米南德一生创作了 105 部剧本，不过流传至今的不多。古希腊的新喜剧也只保存下来米南德的两部完整剧本，即《恨世者》和《萨摩斯女子》，还有几部残剧，包括《公断》《割发》《赫罗斯》《农夫》等。米南德时代的雅典正处于马其顿的高压统治之下，没有言论自由，不许谈论政治，所以作家只好转向社会，通过描绘爱情故事和家庭关系反映社会风尚。米南德企图对阶级矛盾进行调和，他主张平等、宽大、仁慈，认为性格决定命运，无论是幸运还是不幸，这也便是伊壁鸠鲁的思想。米南德的作品文笔优美，诗体通俗易懂，他在世的时候就非常有名，公元前 3 世纪亚历山大城的学者阿里斯托芬就曾经感叹道："米南德啊，人生啊，你们俩到底谁在模仿谁？"

在希腊化时代，史学继续发展。持续不断的军事远征，还有出使其他国家的机会拓宽了历史写作的范围，同时展现在历史学家面前的悠久的东方历史也引起了他们的注意。希腊化时期的历史学著作呈现多种多样的趋势，编年史、回忆录、国别史、世界性通史、断代史、人物传记等纷纷出现，此外还出现了和政治史不一样的文明史。比较著名的史学家有曼涅托等。

曼涅托是托勒密时期的埃及祭司，他大约活动于公元前 4 世纪末到公元前 3 世纪初，著有《埃及史》，这也成为现在研究古埃及历史的重要史料。现代古埃及历史一般划分为 30 个王朝和古王国、中王国、新王国三个主要时期，这种划分方法便是由曼涅托首创。

公元前 2 世纪中期，罗马人征服了希腊地区，但是希腊史学并没有就此停滞，而是继续发展，古代欧洲最杰出的历史学家波利比乌斯就生活在这个时代。

波利比乌斯生于伯罗奔尼撒半岛的迈加洛波利斯，年轻时就跻身政界，在第三次马其顿战争时曾前往罗马，与小西庇阿结为挚友，还曾随其远征迦太基，约公元前 150 年才返回故乡。

波利比乌斯著有《通史》（又称《罗马史》）40 卷，以罗马的武力扩张和制度演变为中心，记述了从公元前 218 年第二次布匿战争爆发开始，到公元前 146 年迦太基灭亡、希腊各城邦被罗马征服为止的历史过程。他记叙的不仅是罗马的历史，还是他眼中的那个"世界"的历史，地中海沿岸各国、各民族的历史在这部书中都有一定的篇章。波利比乌斯力求从对历史的回顾中探求罗马崛起并迅速征服其他国家的原因，再加上他自己本身就是很多历史大事的亲历者，同时又很重视史料的准确性，因此他被后世尊为"史学家中的史学家"，《通史》一书也为后世所重视。

雕刻

希腊化时期的雕刻艺术也取得了不小的成就，当时有三大雕塑中心，即亚历山大城、小亚细亚的帕加马和罗德岛，分别有各自的艺术风格。

在埃及地区主要盛行风俗化雕刻，艺术家的作品大多表现的是下层人物形象，比如流浪汉、渔夫、乞丐、醉汉等，同时对生活细节的描绘也很传神。比如作品《小孩与鹅》描绘的就是一个天真活泼的小孩和一只大鹅一起嬉戏的情景。小孩在努力想把往前走的鹅扳回来，而鹅却直蹬着叉开的双腿，张开嘴，拼命和小孩抗衡。作品中对小孩的体态、动作刻画得非常到位，顽皮的微笑和执拗的动作将一个孩子固有的天真活泼本性充分地表现了出来，头上的小卷发更显得可爱。

小亚细亚的帕加马是另一个艺术中心。《宙斯祭坛》是该地区雕刻作品的代表作，是为了纪念公元前 180 年左右征服高卢人的胜利而修建的，祭坛附带浮雕描绘的是众神和巨人之战的情景，气势宏大，雄浑而悲壮。另外还有一组表现高卢人的浮雕，取材于公元前 3 世纪后期帕加马统治者阿塔罗斯一世击败入侵的高卢人这一史实。《垂死的高卢人》《杀妻后自杀的高卢人》等都用纯熟的写实手法刻画了高卢人失败时的悲壮形象。

罗德岛的雕塑作品代表作是著名的《拉奥孔》。这件作品取材古希腊神话传说：在特洛伊战争中，希腊联军施出"木马计"，特洛伊人上当将木马拖回

帕加马宙斯祭坛浮雕饰带
《宙斯祭坛》是为纪念帕加马国王欧迈尼斯二世战胜高卢人而建造的，整个建筑上雕刻了大量纪念性饰带，描述的是奥林匹斯众神和巨人之间的战争场面。

城中。这时，特洛伊城的祭司拉奥孔站出来说这可能是希腊人的诡计，因而触怒了雅典娜女神，最终，拉奥孔还有他的两个儿子都被雅典娜派来的几条巨蛇缠死、咬死。这件作品表现的就是父子三人垂死之前的情景，整件作品弥漫着紧张而悲壮惨烈的气氛。罗德岛还曾有一尊太阳神巨像，高达 33 米，被列为"古代世界七大奇迹之一"。

希腊本土地区继承了古典时期的雕刻传统，这一时期有两件代表作品闻名于世。第一件是《萨莫色雷斯的胜利女神》，创作年代约为公元前 2 世纪初。这件作品描绘的是胜利女神站在船形的基座上，挺胸展翼，吹起胜利的号角的形象。现存雕像头部和双臂已被毁坏，但躯体部分基本完好。女神的身体丰腴矫健，绽露出旺盛的生命力；被海风吹动而紧贴身体的衣裙舒卷自如，飞动的波纹似乎能使人感受到当时的飒飒风声，这是希腊雕刻中表现胜利女神最杰出的作品之一。另一件作品为《米洛斯的维纳斯》（即《断臂的维纳斯》）。这件作品因 1820 年发现于米洛斯岛而得名，刻画的是爱与美的女神阿芙洛狄忒（在罗马神话中她被称为维纳斯）。作品高 2.04 米，头部和身躯完整，左臂从肩下已失，右臂只剩下半截上臂；上半身赤裸，头部和上半身略向右斜，面部则转向左前方；下半身为衣裙所遮盖；左腿稍稍抬起，中心落在右腿上。从整体上

拉奥孔

古希腊希腊化时期雕塑群像，创作于公元前 1 世纪。人物为正在被巨蛇绞杀而拼命挣扎的拉奥孔及其两个儿子。现存于梵蒂冈博物馆。

看，女神身形修长，面容秀丽，一个高雅、端庄、成熟的女性形象呼之欲出，堪称表现爱与美的女神的典范之作。那残缺的双臂曾经引发人们的无限遐想：完整的雕像上的双臂是什么姿势？后世也有不少艺术家试图复原双臂，但是在原作面前都黯然失色。

天文学和地理学

在希腊化时代，科学上的发展和取得的成就明显要比文学等方面更加辉煌。这一时期的科学已经和哲学分家，并且自身也在不断分化，数学、物理、地理、化学、生物、医学、天文学等都已成为相对独立又相互渗透的学科。

自然科学中天文学的成就最大，先后涌现了阿利斯塔克、喜帕恰斯以及埃拉托色尼等一大批卓越的天文、地理学家。

阿利斯塔克堪称哥白尼的先驱，因为他早在公元前 3 世纪就提出了日心说。阿利斯塔克利用巴比伦几千年来的天文观测资料提出了地球与星辰一起绕太阳转动，而不是当时普遍认为的日月星辰绕地球转动的观点。不过当时亚里士多德的物理学理论已是根深蒂固，人们无法接受这样先进、超前的观点，因为它明显和两点常识不符：首先，如果地球在运动，那么地球上抛起来的东西都会落在原地的后边，而现实中显然不是这样。其次，如果地球在动，那么它相对于恒星的位置应该有变化，但是人们并没有观测到这种变化。对于这个问题阿利斯塔克给出了正确

米洛斯的维纳斯

的答案：恒星离地球太遥远了，地球的轨道和这个距离比起来简直微不足道，所以人们才没有观察到这种变化。

阿利斯塔克在天文学上的另一个成就是他测量了太阳、月亮与地球的距离以及相对大小，虽然因为没有足够精确的测量工具而导致他的测量结果误差较大，但他使用的三角计算方法是正确的，同时他认识到的太阳是比地球大得多的天体也是正确的，这也为他的日心说提供了基础。

生活在公元前 2 世纪的喜帕恰斯在天文学上的贡献也很大，主要成就有他测得一年的长度为 365 又 1/4 天再减去 1/300 天，这个数据和现代科学测量数据只差 6 分 14 秒。他还发现了岁差，编出一份含有 850 颗恒星的星表，并提出了恒星的六等级亮度分类法等。虽然主张"地球中心说"，且这一学说谬传了十几个世纪，不过瑕不掩瑜，喜帕恰斯因为之前那一系列的巨大贡献仍被后世尊为"天文学之父"。

以上诸位科学家都在"测天"，而另一位科学家埃拉托色尼则选择"测地"。埃拉托色尼最著名的成就就是测定了子午线的长度，且他的方法完全是利用几何学原理：地球是一个球体，在同一时间太阳光线在不同地方和地面的夹角是不一样的，那么只要测出这个夹角的差还有两地的距离，就可以算出地球的周长——大体上，地球的周长等于子午线的两倍。据说他的最终结果和现代科学的测量结果只差 300 多千米，这在当时是非常了不起的成就。另外，地理学这个词就是埃拉托色尼首创的，所以他被西方尊为"地理学之父"。埃拉托色尼的其他地理学成就还有首次测量黄赤道交角，结果为 23° 51′ 19″。他还将地球划分为五带，将产生潮汐的原因归结于月亮的盈亏，并根据大西洋和印度洋潮汐的相似，推测出两大洋是相通的，人们可以从海上绕过非洲到达印度。

数学和物理学

希腊化时代的数学发展中心是托勒密王朝的亚历山大城，成就最大的有三位科学家，他们就是欧几里得、阿基米德和阿波罗尼。

欧几里得生平不详，大概在公元前 300 年左右应托勒密国王的邀请到亚历山大城进行讲学，后定居这里。他所著的《几何原本》共 13 篇，系统地将自公元前 7 世纪以来的希腊几何学的发展成果整理在一个逻辑严密的系统当中，使几何学成为一门独立、演绎的科学。一般认为，《几何原本》中的内容都来自希腊的古典时代，大部分定理在那时候就已经得到了证明，欧几里得的贡献是将其汇集在一个完美的系统当中，并且为某些定理给出了更加简洁的证明。《几何原本》对后世影响极大，几千年来被翻译成多种文字，直到 19 世纪还是很多国家的中学几何教科书。

阿基米德是古代社会的一位科学巨匠，他最擅长的是将抽象的理论和具体的工程技术应用结合在一起，同时又在实践当中发现事物的本质，在严格的论证之后将经验事实上升为理论。阿基米德根据物理学上的力学原理去解决求面积和体积的问题，这已经包含了积分学的初步思想。

阿波罗尼和欧几里得、阿基米德并称希腊三大数学家，他的主要贡献在于对圆锥曲线的研究，所著《圆锥曲线论》将圆锥曲线的性质基本上全都提出，几乎使后人再没有发挥的余地，这样的情况一直持续到 17 世纪的帕斯卡和笛卡儿时期，圆锥曲线领域才有了新的突破。

在希腊化时代的物理学发展上，阿基米德贡献巨大。他出生于西西里岛的叙拉古，青年时代到亚历山大城求学，后来又回到了故乡叙拉古，据说当时的叙拉古国王希罗二世和他是亲戚，是希罗二世邀请他回国的。

阿基米德在物理学上的研究主要有两个方面：一个是平衡问题，他发现的杠杆原理即属于此；另一个是关于浮力的问题，他发现的比重原理、浮力定律等都属于此。在著作《论平板的平衡》中，阿基米德用数学公理的方式提出了杠杆原理：杠杆平衡，支点两端力（重量）与力臂长度的乘积相等。由此，也就有了那句脍炙人口的名言："给我一个支点，我可以撬动地球！"

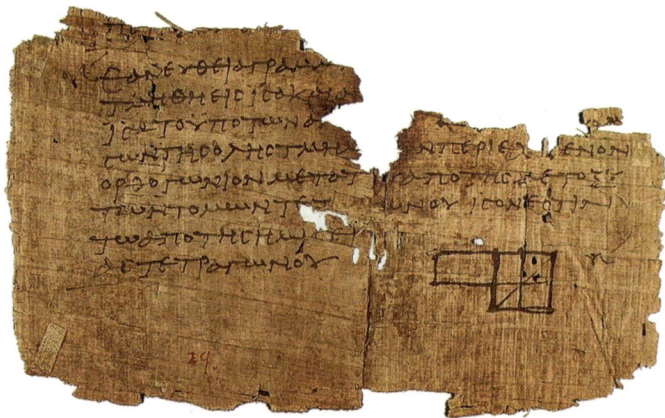

《几何原本》残片

阿基米德发现的浮力定律是现代流体静力学的基本原理之一：浸在液体中的物体所受到的浮力，等于物体所排开的液体的重量。据说阿基米德是在一次洗澡的时候偶然发现的这条定律，灵光闪现的他激动地光着身子就跑了出去，边跑边喊："我发现了！我发现了！"这个故事也体现了这位大科学家专注的一面。

阿基米德善于将抽象的理论应用到工程技术的实践中，因此他在机械工程方面也有不少的发明创造。在亚历山大城求学期间，他曾发明了一种螺旋提水器，被后人称为"阿基米德螺旋"，据说在 20 世纪的埃及还有人在用它提水。滑轮组也是阿基米德应用杠杆原理制造的机械，为人们省了不少力。

阿基米德回到叙拉古 20 多年后，叙拉古王国被卷进了罗马人和迦太基人的布匿战争中，罗马人围攻叙拉古，遭到了叙拉古人民的奋起抵抗。据说当时身在叙拉古城中的阿基米德大显身手，设计了很多军事防守器械。传说，他曾让全城的男女老少每人手持一面镜子，将阳光集中反射到罗马人的军舰的船帆上，然后将其烧毁。不过最后还是因出了内奸，叙拉古城陷落，而当时正在专心解一道数学题的阿基米德恰不幸被罗马士兵杀害。

生理学和植物学

希腊化时代的生理学发展主要发生在亚历山大城，亚历山大城之所以能在医学、生理学上取得不小的进步，与当时托勒密王朝允许人体解剖（甚至对死刑犯进行活体解剖）是分不开的。在人体解剖学上取得最大成就的是赫罗菲拉斯，他被后世认定为是"古代最伟大的解剖家"。

赫罗菲拉斯基本和欧几里得同时代，他的主要成就有：第一个用水钟计算脉搏率（心率），并将结果用在诊病当中；区分了神经和血管、动脉和静脉还有血管的舒张和收缩等。赫罗菲拉斯明白无误地指出，大脑是神经系统的中心，并对神经和人的动作、感觉之间的联系进行了论述。他给一些器官的命名至今还在使用，比如十二指肠。

另一位生理学家是埃拉西斯特拉图斯，他被后世尊为"生理学之父"。埃拉西斯特拉图斯在神经系统研究上成就卓然，他指出大脑沟回的复杂性和人类的高级智能有关系。埃拉西斯特拉图斯还研究了消化系统，他指出，食物进入胃肠以后被消化成乳糜状，被肠系脉上的小静脉血管吸收，后随血液循环输送

阿基米德画像

到肝脏，又被从肝脏出发的小静脉输送到右心房、右心室，再流向全身各处。

西奥弗拉斯斯特斯是这一时期的博物学家，他是亚里士多德的弟子，在亚里士多德离开雅典以后，就是他主持亚里士多德创办的吕克昂学园。西奥弗拉斯斯特斯的主要成就在植物学上，著有《植物志》9 卷和《植物的本源》16 卷，这也是古希腊最完整的植物书籍。西奥弗拉斯斯特斯将植物分为果实植物和无果实植物、常绿植物和落叶植物、显花植物和隐花植物等。他还对显花植物中双子叶植物与单子叶植物的差异进行了研究，还记述了枣椰的人工授粉、种子的萌发和发育过程等。此外，西奥弗拉斯斯特斯最早正确地阐述了动物和植物在结构上的根本区别，这是非常重要的成就。

希腊化时代文化发展上另一项比较突出的成就就是对之前希腊古典文明时期的作品的整理工作，亚历山大城的图书馆为此作出了突出贡献。举世闻名的《荷马史诗》的首个校定本就出自当时的亚历山大图书馆馆长芝诺多德斯之手。此外，卡利马科斯还编写了 120 卷本的《希腊图书总目》，他也做过亚历山大图书馆的馆长，为保存古希腊的文明成果作出了巨大贡献。

希腊化时代的文化继承发展了希腊古典文化，同时也吸收和利用了东方诸文明的丰硕成果。从希腊文化到罗马文化，再到近代西方文化，希腊化时代的文化是其中必不可少的一环，可以说，希腊化时代的文化对西方文化的发展方向带来了不可估量的影响。

02

古罗马文明及西罗马时代

公元前 9 世纪，在地中海东部的意大利半岛上兴起了古代世界几大文明中的最后一支——古罗马文明。虽然从最早兴起的时间来看不算晚，但其达到巅峰时却已是古文明林立的环地中海地区的一枝独秀，因此，古罗马人在吸收众多古文明的基础上建立起了庞大的罗马帝国，使地中海几乎成为其帝国的内湖。

意大利早期文明和王政时代

意大利这片土地上很早就出现了文明，在不同的时代先后出现了特拉马拉文化、维朗诺瓦文化、伊特鲁里亚文明以及罗马文明。此外，由于意大利的东邻希腊人进入文明世界较早，擅长航海的他们曾西渡亚得里亚海和爱奥尼亚海，在南意大利建立了不少商业殖民地，这也在意大利的早期历史上写下了重要的一笔。

意大利早期文明

意大利主体地区是一个半岛，名为亚平宁半岛，位于地中海中部，东边是亚得里亚海，南邻爱奥尼亚海，西边是第勒尼安海，北靠阿尔卑斯山。亚平宁山脉南北纵贯半岛，将半岛划分成多个地理区域：北部的波河流域为冲积平原，土地肥沃；东部狭长地带南接阿普利亚高地，适宜畜牧业发展；西部地区山势平缓，有伊特鲁里亚、拉齐奥和坎帕尼亚平原，适合耕种农业；南部沿海地区也比较适合发展农业。在半岛南端，隔着狭窄的墨西拿海峡，西西里岛和亚平宁半岛隔海相望。从地图上看，西西里岛和亚平宁半岛酷似一只高跟皮靴。和希腊相比，意大利的地理条件较有利于发展农业，但是海岸线平直，缺少港湾，沿海的岛屿又少，所以发展航海的对外贸易的基础条件不如希腊。

早在旧石器时代，亚平宁半岛上就有人类活动，这一时期的遗址主要分布在亚平宁山麓和西北部的利古里亚地区。新石器时代的主要发现则普遍在阿普利亚和西西里等地，当时已经出现了原始的农业和畜牧业，居民们也已经学会了制作陶器。

公元前 2000 年代初，一支印欧语系部落从北方越过阿尔卑斯山进入意大利，他们就是意大利人的祖先，也正是他们创造了意大利青铜时代的代表文化——特拉马拉文化。特拉马拉文化分布在意大利北部地区，居民们广泛使用青铜器，并从事农业和畜牧业。特拉马拉文化最具特色的是他们的住所，他们在水上构筑了一种独特的房屋：在湖中竖起的木桩和搭起的平台上建造房屋，并按照一定的布局排列成行，形成水上村落。当地的居民们还普遍实行火葬。这个文化的遗址如今已化为腐殖质小丘，因此被意大利人称为"特拉马拉"，意为"沃土"，这个文化的名字也就由此而来。与特拉马拉文化基本处于同一时期的还有一种青铜文化，这种文化的遗址主要分布在亚平宁中部山区和阿普利亚等地，被称为亚平宁文化。亚平宁文化的居民主体是新石器时代居民的后裔，同时也混合了一些印欧语系部落的居民。

公元前 1000 年左右，意大利从青铜时代进入铁器时代，代表文化是分布在意大利半岛北部和西部平原地区的维朗诺瓦文化。维朗诺瓦文化的居民经营农牧业，已经出现产品交换，同样实行火葬。不过维朗诺瓦文化究竟是创造特拉马拉文化的居民的后裔发展而来，还是北方新迁来的印欧语系部落居民所创造的，再或是新移民和本地原有居民相融合后产生的，现在还未有定论。

同一时期，南部的亚平宁文化也发展到了铁器文化，从意大利半岛的东北部和东部沿海迁来的一些伊利里亚的操印欧语言的居民，也产生了具备他们自己文化的特点。

从青铜时代开始进入意大利的印欧语系部落民族，经过漫长的岁月之后，逐渐扩散到了半岛的大部分地区，并成为这里的主要居民。而原来的土著居民，有的和外迁者融合，有的则被迫迁移到了边远的地区。如利古里亚人，这个据说是意大利最为古老的居民，可能是新石器时代居民的后裔，便迁去了半岛的西北部山区。在半岛的中部和南部印欧语系部落中，又分成了两大类，分别使用翁布里亚－萨比利安语和拉丁语，前者包括翁布里亚人、萨宾人、萨莫奈人、鲁卡尼亚人和布鲁提亚人等，后者有拉丁人、赫尔尼基人、厄魁人和马尔西人等，后来建立罗马帝国的罗马人就是拉丁人的一支后裔。

从公元前 8 世纪起，亚平宁半岛又涌入了新的外来者。先是伊特鲁里亚人来到了意大利，他们起初活动在亚努河和台伯河之间的地方，后来又向其他的地方扩展。公元前 8 世纪到公元前 6 世纪，意大利西边隔海相望的邻居希腊人大肆扩展海外空间，他们在意大利南部和西西里岛上建立了很多的殖民城邦。同时，地中海上的另一大势力——迦太基人也在西西里岛的东部建立了一些商业据点。另外，大约在公元前 5 世纪的时候，一支高卢人越过阿尔卑斯山，进入了意大利，并在波河流域定居了下来。诸多部落当中，发展最快的要数伊特鲁里亚人，也正是他们创造了伊特鲁里亚文明。

伊特鲁里亚文明

伊特鲁里亚人从何而来，学界还未有定论。希罗多德的说法是他们来自小亚细亚的吕底亚——吕底亚的王子率领一半的公民外出逃荒，他们渡海来到了意大利的翁布里亚。从语言上看，伊特鲁里亚人的语言并不属于印欧语系，且他们的一些风俗习惯和东方的民族更相似。但是古希腊另一位历史学家迪奥尼修斯不同意这种观点，他认为伊特鲁里亚人是意大利的本地居民。考古学的发掘对他的观点表示了支持：伊特鲁里亚文化和这一地区之前的维朗诺瓦文化有着连续性和继承性。

现在还有一种折中的说法，也是主流观点，即从小亚细亚迁徙而来的人们统治了伊特鲁里亚这里的维朗诺瓦文化居民，随着漫长的岁月过去，两种文化相互融合，最后形成了具备两种文化特色的伊特鲁里亚人。

伊特鲁里亚的浮雕墓
建于公元前 3 世纪的一座伊特鲁里亚墓葬，这里面安葬了一整个家族的人，共有 40 多具遗体。

公元前 8 世纪到公元前 7 世纪，伊特鲁里亚人发展到了阶级社会，当时农业是社会经济的主要部分，同时也有畜牧业。手工业在公元前 7 世纪以后发展迅速，尤其是制陶业和金属加工业，产品大量销往波河流域、拉齐奥以及高卢地区。同时，在伊特鲁里亚墓葬中也发现了来自迦太基、希腊和埃及的产品，这说明当时的伊特鲁里亚地区对外贸易已经相当活跃。经济发展必然带来社会阶层分化。在当时的伊特鲁里亚，军事首脑以及祭司贵族们是社会上层，他们占有大量的土地和奴隶，还经常进行海上贸易和掠夺行动。此外，当时的伊特鲁里亚社会还有母系制残余，妇女地位相对较高。

大约在公元前7世纪，伊特鲁里亚出现了奴隶制城邦国家，全境大概有12个城邦，其中重要的有卡勒、塔魁尼、伏尔西、维图洛尼亚、沃尔西尼和维爱等，由国王执掌大权。后来，贵族势力强大起来，选举产生的行政长官取代了国王，实际上也就是贵族政治取代了王权专制。此时，伊特鲁里亚始终处于城邦林立的状态，没有出现过统一的国家，各城邦各自为政。

公元前6世纪是伊特鲁里亚势力达到巅峰的时期，不过这也是他们从巅峰走向衰落的开始。最鼎盛时期，伊特鲁里亚人的势力扩展到南至拉齐奥和坎帕

塔尔奎尼亚"三食榻墓"右墙上的男女舞者形象
伊特鲁里亚的墓葬壁画，色彩鲜艳明丽、人物栩栩如生，被誉为伊特鲁里亚独特的"地下博物馆"。

伊特鲁里亚青铜战士雕像
时间约为公元前 5 世纪，现存于纽约大都会艺术博物馆。

尼亚，北至波河流域，不过随着伊特鲁里亚人内部出现了纷争，还有外部敌人的威胁，他们的文明开始走向衰落。公元前 524 年和公元前 474 年，伊特鲁里亚人和移民意大利的希腊人进行了两次丘米战争，伊特鲁里亚都遭到了失败。这时拉丁人和萨莫奈人也趁机发动进攻，迫使伊特鲁里亚不得不退出了意大利中部地区。公元前 5 世纪末，北方入侵的高卢人又夺走了波河流域。后来罗马兴起，伊特鲁里亚城邦又相继被罗马征服。

伊特鲁里亚人在吸收古代东方诸文明还有希腊文明的基础上，创造出了高水平的伊特鲁里亚文明，为后来的罗马兴起奠定了基础。可以说，无论是政治制度、宗教还是文字，罗马人都深受伊特鲁里亚文明影响。

希腊人的殖民活动——"大希腊"

早在爱琴文明时期，希腊人就和意大利半岛这片土地产生了联系，在西西里岛还有北方诸岛上都留下过克里特人的足迹。到了迈锡尼时代，在意大利南部和西西里岛活跃着来自希腊的商人们，他们还在他林敦（今塔兰托）附近建立了商业据点。

公元前 8 世纪到公元前 6 世纪，是希腊城邦大举建立海外殖民的时期。公元前 760 年左右，优卑亚人在亚平宁半岛那不勒斯湾北面的皮特库萨岛建立了一个殖民地，这是希腊人在意大利最早的殖民地。不久，皮特库萨岛上的一部分殖民者搬到了岸上的库米地区。此后的一个多世纪里，希腊人纷至沓来。在公元前 8 世纪下半叶，阿卡亚人在西西里岛上建立了叙巴里斯，斯巴达人建立了叙拉古，此后还有一些重要的城邦，如洛克里、麦塔蓬杜姆、塞林努斯、革拉、阿克拉加斯等得以建立。早期建立的殖民城邦之后又不断向外扩展，建立自己的子邦。就这样，在意大利南部和西西里岛的东部，希腊殖民城邦星罗棋布，以至于让这里有了"大希腊"的别称。这些殖民城邦多数以农业为社会经济的主要部分，手工业为辅助，只有他林敦等少数城邦的手工业和海上贸易比较发达。这些殖民城邦政治上独立，和母邦并没有隶属或被统治的关系。

希腊人的殖民活动触动了同样在扩张势力的迦太基人的利益，同时也和意大利半岛北部地区崛起的伊特鲁里亚人发生了冲突。当时，来自小亚细亚的弗凯亚人在西地中海的殖民活动受到了迦太基人的阻挠，双方进行了数次海战。公元前 480 年左右，正值希波战争期间，迦太基人看准了这个机会，出兵进攻西西里岛上的希腊殖民城邦希墨拉，但被赶来增援的叙拉古击败。此外，希腊殖民者和伊特鲁里亚又进行了两次丘米战争，战败的伊特鲁里亚向北退缩，但是战胜的希腊人却也因为内部矛盾重重而走向了衰落，最后被崛起的罗马人吞并。

一般来说，希腊人的殖民活动为意大利南部地区带来了相对先进的希腊文化，促进了这里的经济发展，也对后来的罗马产生了不小的影响。

罗马城的起源和王政时代

外来的希腊人没有在亚平宁半岛上站住脚，伊特鲁里亚人也没能做到，真正做到的是罗马人。

罗马这片土地的最早居民可以追溯到新石器时代末期，大约在公元前 1000 年左右，属于印欧语系的拉丁人进入拉齐奥平原，又过了大约 200 多年，拉丁人的一支迁移到了后来罗马城所在的地方，在台伯河畔的帕拉丁等山冈处定居了下来。不久，从意大利中部山区来的萨宾部落也定居在奎里纳尔和埃斯奎里等山冈处。在公元前 8 世纪，罗马本地居民形成了公社，开始使用铁器，经营农业和畜牧业。公元前 7 世纪，分散的公社逐渐走向联合，形成了部落，随后又形成了部落联盟。最初是以帕拉丁为中心形成了拉丁部落联盟，名为"七丘联盟"，"七丘"指的是 7 个山头，包括帕拉丁的 2 个山头、埃斯奎里的 3 个山头和凯里乌斯以及谷地维利亚。后来诸部落又和住在奎里纳尔等山村的萨宾部落，组成了"四区之城"，"四区"指的就是帕拉丁、埃斯奎里、凯里乌斯和奎里纳尔。

按照罗马历史的传统说法，公元前 8 世纪到公元前 6 世纪，或者说得更具体一点，从公元前 753 年罗慕路斯建城开始，到公元前 509 年小塔克文被推翻，这一段历史被称为王政时代。这一时期，罗马先后由七个王统治，分别是罗慕路斯、努马、托里斯、安库斯、老塔克文、塞尔维乌斯和小塔克文。在学术界，一般认为王政时代是罗马从氏族社会向阶级社会过渡的阶段。

母狼雕像
传说罗马是由一对被母狼养大的孪生兄弟罗慕路斯与雷慕斯建立的。该雕塑就是为了纪念这段历史传说而创作的，它也被视为罗马的城徽。

在王政时代前期，即所谓的"前四王"统治时期（约公元前 8 世纪—公元前 7 世纪），罗马处于氏族社会末期的军事民主制度下，家长制家庭为社会基本经济单位，土地为公社所有，各家庭从公社那里领得土地耕种。若干个家庭组成氏族，若干个氏族组成胞族"库里亚"，若干个"库里亚"组成部落"特里布斯"。据说，最早的罗马公社分为 3 个特里布斯。拥有管理权力的是王、元老院和库里亚大会。王是公社首领，有军事指挥权、审判权和宗教权，终身制，但是不可世袭；元老院类似于王的顾问机构；库里亚大会则是按库里亚召集的全体公社成员大会，负责决定重大问题。据记载，当时的罗马社会已经出现了阶级分化，像元老院成员就多是氏族贵族。

大约在公元前 7 世纪末，大批的伊特鲁里亚人涌入罗马，他们在这里建立了所谓的"塔克文王朝"，也就是七个王中的后三王。相对于本地文明，伊特鲁里亚人的文明是先进的，他们的到来促进了罗马的经济发展，其中手工业和商业迅速发展，城市也于这时出现，山村公社开始朝着以罗马城为中心的城市国家发展。

经济发展带来了社会阶层的分化。贵族占有大量土地，掌控政治权力，平民阶层不仅经济上贫困，政治上还没有权力，两个阶层的矛盾不断加深。阶层的分化、阶级矛盾的加深，促进了氏族制度的瓦解和国家的产生。塔克文王朝从老塔克文（公元前 616—公元前 579 年在位）开始，王权逐渐增强，元老院和库里亚大会的权力则相对减弱。到了塔克文王朝的第二任国王塞尔维乌斯（公元前 579—公元前 535 年在位）时，进行了一系列改革，使罗马彻底成为原始的君主制度国家。

塞尔维乌斯的改革主要包括三项内容。第一项，是用地域部落取代了原有的按照血缘关系组织起来的氏族部落。全罗马一共分为 4 个城区部落和 15 个乡村部落，设有管理机构，负责管理公民登记、征兵、征税和摊派徭役等事务，凡是登记的自由民都自动成为罗马公民。这样一来，广大的平民阶层、获得自由的奴隶还有大量的外来移民都得以加入罗马公社，公民集体力量不断壮大；第二项，是对公民财产进行普查，再根据财产的多寡将公民划分为 5 个等级，分别享有不同的权利和承担不同的义务。据说 5 个等级的财产资格分别为 10 万、7.5 万、5 万、2.5 万和 1.1 万阿司（古罗马标准货币，1 阿司等于 326 克），少于 1.1 万的属于无产者；第三项，是成立新的公民大会——森都里亚大会，原有的库里亚大会日趋边缘化。森都里亚大会的成员按照不同的比例从各个等级的公民中选出，第一等级的比例最大，超过半数，因此，富有的公民虽然在所有公民中是少数，却掌握着最大的话语权。

塞尔维乌斯的改革是顺应当时的历史潮流的，它标志着氏族制度的解体、阶级社会的形成，也标志着罗马国家的正式诞生。

罗马共和国时代

> 据说，塔克文王朝的最后一个王小塔克文是一个暴君，不堪其残酷统治的罗马人民最终奋起反抗，推翻了塔克文王朝。从此，罗马的王政时代结束，共和国时代来临，而罗马发展为地跨三洲的庞大国家也正是在此共和国时代。

罗马共和国的建立

史学上一般将公元前 509 年作为罗马共和始年，不过考古资料显示，伊特鲁里亚人的文明痕迹一直到公元前 474 年才明显中断，这就是说，罗马人彻底清除伊特鲁里亚势力大约花费了 30 多年的时间。塔克文家族被从罗马逐出以后，曾从伊特鲁里亚的两个城邦引兵反扑，但都没有成功。后来另一个伊特鲁里亚城邦克鲁西昂的首领波尔辛纳又进军罗马，据说他得手了，控制了罗马，但是没有称王。公元前 506 年，波尔辛纳之子败于希腊城邦丘米和拉丁城市的联军，罗马人大概就是在这时趁机摆脱了伊特鲁里亚人的控制，恢复了独立。公元前 474 年，伊特鲁里亚人在第二次丘米战争中战败，彻底撤出了意大利中部地区，也包括拉齐奥，可以说直到此时，罗马人才彻底摆脱了伊特鲁里亚的控制和影响，开始了自己的独立发展道路。

罗马推翻王政、建立共和国，共和国没有"王"，当时执掌国家大权的是两个执政官，他们权力完全一样，互相有否决权。元老院则不断扩大，成员增至 300 人，基本上都是贵族，还是终身制，因此罗马共和国其实是贵族共和国，平民表面上拥有平等的政治权利，但实际上并非如此。在经济上，大部分平民还是比较贫困，国家的兵役、赋税等重担仍然压得他们喘不过气。在军事上，公元前 6 世纪以来，罗马的军事战术发生了重大变化，普通公民充当的重装步兵开始取代由贵族充当的骑兵成为军队的主力，这使得平民不仅有需求，同时也有条件可以和贵族们展开一场争夺公平权利的斗争了。

平民和贵族的斗争构成了罗马共和国早期历史的主要内容。

平民和贵族的斗争

平民们采取的斗争形式，主要是"撤离"运动，就是从公民公社和军队中集体退出，以此迫使贵族们作出妥协让步。公元前 494 年，罗马和临近的部落发生了战争，当时不堪忍受债务奴役的平民们便拒绝作战，他们带着武器离开罗马，史称"第一次撤离运动"。贵族们因此惊慌失措，只得妥协让步。从这以后，平民们可以选出两位保民官作为代表，保护平民免受贵族官员的暴虐专横，保民官的人身权利不可侵犯。这是平民们第一次使用"撤离"战术，并取得了一定的成效。

公元前 494 年，平民会议——即平民按地域部落召集的会议获得正式承认，平民会议通过的议案称为"平民决议"，最初这个决议只对平民有效，后来平民和贵族围绕其法律效力问题进行了长期的斗争，最终使得平民决议对全体罗

正在做杂货铺生意的罗马平民

马公民都产生效力。

当时罗马没有成文法，只有习惯法，这使得贵族经常滥用职权、随意解释，平民深受其苦。因此，平民开始要求制定成文法，明确权利与责任，约束贵族行为。一番斗争之后，罗马成立了制定法律的十人团，在公元前451年和公元前450年，先后制定了十表和二表，因为这十二表皆刻在铜板上，所以它们便被称为《十二铜表法》。这部法律基本上还是习惯法的汇编，本质上维护的也是贵族奴隶主的利益，但是它的有利之处是已经成文，限制了贵族随意解释法律的行为，是平民争夺权利的又一次胜利。

公元前449年，瓦列里乌斯和荷拉提乌斯当选为执政官，并推行了一项非常重要的法案，即全体公民都要遵守平民决议。这使得平民决议的普遍法律效力正式得到承认。4年后，《坎努利优斯法》实施，废除了《十二铜表法》中平民和贵族禁止通婚的规定。公元前444年，罗马设立军政官职位，平民也可以当选，这算是贵族的一大让步。

公元前5世纪末和公元前4世纪初，罗马共和国的对外战争相对频繁，这使平民和贵族的斗争一度缓和，双方一致对外，不过没多久矛盾又被重新激化。公元前367年，著名的《李锡尼和绥克斯图法案》通过，这在平民反对贵族斗争的历程中堪称里程碑的胜利，是平民经过10年的艰苦斗争才得到的。法案中最重要的一条，即两名执政官当中必须有一人是从平民中选出。这表示罗马的最高官职已经向平民开放，此后，高级市政官、独裁官、监察官、执法官等官职也先后向平民开放。公元前326年通过的《波提利阿法案》又从实际上废除了债务奴役制。

公元前287年，平民和贵族的斗争又一次激化，平民再次撤离到台伯河右岸的雅尼库鲁山。随后，平民出身的独裁官霍腾西阿颁布法令：平民决议不必经过元老院的批准即对全体公民具有法律效力。《霍腾西阿法案》的颁布，标志着平民与贵族在法律上平等地位的确立，平民反对贵族的斗争至此胜利结束。

平民取得最后的胜利，使得罗马公民公社得到了巩固和发展，使公社内部的阶级结构发生了变化，平民中的上层和原来的贵族相融合，成为豪门贵族，共同掌握政权；平民中的大多数，即普通民众的大部分要求也都得到了满足。罗马共和国内部各阶层在利益关系上终于找到了一个平衡点，这扩大了罗马城邦的社会基础，为后来罗马共和国乃至罗马帝国的繁荣奠定了基础。

罗马征服意大利的战争

　　刚刚成立的罗马共和国不过是台伯河畔的一个小国，外部环境相当恶劣：北边强大的伊特鲁里亚虎视眈眈，时刻想着卷土重来；东边与南边的山地部落厄魁人和伏尔西人强悍好战，经常入侵骚扰；附近的拉丁部落也经常和罗马发生冲突。面对此种外部压力，罗马人采取各个击破的策略。他们先和拉丁城邦结盟，击败了厄魁人和伏尔西人，随后又经过三次维爱战争（三次战争分别爆发于公元前477年、公元前428年和公元前405年），罗马人终于在公元前396年攻占了伊特鲁里亚的维爱城，此后，台伯河流域的广大地区都落入罗马人之手。

　　但是好景不长，大约在公元前390年，北方波河流域的高卢人大举南下，进攻罗马。罗马人连战连败，只得退守卡比托利欧山丘，罗马城被高卢人占领。高卢人围攻罗马人长达7个月，最后大概是弹尽粮绝的罗马人率先投降，而饱受疫病困扰的高卢人也就顺势拿了赎金撤离了罗马。高卢人的入侵使罗马人元气大伤，后伊特鲁里亚人、厄魁人和伏尔西人等先后发难，部分拉丁人也转向了罗马人的敌人一边。在此后半个世纪左右的时间里，罗马除了调整平民和贵族之间的关系外，又进行了军事改革，不断完善罗马的军事组织。改革的主要内容包括：部队不再按财产等级的百人队编制，而以执行野战任务的军团作单位，每军团约4200人至6000人，多数为重装步兵，并配以300骑兵。士兵则按年龄分属30个中队，每中队包括两个百人队，30个中队按青、中、老排列布阵，青年排在最前列；中年居中，起到稳定全军之作用；老年垫后，在决定胜

罗马防御墙
高卢人入侵罗马后，罗马人展开积极防御，该图展现的就是当时罗马人建造的防御墙。

负的最后阶段发挥其经验丰富的特长。改革后的罗马军团，行动特别讲究安营扎寨，以防止敌人的突然袭击，保存自己的力量。罗马军团组织的完善大大提高了罗马的战斗力，为之后罗马的对外扩张打下了良好的基础。

公元前 4 世纪中叶开始，罗马人开始了征服意大利的第二个阶段，这次他们的目标是意大利半岛的中部地区，敌人主要是萨莫奈人。公元前 343 年，罗马人和萨莫奈人的第一次战争爆发。两年后，罗马人胜利，占领了包括坎帕尼亚的重镇卡普亚在内的大部分地区，但是战败的萨莫奈人并没有屈服。

公元前 340 年，拉丁城市同盟群起反抗罗马，拉丁战争爆发。战争持续两年，罗马胜，战败后的拉丁同盟被强制解散。

公元前 327 年，罗马和萨莫奈战火重燃，这次战争持续 20 多年。战争初期，形势对罗马不利。公元前 321 年，卡夫丁峡谷一战，罗马大败，不过在此后的战争中罗马最终还是战胜了萨莫奈。

公元前 298 年，不甘失败的萨莫奈人联合伊特鲁里亚人、翁布里亚人和高卢人组成联军对抗罗马人，第三次萨莫奈战争爆发。公元前 295 年，双方在翁布里亚境内的森提努姆展开激战，罗马人获胜。此后，萨莫奈人等相继屈服，意大利中部地区全部归罗马人所有。

罗马下一个目标是南部的希腊殖民城邦。公元前 280 年，罗马舰队驶入他林敦湾，和希腊城邦他林敦发生了战争。随后，他林敦向希腊的伊庇鲁斯国王皮洛士求援，皮洛士便率领 2.2 万名步兵和射手、3000 名骑兵以及 20 头战象登陆他林敦，在他林敦以南的赫拉克利亚和罗马人交手。从来没见过战象的罗马人惊慌失措，大败而逃。第二年，皮洛士又在阿斯库路姆战役中击败了罗马人，不过这次战役皮洛士方也损失惨重，因此皮洛士向罗马人提议和谈，但被罗马人拒绝。

公元前 278 年，皮洛士应叙拉古邀请前往西西里岛帮助他们和迦太基人作战，罗马人趁机南下占领了一些希腊城邦。公元前 275 年，皮洛士重返意大利，和罗马人在贝尼温敦展开决战。这次皮洛士惨败，只能率领残兵败将返回伊庇鲁斯。公元前 272 年，大势已去的他林敦投降了罗马，南意大利的其他一些城邦也都表示归顺。到了公元前 3 世纪中叶，除了被高卢人占据的波河流域以外，罗马人已经占领了意大利半岛的所有部分。

罗马人对其占领的土地和人民采取分而治之的策略，即根据不同的情况使用不同的政策。一些拉丁城市享有自治权，被称为"有投票权的公社"，他们的居民有权利参加公民大会和参军，拥有完整的罗马公民权。还有一些自治城市，他们的居民只拥有部分公民权，不能参加公民大会和出任官职，因此他们被称为"没有投票权的公社"。坎帕尼亚和伊特鲁里亚的一些城市就属于这种。还有一种城市，即原拉丁同盟在罗马征服地区建立起的殖民地，这些殖民地内部实行自治，居民没有罗马公民权，但是只要他们迁到罗马即可获得。最普遍的统治形式是所谓的"同盟者"，他们的具体地位还要看其和罗马统治者签订的条约。一般来说，同盟者的内政保持自治，但是外交权丧失，他们还需向罗马提供一定数量的军队，如果是滨海城市则要提供战舰和舰上人员。还有的同盟者需要交出一部分土地，供罗马和拉丁城市建立殖民地。伊特鲁里亚的一些城市、意大利中部山地部落和南部希腊殖民城邦多属于这种类型。地位最为低下的，是意大利南部一些向罗马投降的部落，他们被称为"降民"，没有任何权利。

就这样，罗马人将各个被征服地区置于不同等级的地位，但这并不是一成不变的，罗马统治者会根据他们的忠诚程度在待遇上予以升降。这种分别对待的方式使被征服地区之间因利益不同，产生矛盾和分裂，很难团结一致，因此，也就有利于罗马人的长期统治。

早期罗马共和国的统治

在内部平民和贵族的斗争中，以及在外部征服意大利的过程中，罗马共和国国家机构制度不断完善，最终完成了城市国家的形成过程。

罗马的共和制度确立以后，"王"不复存在，王的权力大部分归执政官所有。执政官的权力非常大，他是罗马共和国的军政首脑，执掌行政、军事、司法大权。在紧急情况下，执政官还可以任命拥有绝对权力的独裁官，任期6个月，期满后必须卸任。公元前500年，罗马第一次任命了独裁官，此后在临战时，则经常任命。

后来，罗马共和国先后设置了一批官职来分担执政官的部分职权，比如监察官、执法官、市政官、保民官等，其中最为典型的是保民官。最开始，保民官并不被视为国家官职，后来随着平民和贵族斗争中的节节胜利，由保民官主持的平民会议便获得了立法权，保民官的地位也日益提高，成为实际上的罗马共和国的一种监督机构。罗马的官职有常设和临时、高级和低级等多重划分方式。常设的高级官职一般通过选举产生，任期通常为1年，监察官除外。一般

罗马共和国时期的元老院会议

职位都为双位制或者多位制，目的是让其相互制约。另外，罗马所有的高级官员都没有工资，这其实是将贫穷的公民挡在了大门之外。

　　元老院是罗马共和国政权机构中的重要组成部分。在早期，元老院成员由执政官任命，后来这个权力转给了监察官。卸任的高级官员一般都会被选入元老院，这在当时已是惯例，并最终在公元前 4 世纪末通过的《奥维尼乌斯法案》中得到了法律上的确定。罗马的元老院，汇集了当时社会上的头面人物，因此颇具威信和影响。名义上，元老院只是咨询机构，但因当时的特殊情况——罗马经常发生对外战争，因此应急的决策一般都由元老院作出。长此以往，元老院手中的实际权力逐渐扩大，慢慢掌握了军事领导权、外交权、财政权和宗教监督权等诸多权力，虽然元老院掌握这些权力并没有通过法律的确认，但是公民却已经习以为常了。所以，罗马共和国实际上的最高行政和监督机构其实是元老院。

　　在征服意大利 100 多年的战争当中，罗马共和国逐步形成了一支强大的军队。在早期王政时代，罗马军队主要以氏族部落为基础，分为步兵和骑兵，以步兵为主。到了公元前 6 世纪，罗马从伊特鲁里亚引入了重装步兵方阵制。之后，塞尔维乌斯的改革也涉及军事方面，比如根据地域和财产原则建立公民兵制，不同等级的公民负担不同的兵役任务，还要自备不同的武器装备等。当时罗马有重装步兵 6000 人，分成 60 个森都里亚，其中，高等级的年轻公民负责前线作战任务；年长的负责后方守卫；低等级的公民则组成轻装步兵。骑兵有18 个森都里亚，分成 60 个小队，用来和 60 个步兵森都里亚配合作战。

共和制度确立初期，罗马军队基本上沿袭了王政时期的公民兵制和重装步兵方阵制，只不过在此基础上又将军队分成两个军团，分别由两个执政官组成。其中，每个军团由 3000 名重装步兵和一定数量的轻装步兵和骑兵组成，战时公民应召出征，战后解甲归田。

后来，随着罗马人的对外战争规模越来越大，持续时间越来越长，大约在公元前 4 世纪的时候，罗马又进行了军事改革，据说这次军事改革是由著名的统帅卡米卢斯主持。卡米卢斯在维爱战争中第一次实施了军饷制，解决了低等级公民士兵无力负担购置武器的费用问题。大概是在入侵的高卢人撤走以后，卡米卢斯又大刀阔斧地改革了原有的军团组织形式和战斗队形。卡米卢斯还废除了原来的按财产等级所提供的武装来安排队列的方法，根据年龄、经验和训练程度将重装步兵重新分为枪兵、主力兵和后备兵三列，每列有 10 个连队，前两列每个连队 120 人，后备兵连队每个连队 60 人。作战时，各列连队保持一定的距离，机动灵活，适应性强，这种排列方式一直沿用到共和时代后期。

除了军团组织形式以外，罗马军队的武器装备也发生了变化。大约在公元前 4 世纪初，凸盾取代了圆盾，成为罗马重装步兵的防御武器。在对萨莫奈人的战争中，投枪又取代了长枪，成为重装步兵的主要进攻武器。在后来的布匿战争中，罗马军队中又出现了用来砍杀的双刃短剑，即"西班牙短剑"。

罗马军队的军营是其军事上的又一大特色。外出行军作战，只要在一个地方停留，哪怕是只停留一夜，罗马人也要修建营地。据说，这是他们从皮洛士的军队中学来的。罗马人的营地布局有着固定的格式，中间为将领的住所，左右两边是兵舍，外围设有壕沟或者围墙，日夜有人放哨巡逻，这样坚固的营地，进攻时便于士兵集结，撤退时可以作为阻敌的堡垒，作用非常大。罗马军队纪律严苛，赏罚分明，装备精良，战斗力非常强，依靠其罗马征服意大利后又不断向海外扩张。

布匿战争

罗马人在征服意大利半岛大部分地区以后，又将目光转向了海外。当时在西地中海地区有一个强大的国家——迦太基，一心扩张的罗马不可避免地和迦太基发生了冲突。

　　迦太基本是地中海东岸的腓尼基人在北非建立的殖民地，大约始建于公元前9世纪末，直到公元前7世纪开始兴旺。等到腓尼基本土先后被新巴比伦王国和波斯帝国统治的时候，迦太基彻底和母邦断绝了政治上的联系。随后，迦太基人不断地向海外扩展势力，公元前3世纪时，它的下辖领土已经包括北非西部海岸、伊比利亚半岛南部、撒丁岛、科西嘉岛和西西里岛的西部等地。迦太基的商业极其发达，非洲北部的农作物，非洲中部的金砂、象牙、奴隶，西班牙的金、银等矿产，不列颠的锡等种种商品都在这里中转。可以说，迦太基人凭借强大的海军基本垄断了地中海西部的贸易。因此，他们也成为罗马向海外扩张遇上的首个对手。迦太基和罗马的关系也曾一度"友好"。当年迦太基人和希腊人发生冲突时选择了和罗马人保持友好关系；在公元前6世纪末，双方签订了条约，划定了各自的势力范围；罗马和皮洛士交战的时候，迦太基也和罗马签订协议，由迦太基向罗马提供军事和财政上的援助。但是，在罗马人

布匿胸甲

征服意大利南部以后，两国的友好关系就走到了尽头。在公元前 264 年到公元前 146 年之间，双方进行了三次战争，最终迦太基被灭。因为罗马人称迦太基人为"布匿"，所以这场持续了 100 多年的战争就被称为"布匿战争"。

罗马和迦太基为争夺西西里岛爆发了第一次布匿战争（公元前 264—公元前 241 年），战争的导火索是"墨西拿事件"：当年皮洛士远征西西里岛时，叙拉古雇佣军中的一批意大利人占领了西西里岛东北端的墨西拿，后来他们和叙拉古僭主发生冲突而处于不利形势，这些意大利人分成了两派，分别向罗马和迦太基求助。迦太基人先行一步，占领了墨西拿。公元前 264 年，不甘示弱的罗马军队开进了西西里岛，大战爆发。罗马人先后占领了墨西拿和阿格里根特，但是迦太基则以强大海军封锁了西西里岛和意大利海岸予以还击。这之后，罗马迅速扩建自己的海军舰队，又在军舰的舰首安装名为"乌鸦"的接舷吊桥，这样罗马人就可以变海战为陆战，发挥自己的优势。随后的几年里，罗马人先后取得了米拉海战（公元前 260 年）和埃克诺穆斯角海战（公元前 256 年）的胜利。紧接着，罗马远征军登陆非洲，准备进攻迦太基本土，但惨遭失败。此后，西西里岛成为双方的主要战场，罗马人略占上风。直到公元前 241 年，双方海军在埃加迪群岛附近展开激战，迦太基战败，被迫求和。根据双方签订的和约，迦太基割让西西里岛和附近的利帕里群岛，又赔款 3200 塔兰同，并要在 10 年内偿清。战后，罗马在西西里岛设置了行省，这也是罗马的第一个行省。公元前 238 年，罗马趁迦太基的雇佣军发生暴动之机又抢占了撒丁岛和科西嘉岛，并在公元前 227 年将两岛设为一个行省。

战败的迦太基人并不甘心。公元前 237 年，迦太基将军哈米尔卡·巴卡率军渡海，进入今天西班牙东南部沿海地区，大力经营，准备以此为基地向罗马人复仇。公元前 221 年，哈米尔卡·巴卡之子汉尼拔接任迦太基统帅，此时埃布罗河以南地区基本都已被迦太基人所控制，迦太基人还在这里建了一座新迦太基城，作为政治经济军事中心。公元前 219 年，汉尼拔攻占与罗马结盟的西班牙城市萨贡托，第二年，迦太基和罗马战事再起。

罗马人的计划是分兵两路，分别派远征军进攻迦太基本土和西班牙，但是却被汉尼拔先发制人。汉尼拔率领 6 万精兵和数十头战象从新迦太基城出发，翻越冰雪覆盖的阿尔卑斯山，直扑意大利。不过，长途跋涉还有沿途的敌人骚扰让汉尼拔部队减员严重，抵达意大利时他的手下只剩下 2 万步兵和 6 千骑兵。因此，汉尼拔选择和罗马人的敌人——山南高卢人结盟，补充了大批的人马和装备，随后在波河支流连续大败罗马人仓促间调集来的阻击部队，当时罗马人

汉尼拔像

对汉尼拔的突然出现实在是出乎意料。再之后，汉尼拔挥师南下，灵活穿插，翻越了亚平宁山脉和亚努河下游沼泽地，出现在罗马军队的后方，踏上直扑罗马城的大道。罗马军队随即追击。公元前217年4月，罗马执政官弗拉米尼轻举冒进，其率领的4个军团共几万人在特拉西梅诺湖畔陷入汉尼拔的伏击，全军覆灭，弗拉米尼战死，而迦太基仅损失千余人。

特拉西梅诺湖一战的惨败震惊了罗马人，罗马随即宣布进入紧急状态，并任命费边为独裁官。面对来势汹汹的迦太基人，费边采取拖延战术，不和汉尼拔进行正面决战，而是不断骚扰偷袭，牵制和消耗敌人力量。后人便将费边这种避免和敌人正面决战、尽量消耗疲敌的战术称为"费边战术"。而另一边，汉尼拔也没有去进攻罗马人重兵把守的罗马城，而是越过亚平宁山脉转向东南，前往亚得里亚海边。在沿途，他还大力鼓动被罗马征服的地区起来反抗罗马的统治，同时伺机准备和罗马决战。从长远的角度来看，费边的战略是正确的，但是战争的拖延使意大利城乡饱受蹂躏，一时间要求速战速决的呼声甚嚣尘上，费边也因此被解职。公元前216年8月，双方在意大利东南部阿普利亚境内的坎尼展开激战，汉尼拔以少胜多，大败罗马军队。

此役过后，意大利南部和西西里岛的不少城邦以及意大利中部地区的部分城市纷纷倒戈，罗马处境十分危急。不过，汉尼拔率领的迦太基军队虽然连战连捷，但毕竟处于远离本土的敌国领土上作战，兵源补充、后勤给养等都是问题，可以说战争拖得越久对罗马越有利。因此，罗马人重拾费边的拖延战术，决心积蓄力量，避免重大牺牲，同时拓展兵源，甚至购买奴隶补充部队。针对被征服地区纷纷竖起叛旗的情况，罗马统治者则持残酷惩罚的态度，杀鸡儆猴。公元前212年，罗马围攻反叛的重要城市卡普亚，汉尼拔为解卡普亚之围而佯攻罗马城，但是罗马人不予理会，终于攻克卡普亚并大肆屠杀。随后，反叛的叙拉古和他林敦先后陷落。在公元前215年到公元前210年的5年间，罗马人逐渐恢复了元气，并将战争的主动权掌握在了自己手中。公元前209年，罗马大将大西庇阿占领了新迦太基城，摧毁了迦太基势力，汉尼拔后方支援被切断。公元前206年，汉尼拔之弟哈斯德鲁巴率领的迦太基援军在意大利北部的梅陶罗河畔被罗马全歼。至此，汉尼拔只能固守南部一隅。

公元前204年，罗马将领大西庇阿率军3万登陆北非迦太基本土的阿提卡，

《对迦太基的围攻》
19世纪画家爱德华·约翰·波因特所绘的罗马士兵攻破迦太基城门的场景。

进逼迦太基城。汉尼拔奉召从海路回国支援。公元前202年，汉尼拔和大西庇阿在迦太基城西南的扎马展开决战，汉尼拔平生以来第一次战败。此后，迦太基人无力再战。公元前201年，迦太基和罗马签订了屈辱性的和约，内容包括海外属地全部丧失；舰队只保留10艘船，其余全部交出；赔款10000塔兰同，不经罗马准许，不得对外作战等。从此之后，迦太基丧失了独立地位，罗马人则确立了他们在西地中海的霸权。

第二次布匿战争结束之后的半个世纪里，罗马主要和东边的希腊化诸国展开争夺，并先后进行了三次马其顿战争。在此期间，战败的迦太基人虽然政治上一蹶不振，但是在经济上又有复兴的迹象。罗马人自然不能坐视敌人死灰复燃，于是罗马又在公元前149年挑起了第三次布匿战争。这次战争的导火索是公元前150年，和罗马人结盟的努米底亚王国进犯迦太基，迦太基人自卫还击，罗马人以此为借口，认定迦太基违反了条约，于次年对迦太基宣战。罗马登陆北非以后，迦太基被迫求和，但罗马人提出了极为苛刻的条件，迦太基人无法接受，只能奋起反抗。罗马围攻迦太基城两年不下，后任命小西庇阿（大西庇阿长子的养子）为执政官，于公元前146年春，趁迦太基发生饥荒、疫病流行之时发动总攻，迦太基城最终陷落，城池被夷为平地，幸存的5万居民全部沦为奴隶。战后，罗马人在迦太基故地设置了阿非利加行省，至此，曾经强悍、繁盛的迦太基彻底退出了历史舞台。

马其顿战争

罗马的扩张野心很大，他们的目光不只是西地中海地区，在第一次战胜迦太基人以后，他们侵略的目光就转向了东方。首当其冲的就是地处亚得里亚海东岸、巴尔干半岛西北部的伊利里亚。公元前229年，第一次布匿战争结束以后，罗马就借口打击伊利里亚人的海盗行为而入侵伊利里亚，并最终在公元前219年清除了这里的反抗势力，这也是罗马人开始涉足巴尔干半岛的开端。

公元前3世纪左右的东地中海地区处于一盘散沙的状态。马其顿的安提柯王朝、埃及的托勒密王朝、叙利亚等地的塞琉古王朝，以及希腊诸城邦等数股政治势力犬牙交错、矛盾重重，而各股势力的力量也都在斗争中大为削弱，这无疑给了罗马人可乘之机。最先和罗马人交手的是马其顿的安提柯王朝，罗马也最终通过三次马其顿战争将其彻底征服。

　　在第二次布匿战争期间，汉尼拔曾和马其顿国王腓力五世结盟，希望他出兵意大利，让罗马人腹背受敌。但腓力五世对罗马的强大很是担心，并没有大规模出兵。罗马于是得以集中力量对抗汉尼拔，对马其顿则以小部分兵力牵制，避免发生大规模冲突，同时在希腊诸城邦中培养反马其顿势力，争取让马其顿无暇西顾。最终，罗马和马其顿也没有发生大规模战争，所以第一次马其顿战争（公元前215—公元前205年）只是一些小规模的、零星的战斗。公元前205年，双方签订和约，当时两国间的政治形势基本上还是公元前215年的态势。

　　公元前3世纪末，塞琉古王朝的安条克三世联手腓力五世，发动了第五次叙利亚战争，企图瓜分托勒密王朝在亚洲的领地。刚刚赢得第二次布匿战争的罗马趁机插手，打着保护希腊各邦的旗号对马其顿宣战。罗马人首先联合一些希腊城邦组成反马其顿联盟，又成功争取到塞琉古国王安条克三世中立，之后，他们随即出兵马其顿，登陆阿波罗尼亚。公元前197年的库诺斯克法莱战役，罗马执政官弗拉米尼努斯率领的罗马军队战胜了腓力五世，腓力五世被迫求和，签订和约，内容包括但不限于承认希腊各邦独立，放弃国外的领地，赔款1000塔兰同等。第二次马其顿战争结束后，希腊就此落入罗马的控制当中，罗马开始大肆干预希腊人的内部事务，激起了希腊人的强烈不满。

　　在罗马击败了马其顿之后，塞琉古王朝趁火打劫，不仅占领了小亚细亚，还越过赫勒斯滂海峡，占领了色雷斯沿海的一些城市，安条克三世还大肆鼓动希腊诸城邦反抗罗马，这让罗马在希腊的霸权受到了挑战。与此同时，流亡到塞琉古的汉尼拔也在撮合迦太基联合塞琉古联手对付罗马，罗马自然不能坐视不理，两国关系日趋紧张。公元前192年，安条克三世率领1万大军横渡爱琴海，在中希腊的德米特里阿斯登陆，和埃托利亚同盟联手与罗马对抗，但是希腊其他势力包括马其顿则都站在了罗马一边。公元前191年的温泉关一战，塞琉古大败于罗马，被逐出希腊。随后，罗马海军又在海上击败了塞琉古海军，控制了爱琴海，确保了罗马军队可以安全地跨过赫勒斯滂海峡，进入小亚细亚，这也是罗马人第一次踏上亚洲的土地。公元前190年初的马格尼西亚决战，安条克三世大败，不得不和罗马签订和约，宣布放弃占领的小亚细亚和色雷斯的土地，海军只保留10艘战舰，赔款15000塔兰同。随后，小亚细亚的帕加马等国趁火打劫塞琉古王朝，占领其不少领土。自此以后，塞琉古王朝一蹶不振，再也不是东地中海地区的强国了。

　　趁火打劫的还有马其顿国王腓力五世，他占领了色萨利和色雷斯的一些城市。公元前 179 年，腓力五世去世，其子珀尔修斯继位，他积极扩军备战，并组织反罗马同盟。罗马不希望马其顿复兴，于是发动了第三次马其顿战争（公元前 171—公元前 168 年）。战争初期，罗马曾一度连连受挫，但在公元前 168 年 6 月的彼得那一战中，罗马执政官埃米利乌斯·保卢斯大败马其顿军，珀尔修斯被擒后而死。至此，马其顿的安提柯王朝灭亡，马其顿故地被分成四个自治区。同时，罗马对希腊城邦进行了大清洗，亲马其顿势力被粉碎，马其顿的同盟者被残酷报复。

罗马统治者的残酷统治激起了希腊的强烈不满。公元前 149 年，马其顿爆发了反罗马起义，领导者安德里斯库斯谎称自己为珀尔修斯之子，起义最终被罗马镇压。随后，罗马将原来的马其顿四个自治区合并，又加上伊利里亚和马萨利亚组成了一个新的行省。

不久，希腊人又掀起了反抗罗马人统治的运动。这场运动先是以阿卡亚同盟为首，后来扩展到中希腊和南希腊地区，科林斯和底比斯成为运动的中心。不过，终因力量相差悬殊，在公元前 146 年，罗马镇压了希腊的反抗运动，科林斯城被夷为平地，希腊中南部大部分地区被并入马其顿行省，仅有雅典、斯巴达和德尔菲等少数几个城邦保留着有名无实的自治。希腊地区历史悠久的城

帕加马王国遗址

邦分立局面至此结束，罗马确立了其在希腊的统治地位。

公元前 133 年，地处小亚细亚的帕加马王国的归属问题为罗马东进提供了机会。帕加马王国地处小亚细亚西北部，在亚历山大大帝死后的继业者战争中曾为利西马科斯所统治，公元前 281 年，利西马科斯战败后去世，其驻守帕加马城的部将菲莱泰罗斯自立为王，归顺了塞琉古王朝。后来，塞琉古王朝内部出现纷争，当时的帕加马国王阿塔罗斯一世乘机宣布独立。不过，帕加马王国毕竟只是一个小国，又处在塞琉古、托勒密、马其顿等大国的中间，因此在其存世的一个半世纪内，帕加马王国不得不经常和其他大国相联合以对抗另一个大国。

公元前 133 年，末代帕加马国王阿塔罗斯三世留下遗嘱，要将国家赠给罗马。也许他是早已看清强大的罗马人早晚要踏平小亚细亚半岛，而帕加马根本不是其对手，与其做无谓的反抗，不如顺水推舟。但是他的人民不这么想。阿塔罗斯三世死后，帕加马爆发了阿里斯东尼克领导的奴隶和贫民起义，起义者提出了建立"太阳国"的斗争纲领，堪称最早的"乌托邦"。起义席卷了整个小亚细亚，但还是被罗马等国家联手扑灭，帕加马最终还是成为罗马的亚细亚行省。至此，罗马控制了东地中海地区，正式从一个亚平宁半岛的城邦小国发展成了地跨欧、亚、非三洲的霸主。

西西里奴隶起义

罗马人在被征服地区实行行省制度。截至公元前 2 世纪 30 年代，罗马在海外一共设立 7 个行省，分别是西西里、科西嘉与萨丁尼亚、近西班牙、远西班牙、马其顿、阿非利加和亚细亚。对于新成立的行省的地位问题，罗马统治者继续使用他们之前征服意大利时的手段，根据其忠诚程度等因素分别给予不同的政治、经济等待遇，而且时刻根据情况变化而调整。罗马统治者在行省派驻总督统治，总督一般由卸任的执政官或执法官担任，任期 1 年，如有特殊情况可以延长。总督独揽一省大权，缺乏有效的权力监督，因此很多总督都在任内恣意搜刮民财，中饱私囊。罗马还在各行省实行包税制，即将一个行省的税收任务"承包"给一些由富商们充当的"包税人"。包税人只要按照事先约定的数目向罗马缴纳一定税款即可，至于其向当地百姓随意加捐加税这种事，则无人监管。此外，公有土地和财产的经营、公共工程的兴修、奴隶贩卖、高利贷、钱币兑换等活动也都被"包税人"所把持，本地百姓饱受剥削，苦不堪言，

大批农民和手工业者沦为赤贫。罗马对各行省的掠夺一方面加重了当地居民的
负担，为自己的统治埋下了不和谐的种子；另一方面，也造成了自身的腐败。

　　罗马共和国在对外战争中节节胜利，地盘不断扩大，但是在这个过程中，
罗马国内的社会矛盾也在逐步增长。当时发展起来、对统治者构成威胁的社会
矛盾主要有两个，即奴隶主和奴隶之间的矛盾，小土地所有者和大土地所有者
之间的矛盾。

　　罗马长年累月的对外战争大大刺激了罗马奴隶制度的发展，罗马人每灭一
国、每陷一城，必有数以万计的居民沦为奴隶，战争来源的奴隶越来越多。债
务奴隶是当时奴隶的另一个主要来源。虽然罗马在公元前 326 年就废除了债务
奴隶制，但是这只能保护那些拥有罗马公民权的人，在更多的没有罗马公民权
的军民中、各行省的居民中，仍有大批人因为贫困而沦为债奴人。另外，在当
时的地中海上，海盗活动猖獗，海盗经常掠人为奴，再到奴隶市场上贩卖获利。
因此，罗马的奴隶贸易甚为繁荣，希腊的提洛岛就是当时奴隶贸易的中心，据
说这里一天的奴隶成交量可以上万。

　　在当时，奴隶被广泛应用在各行各业，是罗马社会的主要生产者。不管是

希腊提洛岛——古罗马时期的奴隶贸易中心

进行农业生产的大庄园、大牧场，抑或是各个矿山当中，还有富有的罗马家庭当中，都可以看见大批奴隶劳动的身影。相对来说，只有在手工业中，自由劳动者还占有着较高的比例。还有一些身强力壮的奴隶被训练成角斗士，或者和野兽搏斗，或者和同伴拼杀，供罗马人观赏取乐。当时罗马的奴隶地位极其低下，基本上就是"会说话的工具"。奴隶主对待他们就和对待牲口一样，吃的是发霉变质的食物，住的是潮湿简陋的板房或者地窖，长年累月几乎不停地劳动，极少休息，一旦身患重病或者年老力衰，即被变卖或抛弃。奴隶主还会用各种残酷手段来惩罚、折磨奴隶，木棍、鞭子、烙铁、脚镣、手铐、十字架等刑具，对于奴隶来说都是家常便饭。

在如此野蛮残酷的奴隶制度之下，奴隶们过着非人的生活，承受着难以忍受的痛苦，因此他们经常以各种各样的形式进行反抗，奴隶和奴隶主之间的矛盾成为罗马社会的两大主要矛盾之一。

罗马对外战争和奴隶制经济的发展促进了社会经济结构和阶级关系的发展，其主要表现就是土地的高度集中。罗马对外战争征服了大片地区，将没收来的当地大量土地出租或卖给富有公民；农村不少土地因长期战火肆虐而荒芜或者没了主人，集中到国家手中后也落到了那些富人手中。这样一来，富人阶层占有的土地越来越多，他们大量使用奴隶劳动，小农经济被严重排挤，难以立足，最终结果是大量贫苦农民破产，沦为无业游民，他们的土地又落入富人手中，就这样形成了恶性循环，导致了土地高度集中，小土地所有者与大土地所有者之间的矛盾也因此不断激化。

此外，在海外扩张和海外商业贸易的繁荣当中还诞生了一个新兴的富有阶层——骑士，他们是一些通过经商、包税、承包和信贷等活动而发财致富的商人。这个阶层在城乡平民和以元老院为代表的贵族阶层中间摇摆不定：骑士们在政治上没有话语权，高级有实权的官职一般轮不到他们，因此，渴求政治权利的他们和元老院的贵族们有矛盾；但是，他们毕竟和元老院贵族同属大奴隶主统治阶级，有着天然的共同利益，因此在平民和贵族们的矛盾激化之时，他们还是会站在贵族一边。

因此，罗马共和国在不断扩张的过程中积累了众多隐患，到了公元前2世纪下半叶，各大矛盾因都积累到了一定程度而开始激化，最终导致罗马在共和国末期发生了激烈的社会斗争。

社会斗争大体分为激烈的和温和的两种形式，激烈的比如起义，温和的比如社会改革。从公元前2世纪初起，饱受压迫的奴隶便不断发动武装起义，试图推翻奴隶制的统治。公元前 2 世纪中后期，在西西里岛先后爆发了两次大规模的奴隶起义，将这场奴隶反抗斗争推向了高潮。

两次大起义都爆发在西西里岛是有原因的：西西里岛土壤肥沃，素来被称为"意大利的粮仓"，岛上有大量的田庄，奴隶数量极多，同时这里的奴隶大多来自同一个地方或者民族，因此有利于相互串联组织。西西里岛上的恩那城庄园主达莫皮洛斯素以虐待奴隶而臭名远扬，忍无可忍的奴隶们终于在公元前 137 年的夏天，在叙利亚籍奴隶攸努斯的领导下揭竿而起。他们占领了恩那城，建立了自己的政权——新叙利亚王国，攸努斯任国王，还有一个"顾问院"，里面都是足智多谋的奴隶，作为国王的"智囊团"。攸努斯的起义点燃了西西里岛的星星之火，岛上其他地区群起响应，其中比较突出的是西西里岛西南部的阿格里根特的西里西亚籍奴隶克勒翁领导的一支队伍，在和攸努斯的队伍汇合以后，克勒翁做了攸努斯的副手。之后，起义队伍不断壮大，据说最多时达到了 20 万人之众，并且起义军从不滥杀无辜，对大庄园主等大奴隶主他们会毫不留情地杀死，但对小庄园主，特别是农民和手工业者则会加以保护，因此，他们得到了当地农民和手工业者的同情和支持。罗马统治者先后多次出兵镇压起义，英勇反抗的奴隶们在初期也取得了一些胜利，但因实力相差悬殊，最终在公元前 132 年，恩那城陷落，克勒翁牺牲，攸努斯被俘后也死在狱中，第一次起义宣告失败。

公元前 2 世纪末，西西里又爆发了第二次奴隶人起义，这次起义的导火索是西西里总督涅尔瓦的停止释放奴隶行为。当时罗马正在南边的北非和北边的边境双线作战，兵源短缺，因此元老院下令各行省总督将自由民出身的债奴释放，但是西西里总督涅尔瓦只释放了 800 名奴隶就停止了，因为他收了奴隶主的贿赂。于是，渴望自由的奴隶们愤然起义。公元前 104 年，西西里岛西部的赫拉克利城附近的奴隶在萨维阿斯的领导下起义，随后在卡普里恩山建立根据地。后来，他们和利利贝附近的一支由阿铁尼奥领导的起义军在特里奥卡拉城会师，并在那里建立了政权，萨维阿斯被公推为王，阿铁尼奥为军事统帅。随着事态的发展，起义队伍不断壮大，附近的奴隶和农民纷纷来投，烽火燃遍西西里岛，起义军更是屡次击败罗马军队。后来，萨维阿斯死去，阿铁尼奥继续领导起义军战斗。公元前 101 年，起义军和罗马执政官阿克维里乌斯率领的军队展开决战，阿铁尼奥牺牲，起义军败退至特里奥卡拉，不久，该城也被罗马军队攻陷，起义再次失败。

西西里两次大规模的奴隶起义，虽然最终都被罗马统治者镇压了下去，但它们还是对奴隶主阶级的统治造成了沉重打击，并对当时小亚细亚地区、黑海北部地区的奴隶起义都产生了不小的影响。

格拉古兄弟改革

罗马共和国当时的两大社会矛盾：奴隶主和奴隶之间的矛盾最终以奴隶们发动武装起义的形式爆发；而另一大矛盾，农民大量破产和罗马土地集中的问题则是以改革的方式得到了处理，这场改革就是罗马历史上有名的格拉古兄弟改革。

格拉古兄弟——提比略·格拉古和盖约·格拉古，出身名门贵族，从小受到良好教育，颇受希腊启蒙主义思想影响。他们遵循罗马贵族从政的传统道路，先后担任过神职和军职，参加过对外战争，了解时务，体察民情，在人民中颇有一定的威望。格拉古兄弟根据形势发展，从奴隶主阶级的长远利益出发，投身改革运动。在广阔的公有土地上殖民，以此来解决罗马人力资源的问题，这是格拉古兄弟的主要思想。

公元前 133 年，提比略在罗马平民和贵族改革派的支持下就任保民官。贵族中的一些有识之士也主张改革，因为太多的农民破产会影响国家的兵源，同时满腹怨恨的他们对社会的安定也始终是个隐患，所以他们也在筹划土地改革方案。提比略就任保民官后立即提出土地改革方案，具体内容是：每户占有公

格拉古兄弟半身像

有地最多不可超过 1000 犹格（古罗马亩制单位，合 0.25 公顷），1000 犹格以内的公有地可以永久使用，不用缴纳租金；超出的土地由国家收回，划分 30 犹格的份地分给无地农民耕种，农民需缴纳少量租金，可以传给子孙，但是不可出卖和转让；其中，肥沃的坎帕尼亚土地，不在此法案范围之内。元老院的贵族们极力反对这一法案，他们想尽办法阻止该法案在公民大会通过，但计划失败。失败以后，他们又通过拒不提供必要的经费等措施阻挠方案的实施。当时，一个由格拉古兄弟和提比略的岳父克劳狄乌斯三人组成的委员会负责具体实施法案，后来提比略为了实施土地法案甚至竞选连任下一年的保民官。之后，元老院的贵族们蓄意挑起械斗，提比略还有他的 300 多名拥护者被害，尸体被投入台伯河中。

提比略殉难以后，改革并没有就此中止，迫于压力的元老院也不敢贸然取消土地改革法案，三人土地委员会改组以后继续活动。据估计，在提比略被害后的 10 年间，大概有 7.5 万的无地农民（差不多是改革前罗马公民总数的 1/4）获得土地，进而获得了公民资格。但是，贵族势力自然不甘心将到嘴的肥肉吐出来，他们百般隐瞒自己的地产，致使土地法案实施越来越困难。

公元前 123 年和公元前 122 年，提比略的弟弟盖约在平民的支持下连任两届保民官。他重申提比略的土地改革法案，此外还提出了赈济城市平民的粮食法、改善交通解决无业平民就业问题的筑路法、争取骑士阶层的亚细亚行省包税法、打破元老院垄断法庭的审判法等。因为当时的公有土地已经枯竭，根本满足不了无地农民的需要，所以盖约又提出了建立 3 处殖民地的设想，两处在意大利本土，另一处在北非的迦太基故地。而元老院贵族则提出在意大利建立 12 个殖民地的方案，在当时的意大利本土已经根本没有土地可供殖民，所以这个方案就是蛊惑人心的一纸空文，却因为不必远离意大利本土而让一部分平民产生了不切实际的幻想。公元前 122 年春天，盖约又提出了公民权法案，要给予拉丁同盟者罗马公民权，给予意大利同盟者拉丁公民权。然而这个法案不仅元老院的贵族们反对，不少公民也反对，因为他们不愿意和其他外地人分享公民权。就这样，这个法案没能通过，盖约的威信也受到了影响。同年夏天，盖约竞选第三任保民官失败，在他卸任以后，那些贵族们立刻开始对他进行报复。在一次公民大会上，盖约和贵族双方发生冲突，最终盖约及其 3000 多名支持者一同被害。至此，格拉古兄弟的改革中止，不过盖约提出的大部分方案都被保留了下来。

格拉古兄弟试图从国家公有土地入手，满足无地农民对土地的需要，以此遏止土地兼并，恢复、保护小农经济，但是改革最终宣告失败，这是因为在当时，土地高度集中、小农分化和破产已经是历史大势所趋，不可逆转，维持小土地所有制已经是不可能的事情。不过，格拉古兄弟改革仍然具有重要的意义，首先，它延缓了土地集中的过程，让一部分平民的生活条件得到了改善；其次，从提比略只是单纯地进行土地改革，到盖约发展为广泛的社会改革，沉重地冲击了元老院贵族势力，也提出了罗马想要进一步发展所必须要解决的一些重大问题，这对罗马的社会发展起到了促进作用，具有明显的进步性。

民主派、贵族派的分化和马略军事改革

格拉古兄弟改革失败以后，罗马的内部斗争愈演愈烈，最后形成了两大派别：一是贵族派，由元老院的保守豪门贵族组成，他们极力维护以元老院为核心的共和体制和既得利益；另一派是民主派，由平民和骑士阶层支持，主张通过改革的方式分配土地、减免债务和打破豪门贵族垄断政权的局面。双方的斗争在朱古达战争期间及其战后日趋白热化。

朱古达战争（公元前 111—公元前 105 年）的导火线是努米底亚王国内部的王位争夺战。朱古达是原来的努米底亚王马西尼萨的侄子，公元前 148 年，马西尼萨临死前将国家分给了自己的两个儿子希耶姆普撒尔、阿德海尔拔和侄子朱古达，但是野心勃勃的朱古达一心想要独占努米底亚，所以尽管有罗马的干涉，朱古达还是将自己的两个堂兄弟先后杀死，正式继承了努米底亚王位，并且在占领阿德海尔拔的根据地塞尔塔城以后，还杀死了不少住在这里的罗马和意大利商人。这下更是激怒了罗马统治者，于是在公元前 111 年，罗马向朱古达宣战。

战争伊始，罗马的贵族政治和军事制度的腐朽便暴露无遗。他们派出前往非洲的将领不断接受朱古达奉上的贿赂，士兵军纪松弛、士气涣散，连战连败。据说朱古达曾去罗马作证，在收买了一个保民官后，便毫发无损地回了努米底亚，临走前还杀死了一个躲在罗马的自己的政敌。他曾这样鄙夷地说道："如果努米底亚的轻骑兵能找到买主，我甚至能把这座城市卖掉。"由此可见，当时的罗马共和国的腐化程度。这样的情况一直持续到公元前 109 年，罗马执政官梅特卢斯亲赴非洲指挥军队作战，他提拔有才能的将领，严肃整顿军纪，这才使战事有了一定的转机，但也没能够彻底结束战争。

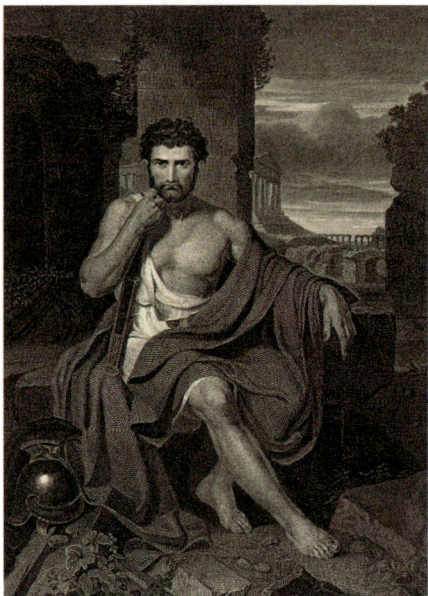

马略在迦太基废墟上

　　公元前 107 年，罗马将领马略（公元前 157—公元前 86 年）当选执政官，并开始指挥对朱古达的作战。出身平民的马略和骑士阶层有着密切的关系，同时在平民中也有较高的威信。马略先后 6 次当选执政官，也正是在他的任期内，罗马胜利结束了朱古达战争，同时又在北方取得了对日耳曼人战争的胜利。掌政初期，马略针对罗马军队在朱古达战争中的不利情况，进行了大规模的军事改革，主要包括四方面的内容。

　　首先，马略将原来的公民兵制改为募兵制，取消了对入伍者的财产资格限制。这条措施大大缓解了罗马的兵源危机，大量无产者得以入伍。其次，马略规定士兵的服役期限为 16 年，同时士兵不必再像以前一样自备武器给养等，一切都由国家负责，并且还给士兵发薪饷，老兵服役期满后还可以获得一块份地。再次，马略又对军团组织形式进行了改革。每个军团的人数从4500 人扩充到 6000 人，每个军团下辖 10 个联队，每个联队下辖 3 个连队，每个连队下辖 2 个"森图里亚"，也就是百人队。在阵式上，继续沿用三列队法，前列配置 4 个联队，后两列各有 3 个联队，每列之间保持一定距离。在武器装备上，重装步兵开始普遍装备改进过后的投枪和短剑。最后，马略还整肃军纪，将角斗士学校的训练方法引入军中，对士兵进行严格的训练，提高军队的战斗力。

　　马略的军事改革使罗马军队的战斗力大大提升，不仅在北非胜利结束了朱古达战争，还在北方应对入侵的日耳曼人的战争中也连连取胜，消除了来自北方的威胁。日耳曼人是一些原本居住在欧洲中北部、波罗的海沿岸的部落，当时他们想要寻找新的居住地而向西南方向迁徙，于是侵入了高卢地区，罗马军队便派军还击，刚开始屡战屡败。在公元前 105 年的阿劳西奥战役中，12 万的罗马军队全军覆灭，只逃出了 10 个人。公元前 102 年，第 4 次就任执政官的马略指挥军队在阿克维·塞克斯提埃击败了日耳曼人中的一支——条顿人；第二年，在米兰西郊的维尔塞莱平原，罗马军队又击败了日耳曼人中的另一支辛布里人，至此，日耳曼人的入侵被粉碎，罗马共和国的北方边境终于安定了下来。不过，几个世纪后，日耳曼人又卷土重来。

　　公元前 101 年，罗马军队在马略的副将玛尼乌斯·阿克维里乌斯的指挥下，扑灭了西西里第二次奴隶起义。由此可见，经过马略改革的罗马军队又重新恢复了生命力。马略的军事改革具有重要的历史意义，从短期看，它挽救了罗马共和国的命运，对内镇压了奴隶起义，对外战胜了努米底亚和日耳曼人；从长期看，它对罗马的社会历史发展也产生了深远影响。募兵制彻底改变了罗马共和国几个世纪以来耕战兼顾、兵农合一的临时征兵制度，它将大批无业游民吸收进入军队，在一定程度上改变了小农破产而引起的社会问题，有利于社会安定。这样的军队也成为人类历史上第一支真正意义上的职业军队，他们远离耕地、畜牧、经商等一切职业，作战就是他们唯一的任务，战利品和军饷就是他们唯一的生活来源。同时，长期追随和服从自己的统帅也使得这样的军队在一定程度上成为统帅的"私人武装"，统帅们可以利用自己手中的军队去争权夺利，甚至夺取政权，此时罗马将军的政治能量已经和改革前不可同日而语，这也为后来奴隶主权贵们建立军事独裁直至建立罗马帝国提供了条件。

同盟者战争

　　罗马征服意大利半岛以后，半岛逐渐罗马化。与此同时，一些原来具有部分罗马公民权的公社地位上升，获得了完全的罗马公民权。在新建的拉丁殖民地当中也有越来越多的罗马移民，且不管是新的拉丁殖民地还是原来的殖民地都有完全的拉丁公民权。但是更多的"同盟者"始终没有享受到这样的好待遇，甚至还恶化了。像包括萨莫奈人、伊特鲁里亚人、马尔西人等在内的众多所谓"同盟者"，名义上是罗马的盟友，为罗马人的对外扩张出人出力，但在待遇上，他们始终是二等公民，他们的士兵虽也一样在战场上浴血奋战，却无权分享胜利果实。非但如此，罗马元老院还经常干预他们的内部事务，长此以往，这些对罗马的统治压迫深为不满的同盟者们开始强烈要求获得罗马公民权和其他权利，或者干脆脱离，独立发展。

在很长的一段时期内，罗马统治者内部的改革派目光相对长远，他们曾主张给予同盟者们罗马公民权，比如公元前 125 年执政官弗拉库斯提出的议案、公元前 122 年盖约的主张、公元前 103 年和公元前 100 年的保民官萨图尔尼努斯推行的萨图尔尼努斯运动，不过这些主张都在元老院贵族等反对派势力的阻挠下失败了。公元前 91 年，又一次提出这个问题的保民官德鲁苏被暗杀，这下同盟者们彻底心灰意冷，他们知道通过合法、和平的途径为自己争取公民权已经行不通了，因而选择了武装反抗的道路，这也就是同盟者战争爆发的根本原因。

同盟者以马尔西人为核心，皮凯努姆人、皮里根尼人、维斯提尼人、萨莫奈人、卢卡尼亚人和阿普利亚人也都参与了进来，他们组成了秘密的反罗马联盟，互相交换人质，商定同时发动起义。公元前 91 年底，罗马执政官塞尔维利乌斯获悉皮凯努姆的城市奥斯库伦正在和临近城邦交换人质，于是赶去向当地市民发表了威胁性的训话，结果激起民愤，被市民当场打死。随后，奥斯库伦的长官尤达西略命令关闭城门，杀死城内的罗马人，起义正式爆发。

参加反罗马联盟的城市纷纷响应，除了伊特鲁里亚人和翁布里亚人以外，几乎所有的意大利同盟者都参与了进来。他们建立起一个联盟共和国，将皮里根尼的城市科非尼姆定为首都，称为意大利，设立公民大会、元老院，又选举出了执政官等公职人员。新选出的两名执政官分别是马尔西人西罗和萨莫奈人穆提鲁斯，他们也是起义军的军事统帅。

罗马统治者随即征调了 18 个军团由执政官统领前往镇压，马略、苏拉等人作为副将随军出征。同盟者战争主要分为南北两大战场，南方战场包括坎帕尼亚、萨莫奈、卢卡尼亚和阿普利亚；北方战区自皮凯努姆和阿布鲁滋河至坎帕尼亚北界，大多是操拉丁语的意大利原著民。战争初期，起义军掌握主动权，连战连胜。罗马统治者则一边调集军队，一边采取分化手段试图瓦解起义队伍。公元前 90 年底，《尤利乌斯法案》获得通过，所有仍忠于罗马的同盟者获得罗马公民权，这一法案的通过有效地遏止了起义的扩展，没有参加起义的伊特鲁里亚人和翁布里亚人率先取得了公民权。第二年初，罗马统治者再次出招，《普劳提乌斯－帕皮利乌斯法案》通过，宣布两个月内放下武器的同盟者将获得罗马公民权。此法令一出，战场形势大变，主动权易手，罗马军队很快就在南北两个战场都发起反攻。在北方战场，奥斯库伦和科非尼姆先后陷落，西罗率领起义军只能向南撤退和穆提鲁斯汇合；在南方战场上，苏拉麾下的罗马军队也最终击溃了萨莫奈人。之后，西罗和穆提鲁斯以爱塞尔尼为中心坚持抗争，一直坚持到公元前 88 年，才最终失败，同盟者战争也就此结束。

　　同盟者们发动的同盟者战争虽然在战场上败给了罗马统治者，但最终还是实现了他们的目标。战后，罗马不得不授予波河以南所有的意大利同盟者公民权，同时将他们编成 10 个（一说 8 个）特里布斯，以此保证在表决中面对 35 个特里布斯的老公民处于劣势。不过，同盟者的公民还是就此获得了应有的公民权，他们中的上层可以跻身罗马上层，下层居民也可以享受到罗马公民权带来的财产权、婚姻权、税务豁免权以及人身保障等一系列待遇，这也使罗马共和国的社会基础大为扩大。

　　这次战争还将原有的城邦制度框架冲毁。战前，各个同盟者虽然依附于罗马，但是还具有一定的独立性。战后，各个同盟者城邦则变为罗马共和国下属的普通城市，罗马共和国也成为以罗马为核心的意大利统一国家，这不仅加速了意大利的罗马化过程，更实现了意大利政治上的统一。

苏拉的独裁统治

　　在意大利本土上的同盟者战争激战正酣之时，东面的小亚细亚也爆发了战争。这场战争是本都国王米特里达梯六世挑起的。本都，地处黑海岸边，和塞琉古、托勒密一样，是亚历山大大帝死后在马其顿帝国的故地上兴起的国家之一。本都王国的创建者米特里达梯一世是安提柯麾下的一位波斯大将之子，到了米特里达梯六世，本都一度成为小亚细亚最强大的王国。公元前 89 年，米特里达梯六世趁罗马人陷入同盟者战争而无暇东顾时进军亚细亚行省，因为当地居民被罗马奴役已久，所以便将米特里达梯六世视为"解放者"。随后，米特里达梯六世取道色雷斯进入马其顿，同时又用海军控制了爱琴海。到了公元前 88 年，罗马的东方属地几乎都落入了米特里达梯六世手中。而此时的罗马也已经稳操同盟者战争胜券，终于可以腾出手来处理这些事情。然而，民主派

苏拉雕像
罗马第一个终身独裁官，开创了军事
独裁的先河。

因谁来领兵出征而产生了巨大的分歧。

公元前 88 年，大部分罗马人主张当年的执政官、在同盟者战争中战功赫赫的贵族苏拉率军出征，这本无可非议，和苏拉有嫌隙的平民派领袖保民官卢福斯却表示反对，他提议由马略挂帅。双方意见不合，最终爆发出了大规模武装冲突，苏拉的支持者死伤甚重，幸免于难的苏拉逃出罗马城，直接就去了准备东征本都的罗马大军之中。罗马城中占得优势的卢福斯和马略等人则操纵公民大会更改了之前的决定，马略获得了指挥权。但是，这时的苏拉利用其在军中的影响力煽动了 6 个军团杀向罗马，开罗马人进攻自己祖国之先河。平民派被苏拉杀了一个措手不及，卢福斯等大批民主派分子被杀，马略则逃去了努米底亚。苏拉随即宣布马略等人为"公敌"，又宣布多项规定，废除了民主派的法律，恢复了元老贵族的统治。局势稳定以后，苏拉在公元前 87 年率军东征，先扫平希腊本土，屠雅典城，又在小亚细亚两次击败本都大军，即将直扑本都本土。但没想到，这时本已稳定的罗马后院再次起火。

公元前 87 年，平民派的秦纳当选执政官，后推行了一些苏拉派强烈反对的政策，双方再次发生大规模冲突，平民派处于下风。实力不够的秦纳最后选择逃出罗马城，在卡普亚组建了一支精悍的部队，这时远在非洲的马略听到消息以后便率领 6000 人的军队赶来和秦纳会合。马略和秦纳会合后，重新占领了罗马，并对苏拉派展开了血腥报复，大批苏拉的支持者被杀，苏拉宣布的法律规定也都被宣布作废。公元前 86 年，马略和秦纳当选执政官，但是马略不久后就去世了，秦纳独掌大权，推行了一些有利于平民和骑士阶层的措施。公元前 84 年，秦纳死于一场兵变，不过当时的平民派依旧掌握着罗马大权。

公元前 85 年，苏拉彻底击败本都国王，双方签订了和约，本都人退出开战以来占领的所有土地，交出舰队，赔款 2000 塔兰同。苏拉对本都的态度还算比较温和，但是小亚细亚其他亲米特里达梯六世的各城邦国就没那么幸运了，许多城市被洗掠一空，城墙被推平，居民被贩卖为奴，各城市还要被迫交出大量赔款。之后，苏拉开始做重回罗马的准备。公元前 83 年，苏拉率领 4 万大军登陆南意大利的布隆迪西乌姆，克拉苏和庞培等一批贵族青年闻讯立即投奔苏拉。另一边，民主派也在积极组织军队准备抵抗，不过他们并不是苏拉的对手。公元前 82 年，苏拉重占罗马，大肆屠杀异己分子，对之前背叛他的意大利城市也进行了残酷的报复。苏拉还在没收来的土地上建了 10 个军事殖民地，将 12 万老兵安置在这里，而这支军事力量就是后来苏拉军事独裁统治的重要支柱。

公元前 81 年，苏拉操纵公民大会选举他为独裁官，任期不限，集立宪、立法、司法、军事大权于一身。随后，苏拉又推行了一系列措施加强贵族派的统治，包括恢复元老院的特权地位、剥夺保民官的权力、限制公民大会的权力等。但是，苏拉迫于形势还是以立法的形式承认了意大利人普遍获得公民权这一事实。可以说，苏拉为罗马历史上军事独裁之始作俑者，他的统治是对共和体制的倒行逆施，是贵族派操纵下的一次历史倒退。苏拉的独裁统治并没有解决当时罗马社会的问题，反倒使局势更加恶化，只是在他的军事高压统治下暂时没有爆发而已。公元前 79 年，正在权力巅峰的苏拉突然辞去独裁官一职，归隐乡间，并在第二年去世。就这样，随着马略、苏拉的先后离世，两位枭雄旷日持久的权力争夺战终于画上了句号。但是，罗马共和国并没有就此走向安定，此后几十年间的亚平宁半岛还是一片血雨腥风。

斯巴达克斯起义

公元前 1 世纪 70 年代末期，罗马共和国内部爆发了一次规模空前的奴隶起义，领导者便是当时的角斗士斯巴达克斯。斯巴达克斯原是色雷斯人，在和罗马的一次战争中被俘，后沦为卡普亚角斗学校的一名角斗士。公元前 73 年，斯巴达克斯秘密组织奴隶们暴动，事情泄露以后，他率领 70 多名奴隶杀死了学校卫兵，冲到了维苏威火山上聚集，并在那里建立了根据地。之后，附近的逃亡奴隶和破产农民纷纷前来投奔，起义队伍不断壮大，很快就超过了1万人。起义军公推斯巴达克斯为领袖，高卢籍奴隶克里克斯为他的副手。斯巴达克斯具备出色的军事指挥才能，起义军在他的指挥下神出鬼没，袭击大奴隶主庄园，震撼了整个坎帕尼亚。公元前72年春，一支由执法官克劳狄乌斯统领的罗马3000大军围困维苏威火山，但被斯巴达克斯出奇兵攀下悬崖，绕到敌后，大败罗马军队。此役之后，起义军更是声威大震。斯巴达克斯把起义军编成步兵、投枪兵、骑兵、侦察兵、通信兵和辎重兵等多兵种，进行严格的训练，同年秋天，起义军转向亚得里亚海滨，又数次击败罗马统治者派出的军队，驰骋在亚平宁半岛的南部大地，之后，起义队伍更是扩大到了7万人。

但就在这时，起义军内部发生了分歧。出身意大利本土之外的奴隶们渴望回到自己的祖国，而意大利本土的奴隶还有破产农民则坚持在意大利战斗到底，分歧导致了起义队伍的分裂。最终，斯巴达克斯率领起义军主力继续北进，余部3万人则在克里克斯的领导下留在意大利南部。公元前72年冬季，在阿普利亚境内的加尔干山，克里克斯部被罗马军队打败，2万人英勇战死，余部1万人突围北上，和前来救援的斯巴达克斯部汇合。此后，起义军在斯巴达克斯的指挥下灵活穿插，甩开、击溃罗马军队的围追堵截，最后进入山南高卢，击败了总督卡西乌斯，直抵阿尔卑斯山脚下，这时的起义军已经达到了12万之众。

不过，斯巴达克斯并没有按照原定计划翻越阿尔卑斯山，而是突然掉头南下。罗马元老院顿时惊慌失措，担心斯巴达克斯要端了自己的首都，赶忙任命克拉苏为军事统帅，统领6个军团北上迎击起义军。然而，斯巴达克斯并没有进攻罗马，而是急速奔向意大利半岛的南端，准备渡海迁往西西里岛。但是，因为原来答应提供船只的海盗毁约，再加上暴风天气等原因，渡海计划只能落空。公元前71年，追踪而来的克拉苏在意大利半岛南端的布鲁提亚半岛最狭处挖掘了一条封锁沟，又在沟的北岸筑起土墙，企图将起义军困死在半岛南端。起义军经过多次苦战之后终于冲过了封锁沟，奔向亚得里亚海滨的布隆迪西乌姆，准备渡海东去。这时起义军内部又产生了分歧。斯巴达克斯的部将康尼格斯和卡斯都斯反对渡海东去这一决定，并率领1.2万起义军分离了出去，结果在鲁干湖畔败于克拉苏，康尼格斯和卡斯都斯一同牺牲。当时的情况对起义军非常不利：东征小亚细亚本都的卢库卢斯已经班师回国，抢占了布隆迪西乌姆港，起义军的退路被切断；从西班牙平叛归来的庞培也正从北方赶来；南方的克拉苏更是紧追不舍，起义军有被三面合围的危险。于是，斯巴达克斯决定抢在三

斯巴达克斯起义失败后惨遭杀害的起义军们

股敌人汇合之前各个击破，他选择了回身迎战最近的敌人克拉苏。

公元前 71 年春，斯巴达克斯起义军和克拉苏在阿普利亚境内展开决战，7 万起义军对 12 万罗马军，身先士卒的斯巴达克斯奋勇拼杀，壮烈牺牲。此役，起义军 6 万人战死，6000 名被俘奴隶被克拉苏钉死在从卡普亚到罗马的大道上，少部分突围而出的起义军则在伊特鲁里亚被庞培消灭。至此，轰轰烈烈、震撼亚平宁半岛的斯巴达克斯起义最终失败。

斯巴达克斯奴隶起义的人数之众、时间之长、范围之广、影响之大，在古代史上实属罕见。尽管因为缺乏明确的斗争纲领、远大的斗争目标和代表不同阶层利益的起义领袖意见分歧等原因，最终起义失败，但它还是给予了残暴的罗马统治者无比沉重的打击，促进了奴隶制剥削方式的转变和隶农制的产生，也加速了罗马共和国的灭亡。

前三头同盟

苏拉的独裁统治其实颇不得人心，在他死后，就有人试图推翻他的一切措施。公元前 78 年，执政官雷必达试图取消苏拉制定的部分法律，后来又借助伊特鲁里亚等地的暴动进军罗马，结果被苏拉的部将庞培击败。此外，马略的部将塞多留也在西班牙坚持斗争，和苏拉派展开对抗。他发动当地的伊比利亚土著，仿照罗马的形式建立了政权，声势日益壮大。公元前77年，元老院派庞培出征西班牙，最初连遭败绩，后得到及时援助，而塞多留的势力内部却产生了矛盾。公元前72年，塞多留被自己的部将杀死，随即，庞培击溃了其余下势力，平定了西班牙。从西班牙班师回国的庞培又协同克拉苏镇压了斯巴达克斯起义，一时间，庞培因为在西班牙的军功，成为罗马政坛上的显赫人物。与此同时，克拉苏也踩着斯巴达克斯起义奴隶们的白骨而登上了政坛巅峰。公元前70年，克拉苏和庞培一起当选为执政官。

此时，民主派和贵族派的斗争又日趋激烈。庞培和克拉苏都算是民主派的人物，他们当选执政官以后推行了一系列有利于民主派的措施，比如恢复保民官的权力、清除元老院中苏拉派的势力等。公元前67年，庞培奉命出征清剿地中海上的海盗，仅用了3个月便班师奏凯。公元前66年，庞培又出征小亚细亚，这次目标还是本都王国的米特里达梯六世。

公元前85年，苏拉在击败米特里达梯六世以后重返罗马夺取了权力，此后，他留守亚洲的部将曾于公元前83年挑起和本都的战端，不过被本都击败。再之后，米特里达梯六世的实力有所恢复，又和西班牙的反罗马势力联系，企图对罗马进行东西夹击。

公元前75年，本都和罗马为争夺小亚细亚北部的比提尼亚战端再起。米特里达梯六世凭借地利先占领了比提尼亚，进而又占领了赫勒斯滂海峡沿岸的大部分地区。此时罗马军队的统帅是卢库卢斯，他统率罗马军队展开反击，先是重夺比提尼亚，随后又乘胜追击攻入本都境内。米特里达梯六世只能逃往亚美尼亚，卢库卢斯追踪而至，不过这时罗马国内征召他回国镇压斯巴达克斯起义，于是卢库卢斯班师回国，走水路在亚得里亚海岸边的布隆迪西乌姆登陆，切断了斯巴达克斯起义军的一条退路。这时，小亚细亚的米特里达梯六世又卷土重来，恢复了他的统治。公元前66年，庞培率军出征，准备彻底解决本都问题。罗马大军攻入本都境内，围攻其都城，米特里达梯六世率军突围而走，庞培紧追不舍，终于在幼发拉底河上游将其追上。一场大战以后，本都彻底失败，米特里达梯六世最终率领800骑兵逃往黑海北岸的克里米亚。公元前63年，绝望当中的米特里达梯六世服毒自杀，本都西部和比提尼亚合并成为罗马的一个行省。

征服完本都的庞培没有就此回国，而是乘胜南下，攻入早已腐朽不堪的塞琉古王朝，将其灭亡，又在这里设置了一个行省。这样，亚历山大大帝以后的希腊化三大国只剩下一个埃及的托勒密了。庞培随后又拿下了控制巴勒斯坦的犹太王国，在这里扶植了一个傀儡国王，又将其大部分领土并入罗马的叙利亚行省。公元前 57 年，罗马彻底吞并了犹太王国。此后，罗马的控制版图不仅囊括了整个小亚细亚，其势力还扩展到了亚洲的内陆，首次占领了叙利亚和巴勒斯坦，只是因为东边的帕提亚人也很强大，罗马的东侵脚步才停止了下来。

公元前 62 年，大获全胜的庞培率军西归，成为罗马首屈一指的人物。但是，元老院却否决了庞培在东方实行的措施，比如包税制度，还有他对退伍士兵许下给他们土地的承诺。这让庞培极为不满，从此开始和元老院产生矛盾。

当时罗马政坛上的另一位人物克拉苏也是野心勃勃。克拉苏在追随苏拉的时候就通过各种勾当聚敛了大量财富，担任执政官时也是大力收买人心，在庞培东征期间，克拉苏更是无比活跃，企图染指山南高卢、西班牙等地的事务，但是都没有什么成果。在庞培载誉归来以后，妒火中烧的克拉苏便企图对庞培的势力进行限制。

这时，罗马政坛上又出现了一颗新星，他就是"前三头"中最年轻的一位——恺撒（公元前 100—公元前 44 年）。恺撒出身贵族，虽没有克拉苏那样的万贯家财，也没有庞培那样显赫的军功，但他仍然凭借自己和民主派领袖的密切关系（恺撒是马略的内侄，又是秦纳的女婿）以及曾经参加反苏拉活动的背景而在平民中很有威望。恺撒先后做过财务官、市政官、大祭司长，并在公

恺撒雕像

《恺撒之死》
描绘了元老院成员群起而攻之，刺杀恺撒的场景。现存于意大利罗马国立现代艺术美术馆。

元前 62 年当选执法官，卸任后又出任西班牙总督。在西班牙，恺撒初步展示了他的军事才能。在短时期内，他就组建起一支军队，并征服了西班牙的一些独立部落，扩大了罗马共和国的疆域。公元前 60 年，任满的恺撒回到罗马，当选了执政官。不过，当时的元老院势力雄厚，恺撒人单势孤，于是他便和克拉苏、庞培秘密结盟，达成了互相支持的协议，共同对抗元老院。在恺撒的调解下，克拉苏和庞培两人也捐弃前嫌。为了巩固同盟，恺撒还将自己的女儿尤莉娅嫁给了庞培，其当选公元前 59 年的执政官也是三人密谋的结果。至此，前三头同盟正式形成。

恺撒在任期间，批准了庞培在东方推行的那些措施，又分给退伍老兵们土地。任满之后，恺撒出任山南高卢和伊利里亚总督，任期 5 年。公元前 56 年，前三头又达成了新的秘密协议——庞培和克拉苏出任下一届的执政官。卸任以后，庞培出任西班牙总督，克拉苏出任叙利亚总督，而恺撒在高卢的权力也延长了 5 年。在这些年里，罗马政坛完全被前三头所把持。

高卢战争和罗马内战

恺撒之所以要延长在高卢的任期，是因为他相中了这片土地，这里可以成为他募集军队和建立军威的地盘。高卢是欧洲历史名区，大体上包括现在的法国、比利时、意大利北部、荷兰南部、瑞士西部和德国莱茵河西岸一带，因这里原来的居民是高卢人而得名。高卢人是上古欧洲一个古老的部族名称（他们有着共同的文化和语言特质，相互之间也有亲缘关系，但是他们还不能称为"民族"，因为他们之间的排他性甚至要大于统一性，日耳曼人、凯尔特人、斯拉夫人等都是这样的部族），主要生活在当时的高卢、北意大利（山南高卢）、西班牙、不列颠岛和爱尔兰，和日耳曼人一样被称为蛮族。

高卢作为一个广大区域的称呼，又可以分为三个部分，分别是山南高卢、山北高卢、纳尔邦高卢。山南高卢，又称为内高卢，指的是阿尔卑斯山以南一直到卢比孔河流域之间的意大利北部地区；山北高卢又称外高卢，指的是从阿尔卑斯山经地中海北岸，连接比利牛斯山以北的广大地区，包括现在的法国、比利时、瑞士、德国的一部分；纳尔邦高卢，大致是今天法国南部的地中海沿岸地区。

公元前 58 年，恺撒就任山南高卢总督后，便展开了对高卢地区的扩张。

罗马的恺撒大帝雕像

当时罗马在高卢的统治范围除了山南高卢以外，在阿尔卑斯山的另一边只包括从阿尔卑斯山西麓到比利牛斯山东段一带，大致上就是纳尔邦高卢，公元前2世纪末，罗马人就占领了这里。这一年的春夏之交，恺撒趁凯尔特部落中的厄尔维几人向南迁徙的时候，率领4个军团2万多人北上，在比布拉克特将其击败，此役过后，罗马将凯尔特人和正在向西扩张的日耳曼人分隔开来。随后，恺撒在比布拉克特召开凯尔特部落代表大会，宣布罗马要保护凯尔特人不受日耳曼人的侵犯。到了公元前55年初，灵活运用军事和外交手段的恺撒已经征服了外高卢的大部分地区。公元前55年和公元前54年，恺撒还曾两次渡海入侵不列颠岛，进攻岛上的凯尔特人。但素以强悍著称的凯尔特人并没有屈服，而是以起义的方式反抗着罗马人的统治，凯尔特人的一支比尔及人起义军甚至全歼罗马军队的两个军团。公元前53年，高卢各地爆发大规模起义，声势浩大，直到公元前51年才被恺撒彻底镇压下去。随后，罗马当局在外高卢设立了行省。

　　高卢战争的胜利对于罗马共和国和恺撒本人都有着非同一般的意义。高卢战争之后，罗马获得了两倍于意大利的肥沃土地，还有土地之上的800多座城镇。恺撒本人则在高卢战争当中捞取了大把的财富，还有更为珍贵的政治资本，比如一支听任于他的铁血军队、蒸蒸日上的声望等，这都为他后来建立独裁统治奠定了基础。

随着恺撒在高卢地区的节节胜利，前三头之间以及他们和元老院之间的关系又发生了微妙变化。声望日起的恺撒招致贵族派以及庞培的戒心，同时庞培和克拉苏因争夺出征埃及的指挥权也产生了矛盾。此时的恺撒因还没有彻底征服高卢，他还需要时间，所以才有了公元前 56 年的那次前三头协议。再之后，恺撒在高卢大展拳脚，克拉苏则一心求战，在执政官任期未满时便前往亚洲出任叙利亚总督，对付东方的帕提亚帝国。最终，公元前 53 年，克拉苏战死在帕提亚境内的卡莱。另一边，庞培从执政官的职位上卸任以后，并没有去西班牙做总督，而是派自己的副将去了西班牙统治，自己则留在罗马。克拉苏死后，前三头只剩下了两个，两人之间的矛盾也越来越深。权势日益增长的恺撒也让元老院贵族们感到了恐惧，因此，他们极力拉拢庞培对抗恺撒，双方因对恺撒的共同敌视而走到了一起。

庞培大理石胸像

公元前 52 年，元老院授权庞培征集军队，平定骚乱，后来又任命他为"没有同僚的执政官"，庞培因此成为罗马历史上第一位唯一的执政官，也就是实际上的独裁者。庞培上任以后，便开始利用职权对恺撒进行制裁，一些贵族也趁机兴风作浪，要求解除恺撒的高卢总督职务，交出兵权。恺撒不甘示弱，授意自己的同党提出条件，要求庞培一同交出兵权。如此一来，元老院当然不同意，他们先是授权庞培招募军队保卫共和国，后又宣布恺撒为公敌。恺撒自然不会坐以待毙，罗马内战便由此正式爆发了。

公元前 49 年 1 月 10 日，恺撒率军渡过卢比孔河，迅速占领了意大利半岛。庞培还有大批元老院贵族则于 1 月 17 日左右离开了罗马城，一路奔逃到布隆迪西乌姆，后乘船渡过亚得里亚海，逃去了希腊。之后，恺撒任命雷必达（苏拉死后担任公元前 78 年执政官的雷必达之子）为行政长官，负责管理罗马城的事务；安东尼负责管理整个意大利的军政事务，也就是这两个人在恺撒死后和恺撒的养子屋大维组成了"后三头"。稳定了意大利局势以后，恺撒开始转向意大利以外的地区。他先出兵向西，清除了庞培在其大本营西班牙的残余势力。随后挥师向东，冒险渡过亚得里亚海，登陆希腊，双方在色萨利的法萨罗展开决战，庞培大败，逃亡埃及，最终死于埃及人之手。之后，恺撒追踪而至，先平定了埃及，后又转战小亚细亚和西班牙、北非，用了 4 年时间彻底清除了庞培的残余势力。公元前 45 年，恺撒回到罗马，罗马内战结束。

后三头同盟

内战期间，恺撒的权力不断扩大，他曾 3 次被任命为独裁官。公元前 44 年，恺撒被任命为终身独裁官，兼任监察官和终身保民官，独揽大权，成为没有君主头衔的君主。恺撒当政期间，推行了一系列措施加强中央集权，扩大统治阶级基础。其中包括改组元老院，将元老院人数扩大到 900 人；增加高级官员人数；改革行省制度，提高行省各城市的自治权；给予山南高卢还有西班牙的一些城市公民罗马公民权，给予山北高卢和西西里的一些城市公民拉丁公民权；建立至少 20 个殖民地，用以安置退伍士兵和贫民，并免除其部分债务；削减免费领取粮食的贫民人数，原来大约有 32 万，恺撒将其削减到 15 万。此外，恺撒还对罗马的币制和历法进行了改革。原来罗马人使用的是太阴历，恺撒则下令改用亚历山大城的希腊天文学家编制的太阳历，这种历法也被称为儒略历，每年 365 天，4 年一闰，闰年为 366 天。这也就是现在大多数国家通用的公历的前身。

恺撒没有彻底消灭元老院贵族的势力，却建立了凌驾于元老院之上的独裁统治，这让元老院的贵族们极其不满，他们便打着"恢复共和"的旗号勾结起来，准备反对恺撒的统治。公元前44年3月15日，以布鲁图斯和卡西乌斯为首的阴谋者在元老院会议上成功刺杀了恺撒。

恺撒遇刺，罗马重新陷入混乱。恺撒的部将、当年的执政官安东尼联合骑兵长官雷必达调集军队想为恺撒报仇，不过在支持和反对恺撒的不同人士们发生激烈的争执之后，双方达成了一个折中的方案：不追究凶手，同时尊重恺撒的遗愿，为其举行葬礼。恺撒虽然已经去世，但是他对民主派还有广泛的影响，那些等着分配土地的退伍士兵、跟着他征战多年的部下们，都对其表示同情。贫民中虽然也有人对恺撒不满，但是他们更痛恨元老院的贵族们，因此，在恺撒死后，恺撒派还是掌控着局势。在为恺撒举行葬礼的时候，安东尼趁机煽动平民和退伍士兵们暴动，迫使阴谋者们逃离了罗马，逃往希腊。然而，地位不稳的安东尼在镇压了暴动之后就和元老院的阴谋者们达成了妥协协议。

这时，罗马帝国的建立者、当时年仅18岁的盖乌斯·屋大维开始在历史的舞台上崭露头角。当时屋大维正在亚得里亚海对岸的伊利里亚城市阿波罗尼亚训练骑兵，听到恺撒被害的消息以后便回到罗马。屋大维本是恺撒姐姐女儿的儿子，也就是恺撒的甥孙，后被恺撒收为义子。恺撒在遗嘱中指定他为自己的继承人，继承自己1/4的遗产。屋大维的到来令正在权力巅峰的安东尼很不高兴，他开始并没有将这个年轻人放在眼里，还使用各种手段排挤他，这激起了还在怀念恺撒的广大士兵和平民们的不满。与此同时，屋大维也在煽动和收买安东尼的部下，由此初步积聚了自己的势力。

公元前43年，卸任执政官的安东尼出任高卢总督，随即他就出兵占领了山南高卢，对罗马构成了直接威胁。这时，元老院开始拉拢屋大维反对安东尼，他们宣布安东尼为公敌，授命屋大维率军迎战安东尼。经过穆提那之战，安东尼大败，逃到了山北高卢，同在那里的雷必达汇合。这时，取胜的屋大维却被元老院剥夺了兵权，并不许他担任执政官。屋大维于是率领大军直奔罗马城下，最终元老院屈服，任命他为执政官。另一边，恺撒的老部下们并不希望自相残杀，他们希望恺撒派的各大势力可以联合起来，恰巧这时，逃到东方的卡西乌斯和布鲁图斯又纠合了一支军队准备卷土重来，因此，面对共同威胁，安东尼、屋大维和雷必达三个人走到了一起。

公元前43年10月，三人举行会晤，同意结成政治同盟，史称"后三头"。

和前三头的私下秘密协议不同，后三头的政治同盟后来得到了罗马公民大会的承认。后三头达成协议：3 人同时担任行政长官，任期 5 年；安东尼统治高卢，屋大维统治阿非利加、西西里和撒丁岛，雷必达控制西班牙，3 人共管意大利本土；雷必达出任下一年的执政官，安东尼和屋大维则负责征讨东方的所谓的"共和派"。

后三头结盟以后，便进军罗马，大肆屠杀政敌。据统计，约有 300 多名元老和 2 千多名骑士被杀。次年，安东尼和屋大维率领 28 个军团跨海东征，最终在色雷斯的腓力比一战中彻底击败了卡西乌斯和布鲁图斯，两人先后自杀。此后，安东尼开赴小亚细亚，对那里一些支持共和派的城市进行报复，随后他又在塔索斯城召见埃及女王克利奥帕特拉七世（即后世的"埃及艳后"），并随她前往埃及。

另一边，屋大维回到罗马以后，趁安东尼安插在高卢的副将去世之机接管了高卢，这使得公元前 40 年安东尼回到意大利以后差点重开内战。后经过调解，后三头在布隆迪西乌姆达成新的协议：安东尼统治东方的行省，准备对帕提亚帝国的战争；包括高卢在内的西方行省归屋大维，平定作乱的小庞培一事也由他负责；雷必达统治阿非利加；意大利仍由 3 人共管。之后，安东尼还娶了屋大维的姐姐屋大维娅为妻，以巩固后三头联盟。

小庞培，即庞培之子塞克图斯·庞培。他大力网罗因不满后三头统治而从意大利逃亡的人，又联合海盗，声势日大，并占据了西西里、撒丁和科西嘉 3 个大岛。公元前 36 年，屋大维联合雷必达开始进攻西西里岛，战败的小庞培逃亡至小亚细亚，最终被安东尼所杀。之后，雷必达企图独占西西里岛，但是他的部下却在屋大维的煽动下纷纷倒戈，就这样，屋大维占领了雷必达的阿非利加行省，剥夺了他的职权，只给了他一个大祭司长的职务。至此，雷必达退出政治舞台，后三头只剩下了两头。

没过多久，在东方的安东尼开始和埃及女王克利奥帕特拉七世相勾结。克利奥帕特拉七世是历史事件中的重要一环。当年庞培在法萨罗战役中失败后逃往埃及（因为当时托勒密王朝的国王托勒密十二世就是在庞培的支持下登上王位的），但是他一登上埃及的海岸，就被托勒密王朝的大臣们杀死了。公元前 51 年，托勒密十二世去世，遗命其子女，11 岁的托勒密十三世和 19 岁的克利奥帕特拉七世共同当政，但当时专权的大臣们只拥立托勒密十三世，并将克利奥帕特拉七世排挤出埃及。克利奥帕特拉七世先后在雅典和叙利亚等地活动，时刻准备重返埃及。这时，追击庞培而来的恺撒进入埃及，他为克利奥帕特拉七世的智慧和美色所迷，在这场姐弟之争中站在了她的一边。最终，恺撒指挥罗马军队消灭了亚历山大港的叛乱，托勒密十三世被溺死在水中，克利奥帕特拉七世成了托勒密唯一的国王，也成了恺撒的情人。

恺撒去世后，为了争取托勒密的支持，安东尼也和克利奥帕特拉七世勾结在了一起。公元前36年，安东尼出征帕提亚，大败而归，损失惨重。公元前34年，安东尼出征亚美尼亚获胜，但他没有在罗马而是在亚历山大城举行了凯旋仪式，并宣布恺撒和克利奥帕特拉七世所生之子为恺撒的合法儿子，又将罗马的征服地赠予克利奥帕特拉七世及其子女。这些行为激起了罗马人的普遍不满，也为屋大维出兵提供了口实。

公元前32年，后三头权限期满，安东尼和屋大维也因此加紧了权力的争夺。也是在这一年，安东尼正式宣布遗弃屋大维娅，和克利奥帕特拉七世结婚。屋大维针锋相对，他公开了安东尼留在维斯塔女神庙中的遗嘱，其中要将利比亚、叙利亚、腓尼基、西里西亚等地赠给克利奥帕特拉七世、死后葬在亚历山大而不是罗马等内容让整个罗马哗然。随后，屋大维对安东尼在罗马的势力进行了大清洗，使得2名执政官和300多名元老只能逃离。在屋大维的示意下，元老院和公民大会又以侵占罗马人民财产为由向克利奥帕特拉七世宣战，同时剥夺了安东尼的一切职务。

公元前31年9月2日，屋大维和安东尼在希腊西海岸的亚克兴海角展开决战，安东尼大败。第二年，屋大维进军埃及，围攻亚历山大城，安东尼和克利奥帕特拉七世先后自杀。最终，埃及并入罗马版图，托勒密王朝灭亡。

公元前29年，屋大维回到罗马。公元前27年1月16日，元老院授予屋大维"奥古斯都"称号，"奥古斯都"即至尊至圣的意思，可以由后世所继承。后来的奥古斯都又先后将终身执政官、终身保民官等一系列官职揽到身上，集大权于一身。至此，罗马共和国宣告覆亡，古罗马开始了帝国时代。

罗马帝国

屋大维建立独裁统治之后，古罗马的历史开始了最后一个阶段——罗马帝国时代。这一段历史通常以公元前 395 年西罗马帝国灭亡为最后节点，尽管东罗马帝国，或者称为拜占庭帝国在此后又存续了近千年，但是，那已经不是传统意义上的古罗马历史了。

屋大维的统治

在后三头的权力争夺战中，屋大维最后胜出，因为当时共和制度尚有不小的影响，还有相当的势力想要维护共和体制，所以此屋大维没有直接称帝，而是采用"元首"的称号实行个人的军事独裁。元首是元老院中的首席元老和公民中的第一公民，声望非常高，屋大维采用这个称号表示自己还是忠于共和制的。

屋大维统治时期，共和政体下的各种政治机构和官职依然存在，只是权力都大为削弱，有的甚至沦为摆设。比如元老院，名额降为 600 人，且外交权、军事领导权、财政权统统没有了。公民大会也是形同虚设，除了按照推荐法就所提名的高级官职人选进行表决以外，没有任何别的作用。可以说，屋大维建立的元首制就是披着共和制外衣的专制帝制。

对于社会上的几个主要阶层，屋大维也分别予以不同措施加以控制。最高层的大奴隶主可以划分为元老和骑士两个等级，屋大维的独裁统治需要依靠这两个阶层，因此他提高这两个阶层的社会地位，明确大部分高级官职只有这两个阶层可以出任。在共和后期，曾经激烈斗争的元老和骑士阶层在罗马帝国时逐渐走向联合，成为元首制的主要统治阶层。当时社会上的小奴隶主，主要包括那些富裕农民和城市手工业者，也是元首制的社会基础组成部分。平民中则大多数还是破产农民和流落城市当中的无业游民，他们除了当雇佣兵外别无出路。对待他们，屋大维采取软硬兼施的手段：一方面严格限制他们参加政治活动，一方面又施以小恩小惠，比如每月免费发放粮食等，还经常举办娱乐活动，转移他们对政治的注意力。就这样，城市的无产者们已经不再像以前那样，作为一个社会阶层在政治舞台上发挥自己的作用了。

屋大维还对行省制度以及税制进行改革。在行省中，实行自治市制度，上层人士可以获得罗马公民权。行省中的城市分为罗马殖民地、自治市、享有拉丁权的城市和纳税城市四个等级，权利各有不同。在税制上，对传统的包税制进行改革，将税分为直接税和间接税。前者又分为土地税和非农业财产税，由当地征服者直接征集，不再进行"包税"。后者包括释奴税、港口税、拍卖商品税、奴隶买卖税和遗产税等，继续"包税"，有监察使监督，在一定程度上限制了对当地百姓的压榨。屋大维还在各行省建立了40个用来安置退伍士兵的殖民地。

击败安东尼等敌对势力以后，屋大维对军队也进行了改革。他将所有的60多个军团编为28个精锐军团，每个军团有5500名步兵和120名骑兵，再加上相应约15万人的辅助部队共同构成罗马的常备军。服役期限辅助部队为25年，军团士兵20年。屋大维的军事改革使罗马军队彻底转变成为职业常备军，此外，屋大维还成立了近万人的近卫军，负责保卫罗马和意大利，这支部队也在屋大维身后开始发挥重要的作用。

在屋大维牢牢掌握军队大权之后，他继续向海外扩张。在东方，面对强悍的对手——帕提亚帝国，屋大维没有直接使用武力手段，而是以灵活的外交手段，在帕提亚和亚美尼亚争夺王位的斗争中控制了亚美尼亚，并成功让帕提亚将当年聚歼克拉苏时掳获的罗马军旗等物品交出，又确立了幼发拉底河为两国的界河，屋大维也凭此获得了很大的声望。在西方，屋大维继续在高卢和西班牙扩张，到公元前19年，罗马已经成功征服了西班牙西北部的山地部落。随后，屋大维进军多瑙河上、中游地区，先后在这里建立了里西亚（相当于今天的瑞士大部分地区）、诺利克（相当于今天奥地利与捷克的部分地区）、潘诺尼亚（大致相当于今天匈牙利西部、奥地利东部、斯洛文尼亚、克罗地亚、波黑和塞尔维亚北部）和米西亚（今塞尔维亚和保加利亚境内）4个行省。公元前12年，罗马人再次北侵，在多瑙河和易北河之间建立了日耳曼行省，不过日耳曼人并不屈服于罗马的统治，潘诺尼亚和日耳曼都先后爆发了起义。9年，条

奥古斯都像

雕像身材魁梧，左手持着节杖，右手高举
指向前方，脚边还站着丘比特，整体风格
非常写实，十分逼真。

顿堡森林一战，罗马统帅瓦卢斯率领的两万罗马大军被日耳曼部落首领阿米尼乌斯一举全歼。从此以后，罗马人向北扩张的脚步停止，莱茵河以东重归日耳曼人，莱茵河也成为罗马帝国的北界。

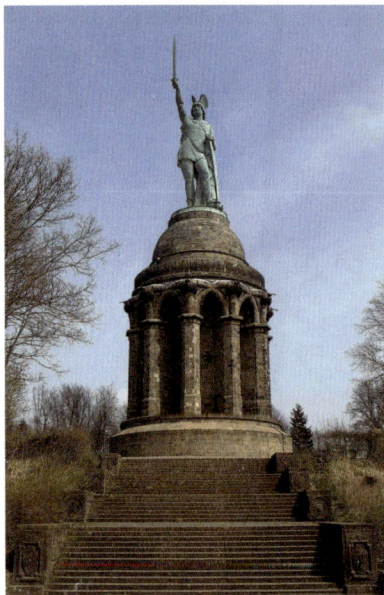

阿米尼乌斯纪念塔

克劳狄王朝

14年，屋大维去世，他的养子提比略继位。一般来说，从屋大维接受奥古斯都称号开始，一直到68年尼禄被推翻，这段近百年的统治期被称为克劳狄王朝（又称尤利乌斯·克劳狄王朝），这期间共有奥古斯都、提比略、卡利古拉、克劳狄和尼禄5位皇帝。这时期，罗马帝国的中央集权制度逐步建立，官僚体系也逐步完善，同时，其统治集团内部的争权夺利现象也是持续不断。

提比略在位期间（14—37年），不断加强皇权，他将公民大会有名无实的立法权和选举权转交给元老院，但是让其继续保留推荐和直接指定部分高级官员候选人的权力，因此获得选举权的元老院也只有决定部分人选的权力，这样提比略就实现了元老院和公民大会的分权制衡，让他俩都无法对皇权构成直接威胁。提比略还恢复了"侮辱罗马人民尊严法",制裁一切反对皇帝或是非议皇帝的言行,奖励告密,镇压反对派。此外,提比略还将近卫军集中到罗马,以保卫皇权。26年,与元老院关系日趋紧张的提比略从罗马退隐到卡普里岛,并在那里继续统治了罗马10年。37年,提比略在卡普里岛上去世。

继承提比略皇位的是卡利古拉(37—41年在位),他原名盖乌斯·恺撒,是提比略的侄子,后收为养子。卡利古拉是他的绰号,意为"小军靴",源自他幼年时期随父在军中喜穿士兵穿的军靴。卡利古拉是一位在位短暂而又行为乖谬的皇帝,他对元老院的态度非常不好,不仅剥夺了元老的很多特权,还审判、流放甚至处死了不少元老。对外,卡利古拉惯于贸然用兵,且多徒劳无功;对内,他奢靡浪费,挥霍无度,将屋大维和提比略留下的资本基本败光。41年,罗马近卫军发动宫廷政变,杀死了卡利古拉,并拥立他的叔叔克劳狄为元首。

克劳狄掌政时期(41—54年)恢复了和元老院的正常关系,不过,他也进一步削弱了元老院的作用。克劳狄本身其貌不扬,甚至生理上还存在缺陷,但他本质上还算是一位出色的政治家。他不仅搞好了和元老院的关系,完善了政权机构,还广泛地授予行省居民罗马公民权,并主持修建了一系列的大工程,比如奥斯提亚的港口扩建、罗马的供水管道等。在对外扩张上,克劳狄也卓有成绩,在他统治期间,罗马先后征服了非洲西北部的毛里塔尼亚和不列颠南部,

克劳狄塑像

还将色雷斯划入版图，并统一设为行省。克劳狄还是一位在历史和文学上颇有成就的学者，曾著有 20 卷的《伊特鲁里亚历史》和 8 卷的《迦太基史》，可惜皆早已失传。

相传 54 年，克劳狄被其妻小阿格里皮娜下毒害死。之后，克劳狄的儿子，当时年仅 16 岁的尼禄登基（54—68 年在位）。这是古罗马历史上有名的暴君，整日寻欢作乐，沉溺于声色犬马当中，就是不理朝政。为了满足自己骄奢淫逸的生活，尼禄长期横征暴敛，大肆搜刮百姓。最终，尼禄的倒行逆施激起了罗马社会各阶层的反抗，各地起义不断，元老院、近卫军等也纷纷倒戈。68 年，众叛亲离的尼禄在罗马城郊自杀，克劳狄王朝就此灭亡。

弗拉维王朝

尼禄死后，罗马陷入一片混乱，各行省军团纷纷推举自己的首领为皇帝。从 68 年 6 月开始的一年半时间里，罗马先后出现过四位皇帝，分别是加尔巴、奥托、维特里乌斯和韦帕芗，这段时间也被称为“四帝之年”。69 年 10 月，韦帕芗在第二次贝德里亚库姆战役中获胜，两个月以后进占罗马城，维特里乌斯被杀，韦帕芗成为最后胜出的人，也由此建立了弗拉维王朝（69—96 年）。

韦帕芗通过各路军阀的混战最终夺得帝位，结束了罗马和意大利奴隶主阶层独霸皇帝宝座的历史。从这以后，传统被打破了，皇帝可以由军队拥立，他也不必出生于罗马或者意大利，意大利以外的各行省也可以。由此，军队成为罗马政坛上举足轻重的角色。

韦帕芗继位后，先是平定犹太、高卢等地的起义，随后推行了一系列加强皇权的措施。他首先是授予行省军民罗马公民权和拉丁公民权，还对元老院进行改组，大量吸收各行省的上层奴隶主，同时还将西班牙和高卢的 1000 多户富有贵族迁到罗马，吸收进元老和骑士阶层。这些措施进一步扩大了帝国的社会基础，帝国也不再只代表意大利奴隶主的利益，还代表了整个地中海地区奴隶主阶级的利益。此外，韦帕芗也对军队进行了改编，拓展财源，卓有成效。

韦帕芗死后传位给了儿子提图斯（79—81 年在位），稳健、勤勉的提图斯继续执行其父政策，不过他只在位两年就去世了。之后，提图斯的弟弟图密善继位（81—96 年在位），他继承了父兄的政策，且在加强君权上有过之而无不及。他以"主人"和"我们的神"自居，藐视元老院，对元老院贵族进行迫害，这也导致反抗他的暴动接二连三地发生。因此，图密善走上了血腥镇压、恐怖政治的道路。96 年 9 月，图密善的妻子、两个近卫军指挥官和宫廷的一些高级官员发动了一场宫廷政变，图密善最终被杀死在自己的卧室中。随后，元老院推举涅尔瓦为帝，弗拉维王朝结束，安敦尼王朝开始。

安敦尼王朝：黄金时代

安敦尼王朝（96—192 年）共有七位皇帝，除了第一位涅尔瓦以外，均出身行省贵族，而且除了马可·奥勒留传位给亲生儿子康茂德以外，其余的继承都不是以血统为基础，而是以过继为基础。其中，第四位皇帝安敦尼在位期间是公认的罗马帝国最发达、最繁荣的时代，号称罗马历史上的"黄金时代"，而安敦尼本人也是理想中的君主代表，因此，后世就用他的名字来命名这个王朝。

安敦尼王朝的首位元首涅尔瓦出身元老贵族，他登位后（96—98 年在位）极力修好和元老院的关系，紧缩财政开支。不过，97 年近卫军发动的一次逼宫事件让他意识到没有军队的支持是不行的，因此他将战功卓著的日耳曼行省总督图拉真收为养子，立为继承人。

98 年，涅尔瓦去世，图拉真继位（98—117 年在位），出生于西班牙的他是从外省贵族登上元首宝座的第一人。图拉真是一位杰出的政治家，在内政外战上均有卓越的成就。在内政上，他注意缓和各方面矛盾，尊重元老院的地位，吸收东方行省的上层人士进入元老院。同时，图拉真还注意让人民休养生息，轻徭薄赋，并以贷款的方式帮助小农维持生活。因此，

罗马广场上的图拉真圆柱
这座圆柱建于 113 年，上面有一个螺旋形的浮雕，描绘了在达基亚战役中获胜的场景。

在各方势力中左右逢源的他获得了元老院赠予的"最佳元首"称号。

在外战上,图拉真扩张的矛头先是指向了多瑙河下游的达基亚(今罗马尼亚)。106年,罗马征服了达基亚王国,将这里设置为达基亚行省,现代的罗马尼亚人就是迁居而来的罗马人和当地的达基亚人融合后而产生的民族。达基亚之后,图拉真将目光转向了位于亚洲的、罗马人的老对手——帕提亚帝国。106年,叙利亚的罗马军团占领了巴勒斯坦与阿拉伯沙漠之间的大部分地区和西奈半岛,并将其设置为阿拉伯行省,将东方贸易要道控制在自己手中。114年,图拉真借口亚美尼亚王国的宗主权问题进攻帕提亚,先占领了亚美尼亚,随后挥师南下占领了两河流域,最后攻占了帕提亚的首都泰西封。紧接着,图拉真在这片土地上建立了3个行省,分别是亚美尼亚行省、亚述故地上的亚述行省和两河流域的美索不达米亚行省。这时,还想乘胜追击帕提亚的图拉真因为犹太人又爆发了起义,不得不撤兵西归,被迫放弃原定的计划。此时,罗马帝国的疆域达到了罗马历史上的最大:东起两河流域,西到大西洋,南达北非,北至达基亚和不列颠岛。不过版图虽大,却是昙花一现。图拉真在撤军途中不幸患病,最终病逝于小亚细亚南部。他死后,罗马在两河流域的成果随之失去。

图拉真死后,他的表侄兼养子哈德良继位(117—138年在位)。哈德良继位后的第一件事就是停止在东方的战争,和帕提亚帝国媾和,退出两河流域,又将亚美尼亚行省变为藩属国,使罗马帝国的东方边界退回到幼发拉底河。

哈德良长城

在北部边境，哈德良在今天的德国南部修筑了一道长城，将莱茵河上游与多瑙河上游连成一片；又在不列颠岛的北部修建了横贯东西的"哈德良长城"，以防御北方的"蛮族"入侵。总之，哈德良对外转攻为守，主要集中精力整顿内政。

哈德良延续了之前吸收各行省的大奴隶主阶层进入元老院的政策，并且继续给予各行省居民罗马公民权。在他统治期间，各行省的奴隶主和罗马的奴隶主，还有各行省的居民和罗马公民之间的鸿沟都在日渐缩小。哈德良使罗马的皇权进一步得到加强，官僚机构也日趋完善，元首制开始明显向君主制过渡。此时的骑士阶层也逐渐成为专门培养官僚的阶层。从哈德良到他的继承者安敦尼，这一段时期整个地中海区域相对安定，罗马帝国达到极盛。

公元138年，哈德良病逝，他的养子安敦尼继位（138—161年在位），这也是第一位出身高卢的元首。安敦尼继续哈德良的政策，对外以防御为主，但也击退了一些外敌入侵：在不列颠曾击退蛮族骚扰，将边界向北推进了100千米；在黑海北部击退了入侵的阿兰人。在内政上，安敦尼继续保持和元老院的良好关系，勤政、勤俭治国，推行了不少有利于平民的政策。在他的治理下，罗马本土和各行省经济迅速发展，罗马帝国迎来了繁荣期。

好景不长，安敦尼于161年去世后，罗马帝国开始由盛转衰。安敦尼将元首之位传给了养子马可·奥勒留和维鲁斯，两位元首共同执政，这在罗马帝国

马可·奥勒留雕像

的历史上还是头一次。

161年，帕提亚帝国入侵叙利亚，维鲁斯率兵反击，连战连捷，不仅将帕提亚人赶出了叙利亚，还追入两河流域，占领了帕提亚的两个都城。次年，凯旋罗马的维鲁斯受到了罗马人民的热烈欢迎，但是，没有人能想到，维鲁斯的胜利之师还从东方带回了可怕的东西——一场大瘟疫在罗马帝国各地迅速蔓延，它不仅吞噬了大量的人口，还让国库税收大减，国家财政即刻捉襟见肘。

内忧未平，外患又起。北方的马科曼尼人、汪达尔人等日耳曼蛮族部落乘虚而入，他们不仅蹂躏了罗马东北部行省的广大地区，还越过多瑙河，进入帝国境内，两位元首只能急忙征调军队与其作战。169年，维鲁斯因病死于兵营，马可·奥勒留继续领导这场战争，并最终击败了日耳曼蛮族。出于保护北方边境不再被侵扰的考虑，马可·奥勒留同意了一些愿意为罗马服役的日耳曼部落定居在帝国的北部边境。从这以后，日耳曼人便成为罗马雇佣军的主要来源。178年，马科曼尼人等日耳曼部落再次入侵，马可·奥勒留统军迎战，两年后病殁军中。

继位的康茂德（180—192年在位）比起前几位君主更像是一个纨绔子弟，他继位后的第一件事就是和入侵的日耳曼部落签订了有利于对方的条约。回到首都罗马以后，康茂德纵情享乐，不理朝政，他的荒谬无道引发了社会各阶层的普遍不满。192年，以近卫军长官莱图斯为首的一些高官发动政变，最终将康茂德杀死在角斗士的营房里——角斗是他最爱的活动。至此，安敦尼王朝灭亡。

号称"黄金时代"的安敦尼王朝可以明显地划分为前后两个时期，前四位元首统治时（96—161年）为前期，政权稳固，经济发展，罗马帝国在安敦尼在位时达到了繁荣的巅峰。到了马可·奥勒留时期，罗马帝国开始走下坡路。虽然包括马可·奥勒留在内的安敦尼王朝的前五位皇帝合称"五贤帝"，但是，也正是在最后一位"贤帝"的统治期内，内忧外患不断发生，罗马帝国已经处在"三世纪危机"前夕，接下来便是混乱和衰落唱主角的时代。

1—2世纪罗马帝国的经济发展

1世纪和2世纪的罗马帝国相对比较安定，历史上将这200年左右的时间称为"罗马和平"时期。

在农业上，此时的土地集中趋势不可避免。虽然在罗马共和国末期曾进行过为退伍老兵分配土地和各行省的没收土地运动，但这只是暂缓了土地集中的趋势，随着帝国的建立和"罗马和平"时代的到来，土地的集中又加剧起来。在这段时期内，丢失土地的不只是小农，甚至有些拥有中等庄园的奴隶主。当时的文学作品中一个常见的主题就是小地主被贪婪的大土地所逼，而被迫离开自己祖传的份地。在意大利以外的各行省，土地集中的过程比意大利本土略晚，其发展速度却不慢。据说在尼禄时代，6个大奴隶主便占去了阿非利加行省的一半土地。

虽然土地在不断集中，但是政治的相对稳定、文化技术的传播和交通的恢复等都是农业发展的有利因素，因此，在"罗马和平"时期农业也有不小的发展。希腊和意大利北部出现了带轮的犁，在高卢出现了割谷器，水磨也早在公元前1世纪就从小亚细亚传了进来，此时在罗马各地得到了推广。农业生产中还开始普遍采用轮作制，并种植豆类以促进土壤肥力的恢复。相较意大利本土，罗马各行省农业发展迅速。各行省不像意大利本土，土地资源已经基本饱和，土地广袤的各个行省有着大片的土地可以开垦，再加上大量退伍士兵和移民前往定居，他们不仅带去了相对先进的农业技术，也带去了先进的农业组织形式。同时，罗马统治者也在鼓励这样的迁移、开垦新天地行为。在高卢，大片森林被砍伐，大片荒地被开垦，这里以盛产粮食和葡萄酒出名，成为地中海世界的粮食和葡萄酒著名产地；在希腊和爱琴海周边，荒芜了很久的葡萄园和橄榄园也都重新恢复了起来；在阿非利加，灌溉网和耕地面积也大为扩大，每天都向罗马输出大量的粮食；连原先尚未开垦的多瑙河流域各个行省，尤其是潘诺尼

丰收的葡萄园

亚和米西亚，也都摇身一变，成为罗马的新谷仓。

在罗马帝国前期，手工业也有了不小的发展。生产工具和技术都大有进步，一批先进的工具被应用在各行业当中，比如采矿业中的水磨和排水器械、建筑业中的复滑车和起重装置等。工业生产部门也更加细化，据说当时罗马的手工行业多达80多种，其中伊特鲁里亚诸城市的金属冶炼和制造业、坎帕尼亚的卡普亚等城市的玻璃和金属制造业都很有名。各个行省的手工业也在迅速发展。东方诸行省的传统手工业，比如埃及的麻纱和珠宝、小亚细亚的毛皮制品、希腊的青铜器、腓尼基的染料和玻璃器皿等都开始复兴，产品畅销地中海。在采矿业当中，西班牙的银矿、铜矿、铅矿、锡矿和铁矿，多瑙河地区的金矿和铁矿，高卢的铁矿，以及不列颠的锡、铅矿等都被大量开采。

罗马帝国境内农业、手工业的繁荣为商业的发展奠定了基础，同时政治上的稳定和交通的恢复也为商业的繁荣提供了不可或缺的条件。当时在罗马帝国内部，各地商人沿着海上航路、内陆河道、陆上通道做生意；对外，罗马商人和不列颠、斯堪的纳维亚半岛、印度、中国等地都有着密切的贸易往来，其中，中国出产的丝绸更是在罗马享有盛名，被罗马上流社会视为珍宝。

手工业、商业的发展进一步促进了帝国城市的繁荣，当时无论是在意大利本土，还是各行省，都出现了一大批繁华的城市。意大利本土的繁华城市有普提奥里、卡普亚、奥斯提亚、拉韦纳、阿奎里亚和帕塔维乌姆（今帕多瓦）等，东方诸城市则以亚历山大城居首，它和罗马都是当时帝国内外贸易的枢纽和商品集散地，其他繁华的城市还有以弗所、安条克、帕尔米拉等。西部诸多行省中，比较著名的城市有西班牙的加迪斯、高卢的卢格杜努姆（今法国里昂），多瑙河地区的维多米纳（今奥地利的维也纳）和辛吉杜努姆（今塞尔维亚的贝尔格莱德），不列颠的伦丁尼姆（今英国的伦敦）等，这些城市很多后来都发展成了当地的政治、经济、文化中心。

罗马帝国1—2世纪的奴隶制度也有了不小的变化。首先，政治安定，战争较少，战俘奴隶的来源减少，奴隶的"身价"相对提高，这也是意大利本土的谷物生产衰退的原因之一。其次，随着奴隶们的地位相对有所提高，一部分奴隶还被释放，在社会上形成了一个独特的被释奴隶阶层。当时，在立法上还对奴隶的地位、安全等做了保障，比如法律禁止奴隶主杀死奴隶等。此外，还出现了一种新的剥削奴隶方式："特许析产"，就是奴隶主将一份"析产"（有可能是土地，有可能是手工作坊，还可以是其他财富）分给奴隶，任其经营，奴隶主坐收其利。这些迹象都表明，传统的奴隶制度正在松动，已经出现了危机的苗头，与此同时，隶农制作为奴隶制的一种补充开始出现。

隶农，就是从土地所有者那租赁土地的佃户，每年按照契约缴纳地租。租来的土地可以自己耕种，也可以再转租给别人。隶农可以分为小佃户和大佃户，前者多是失地或者少地农民，后者则是资金雄厚、奴隶众多的专门从事农业经营的人。1—2世纪是隶农制大发展的时期，因为奴隶制出现危机、劳动力紧缺，因此隶农制不仅在意大利本土，还在许多行省都广泛流行。不过从1世纪末起，隶农的身份和地位逐渐发生了变化。之前隶农的身份是自由佃农，他们和地主的关系是建立在契约上的，除了契约毫无任何其他关系。随着大庄园经济上的自给自足和独立倾向的加强，土地所有者逐渐占据了上风。他们对隶农压榨渐重，法律规定对他们来说成了一纸空文，同时隶农作为小租佃者，他们的经济异常脆弱，一点天灾人祸都有可能使其负债甚至是破产。因此，隶农对地主的人身隶属和依附倾向日渐增强，"三世纪危机"则更是让这一过程全面加剧，当时的隶农实际上已经丧失了自由民身份和独立的经济地位，从某种意义上说，他们就是中世纪农奴的先驱。

"三世纪危机"

"罗马和平"到2世纪末走到了终点。从这时到3世纪末，罗马帝国爆发了严重的社会危机，历史上称其为"三世纪危机"。究其根源，就是当时的奴隶制度已经非常腐朽，严重限制了生产力发展，被迫劳动的奴隶不仅缺乏生产积极性，还不得以各种形式进行反抗。同时，奴隶价格的上升导致生产成本上升，而生产效率则越来越低下。这些由来已久的矛盾发展到2世纪末终于爆发，大量使用奴隶劳动的农业、手工业等先后凋敝，随后，商业萧条，城市没落，但帝国统治者还在过着腐化堕落的生活，横征暴敛，挥霍无度。当时的隶农制虽大有发展，隶农的身份却逐渐走低，原本为自由民的隶农渐渐失去了自由身份，这使同属社会中下层的奴隶、隶农和贫苦农民联合起来，共同反抗罗马帝国的暴政。此外，这时北方边境上的日耳曼人又纷纷乘机入境，让本已混乱的罗马帝国乱上加乱。整个罗马帝国处于风雨飘摇、岌岌可危的境地。

混乱的不仅是社会，还有罗马帝国统治者的内部，具体表现为中央集权的政府陷入瘫痪，内战不断，王位更迭频繁。

192年，安敦尼王朝的末帝康茂德被杀以后，帝国内部爆发了一场争夺皇位的内战，6 个月的时间里，近卫军先后推举了两个皇帝，各行省驻军不甘示弱，也都拥立了自己的皇帝。但皇帝只能有一个，于是大家大打出手，这场内战持续了整整 4 年（193—197 年），最后取得胜利的是潘诺尼亚的总督塞维鲁，塞维鲁王朝（193—235 年）也由此建立。

依靠军队起家的塞维鲁对军队非常重视。他在位期间（193—211 年）解散了腐朽不堪的旧近卫军，再从各省军团中选拔优秀者组成新的近卫军；他还提高军饷，给予军人丰厚待遇。此外，塞维鲁还对官僚机构进行改革，将元首顾问会议设为国家最高机关，其决议可以代替元老院的法令。他在位期间，罗马又对外进行了扩张，在东方入侵了帕提亚帝国，使罗马帝国的疆界划到了幼发拉底河以东；在西方，塞维鲁妄图征服不列颠，结果在 211 年，他正巧死在对不列颠土著部落的战争中。据说，塞维鲁临死前这样嘱咐他的儿子们："让士兵发财，其余的人一概不用管！"

接替塞维鲁皇帝宝座的是他的儿子卡拉卡拉（211—217 年在位），卡拉卡拉继承了塞维鲁的军事独裁统治，还授予了罗马帝国境内的所有自由民罗马公民权，史称"卡拉卡拉敕令"。不过，他这样做的目的只是为了扩大税源，弥补财政赤字，帝国居民的生活实际上日趋困苦。217 年，卡拉卡拉死于近卫军之手。他之后的马克里努斯（217—218 年在位）、埃拉伽巴路斯（218—222 年在位）在位时间都不长，而且都是死于内乱当中。塞维鲁王朝的末代皇帝亚历山大·塞维鲁在位 13 年（222—235 年），这一时期，元老院重新掌权，并采取了紧缩宫廷开支、降低赋税等一系列挽救危机的措施，但因为降低

塞维鲁家族像
画中上方为赛维鲁和他的妻子多姆娜，下方是他们的儿子·卡拉卡拉和格塔。在卡拉卡拉谋杀了格塔之后，王子的脸被划掉。

士兵待遇而引发士兵哗变，最终，士兵们杀死了亚历山大·塞维鲁，塞维鲁王朝灭亡。

塞维鲁王朝灭亡后，罗马政局长期陷入混乱，皇帝换了一个又一个，在位时间从 3 个月到 6 年不等。这时北方边境上的蛮族也趁机不时入侵。253 年，高卢和日耳曼行省的军队统帅瓦勒良夺得帝位，不过他却在 260 年大败于已经取代帕提亚帝国的波斯萨珊王朝，他自己也成了俘虏，最终客死他乡。之后，在瓦勒良的儿子伽利埃努斯在位期间，罗马的内忧外患进一步加剧，各地军阀纷纷竖起叛旗，都想取伽利埃努斯而代之，一时间，罗马帝国出现了所谓"三十僭主"的场面。这些分裂势力的寿命大部分都很短暂，仅"高卢帝国"和"帕尔米拉帝国"分别存在了 15 年和 10 年。前者全盛时占有高卢、日耳曼、不列颠和西班牙地区，后者也一度据有小亚细亚南部、阿拉伯北部和埃及部分地区。一时间，罗马帝国四分五裂。

268 年，伽利埃努斯死于政变。接替他的是骑兵长官克劳狄（268—270 年在位）。克劳狄还有他以后的三位继任者奥勒良（270—275 年在位）、塔西佗（275—276 年在位）和普罗布斯（276—282 年在位）都是出身行伍的伊利里亚人，因此有人将他们合称为"伊利里亚诸帝"。

克劳狄曾先后击败日耳曼蛮族中的阿勒曼尼人和哥特人，有"哥特征服者"之称。他的继任者奥勒良则采用以蛮制蛮的策略，将大量蛮族人吸收进军队，再把蛮族移民安置于边境，以此来逐渐制止蛮族入侵的势头。奥勒良在位期间，先后平定了分裂出去的高卢帝国和帕尔米拉帝国，使帝国重新统一，因此他也被称为"世界光复者"。不过，奥勒良却放弃了达基亚行省，后退南撤，以多瑙河作为帝国的天然边境。

275 年，奥勒良在出征萨珊波斯时被部将杀害。元老院随后推举塔西佗为帝，这也是在罗马历史上元老院最后一次推举皇帝。可惜的是，塔西佗仅在位一年就被杀害，此后一直到 284 年，罗马帝国又先后出现了四位皇帝，前三位都在位很短就被杀害，权杖交接持续混乱。

政坛危机、经济凋敝也使广大民众遭受沉重苦难，他们被迫不断发动起义，帝国内部烽火四起。

在 3 世纪初的塞维鲁王朝时期，以布拉为首领的一支 600 多人的起义队伍出没于意大利，他们杀富济贫，神出鬼没，坚持斗争长达两年多，奴隶主称他们为"强盗"；238 年，北非爆发大起义，参与者是奴隶、隶农和当地土著居民柏柏尔人；263 年，西西里岛爆发奴隶大起义，规模堪比当年的奴隶战争；

273 年，罗马造币工人发动起义，城市贫民群起响应，让政府军损失惨重；在所谓的"三十僭主"时期，北非又爆发了一次法拉克森领导的隶农起义，他们和摩尔人联手，声势浩大，毛里塔尼亚和努米底亚的许多地区都被波及。

其中，爆发于高卢的巴高达运动在当时的人民反抗运动当中规模最大、持续最久、影响最深。"巴高达"是克勒特语"战士"的意思，这个运动最早兴起于 3 世纪 60 年代，高卢的奴隶和隶农们发动起义，围攻奥古斯托杜努姆（今法国欧坦），杀死奴隶主贵族，没收财产，沉重打击了奴隶主的统治。运动持续了 3 年多的时间，后来被奥勒良镇压下去。3 世纪 80 年代，巴高达运动再次兴起，势头更胜，他们仍以高卢为中心，组织步兵和骑兵，"打土豪、分田地"，推举埃里安和阿曼德为皇帝，还铸造了自己的钱币。虽然最后还是被统治者马克西米安镇压了下去，但是这次光辉的反抗运动为后来更加广泛、更加盛大的人民斗争运动奠定了群众基础。

除了人民的反抗起义，还有日耳曼蛮族的入侵。"三世纪危机"使罗马帝国的边防形同虚设，大批日耳曼部落乘虚而入。法兰克人突破罗马在莱茵河中下游的防线进入高卢，而另一支阿勒曼尼人则继续南下，他们翻越阿尔卑斯山，到达意大利北部；在东方，哥特人等日耳曼部落越过多瑙河下游和黑海，盘踞在博斯普鲁斯王国和色雷斯，并经常南下侵扰小亚细亚和爱琴海地区。虽然后来罗马诸皇帝通过武力暂时遏制住了日耳曼人入侵的势头，但也埋下了隐患：罗马皇帝采用以蛮制蛮的政策，大量吸收蛮族人进入军队，导致罗马军队逐渐蛮族化；同时，罗马将大批蛮族部落居民以军事移民的方式安置在罗马边境，目的是让他们作为边境上的屏障，却为后来 5 世纪蛮族更大规模的入侵，最终导致罗马帝国的崩溃埋下了伏笔。

经济凋敝萧条、人民起义不断、皇位更迭频繁、异族趁势入侵，这些混乱的局面在 3 世纪末期得到了改变。284 年，近卫军长官戴克里先（284—305 年在位）继位为帝，他对内残酷镇压了高卢和阿非利加起义，对外击败萨珊王朝，保证了叙利亚与巴勒斯坦地区的安定，在北方又击退日耳曼人的入侵，暂时地巩固了边疆。就这样，混乱了几十年的罗马政坛，或者说从 2 世纪末开始的"三世纪危机"渐趋缓和，曾经分裂的罗马帝国重归统一，并迎来了一个新的时代。

基督教的产生和发展

当今世界三大宗教之一的基督教于 1 世纪中叶诞生于巴勒斯坦地区，这是一个从犹太人的犹太教中脱胎出来的一个宗教。地处亚、非、欧三洲交界地带的巴勒斯坦地区，有史以来一直是各大帝国争霸的主战场，先后被古埃及、亚述、新巴比伦、波斯、马其顿、塞琉古等大国所统治，犹太人曾短暂地在这里建立过自己的国家，但只是昙花一现，很快便被灭亡。犹太人长期处于外族残酷统治之下，受尽折磨。因此，在他们当中就渐渐产生了一种"救世主"的思想：饱受欺凌的犹太人渴望有一位"救世主"降临人世间，拯救他们于水火之中。"救世主"的思想，是犹太教的核心信仰。公元前 63 年，巴勒斯坦沦为罗马属国，大批犹太人被杀，更多的犹太人被贩卖为奴。此后，犹太人虽然发动了数次大起义，但是都被罗马统治者血腥镇压下去。再之后，犹太人的命运更加悲惨，苦难重重、复国无望的他们只能转向精神层面寻求一些慰藉，就这样，在底层民众中一些秘密教派开始出现，原始的基督教也就是从这些秘密教派中形成的。

基督教最初是作为犹太教的一个支派，或者说一个"异端"的形象出现的，

《受难记》
杰勒德·大卫绘，描绘了耶稣受难的场景。

《约拿与鲸》

彼得·拉斯特曼创作的油画，描绘了先知约拿即将被一条大鱼吞下的情景，这一故事记载在《旧约》的《约拿书》中。

它将犹太教的一神论、救世主观念、创世神话以及经典《圣经》（基督教将犹太教的《圣经》称之为《旧约》）结合，同时也有其独有的理论：上帝的儿子耶稣当年为了拯救人类而降临人间，在巴勒斯坦传道，最后被犹太贵族勾结罗马统治者所逮捕，钉死在十字架上。但是3天以后，他复活升天，之后还会再次降临人间，在人间建立理想的"上帝之国"。事实上，历史上到底有无耶稣其人现在还没有定论，传说耶稣于公元1年诞生（所谓的公历纪元正是将传说中耶稣诞生的那一年定位起点，即公元元年），但《圣经·新约》里对耶稣的描述都是在2世纪成书。现在比较通行的说法是，耶稣是当时犹太人的一位秘密教派领袖，他的事迹越传越广，也蒙上了一层神话色彩，也就成了神话里的耶稣。所以，与其说是耶稣创立了基督教，不如说是基督教创造了耶稣。关于耶稣的神话传说后来也成为基督教的基本教义，耶稣受刑的十字架也成为基督教的标志。

从犹太教中脱胎而出的基督教因为在教义上和犹太教有冲突，所以被犹太教徒逐出教门，后发展成为一个独立的宗教。它的理论，尤其是关于耶稣的传说，反映了劳动人民对统治阶级的痛恨和对摆脱现状的渴望，使人们在精神层面获得了安慰。原始基督教包容性非常强，只要信奉耶稣、遵守教义就可以入教，不管是什么民族、什么阶级。基督教还废除了原始宗教中保留的大量献祭和烦琐仪式，因此它在奴隶、被释奴隶、隶农等广大劳苦人民中获得了相当大的支持。随着时间的推移，广大的基督教徒逐渐联合起来，形成了有组织的基督教会，很快，基督教的影响就超出了西亚的范围，迅速传入埃及、希腊、罗马等地。

因为基督教的理论中包含朴素的社会平等思想，反对富人，反对罗马的残暴统治，因此被当时的罗马统治者所不容。据说罗马暴君尼禄将发生于 64 年的罗马城大火归罪于基督教徒，对他们进行了大规模的迫害和镇压，且此后类似的迫害不断发生。但是政治迫害并没能扑灭基督教的火种，倒使其越传越广。在传播发展的过程中，基督教会的成分、本质都发生了变化。

基督教在传播过程中，形成了以彼得为代表的犹太基督教徒和以保罗为代表的非犹太人或称"外邦人"基督教徒两派，后者占了上风。保罗派的成员不少是中等阶级甚至是达官贵人，因此占据上风的他们在改造教义和编纂《圣经·新约》的过程中，大量吸收了希腊、罗马哲学，尤其是斐洛学说和新斯多葛派的伦理思想，其中圣父、圣子、圣灵三位一体的教义，忍耐顺从、精神忏悔、禁欲主义、宿命论等观点都是这一过程的产物，而原始基督教提倡的反对阶级压迫、反对民族压迫、争取社会平等的斗争精神则逐渐消失，取而代之的是逆来顺受、爱仇如己、希冀来世的庸俗思想。

随着奴隶制度衰落，人民起义不断，奴隶主的统治开始动摇，一些对前途感到迷惘的奴隶主也开始转向宗教寻求安慰，他们成为教徒后，捐献财产，同时文化素质又远比一般的平民高，因此教会的领导职务渐渐为他们所把持。"三世纪危机"中，基督教获得大发展，据统计，当时的基督徒就已有 600 万之多。到了 3 世纪后半期，罗马境内约有 1800 多个教堂，其中罗马、拜占庭、迦太基、亚历山大等城市的教会，也逐渐成为所在地区的宗教中心。同时，教会中的一些理论家也开始向统治阶级靠拢，他们宣传帝国和基督教利益上的一致性，拥护皇权，而罗马统治者也渐渐转变了态度，对其开始从镇压迫害转为宽容吸纳。到了罗马帝国后期时，基督教则已经完全失去了原来被压迫者宗教的色彩，彻底蜕变为奴隶主阶级进行思想统治、愚民政治的工具，基督教和罗马帝国政权也正式结合在了一起。

戴克里先改革

284 年，近卫军长官戴克里先夺得帝位。在之前伊利里亚诸帝统治时，纷乱已久的罗马帝国已有好转的趋向，戴克里先上台以后，先是平定了内部的起义和外部的日耳曼人入侵，随后又进行了一系列的改革，罗马帝国暂时稳定了下来。传统上认为，戴克里先的继位是罗马帝国后期的开始。

首先，戴克里先加强了皇权，摘下了半遮半掩的共和面具，废除了元首的称号，而启用"多米那斯"，即"主人"的意思，并效仿东方专制国家宫廷礼仪，这种制度被称为"多米那特制"，即君主制。当时的罗马帝国有两大外患：东方的萨珊波斯和西方、北方的日耳曼人。戴克里先立马克西米安为共治者，两人都称"奥古斯都"，戴克里先自己驻扎在小亚细亚的尼科米底亚（今土耳其的伊兹密特），主管帝国东部，对付萨珊波斯人；马克西米安驻在意大利北部的米兰，负责帝国西部。294 年，两位奥古斯都又各自任命一位"恺撒"作为自己的助手，戴克里先任命伽列里乌斯为恺撒，负责伊利里亚各省，也就是除了色雷斯以外的巴尔干各省；马克西米安选定君士坦提乌斯一世为恺撒，驻特维里尔（今德国特里尔），统治西班牙、高卢和不列颠。这样，整个罗马帝国就由四个统治者共同治理，这就是所谓的"四帝共治制"。不过，"四帝"的等级不是平等的，"恺撒"比"奥古斯都"低一个级别，属于奥古斯都的助手；

四帝共治
公元 300 年左右创作的"四帝"雕像，现位于威尼斯的圣马可广场。

戴克里先雕像

两位奥古斯都中，戴克里先则以君主地位握有最高权力。此外，戴克里先还制定了这样的规则：奥古斯都任期为 20 年，任满后让位给恺撒，同时将恺撒收为继子和女婿，通过血缘和姻亲关系来维护世袭统治，防止出现篡位和政变。

戴克里先还加强了中央集权，原有的 47 个行省被重新划分为 100 个行省，分属 12 个行政区。行省中的行政和军务分离，文职人员任行省总督，总督不涉及军务。在军事上，戴克里先将军队分为边防军团和机动军团，前者驻扎边境，后者留驻内地，随时听候调遣。当时罗马军队兵源严重不足，戴克里先便征召隶农当兵，同时还大量吸纳边疆上的日耳曼蛮族入伍，使罗马军队进一步蛮族化。

当时罗马帝国官僚机构庞大，又有人数众多的军队，开支巨大，再加上税制混乱，致使税收严重不足。针对这一点，戴克里先将人头税和土地税合一，作为帝国的主要财政收入；同时，为了保证税源的稳定，戴克里先禁止农业劳动者离开土地，禁止手工业者脱离同业行会，市议员不许离开所属城市。一般认为，戴克里先推行的新税制短期上增加了政府的收入，但是加重了纳税人的负担，同时让农民和隶农对大庄园主更加依附，加剧了社会矛盾。随后，戴克里先还先后改革币制、颁行"限价敕令"，目的是稳定币价、抑制通货膨胀，不过都以失败告终。

戴克里先对基督教采取弹压政策，曾宣布四道敕令，禁止基督徒进行宗教活动，将军队和官员队伍中的教徒清除，没收教会财产，甚至还逮捕、处决了一部分基督徒。不过，他对基督教的迫害政策并没有得到统治集团的支持，所以在戴克里先下台后，这些政策就都被废除了。

戴克里先的改革就像一剂猛药，他利用专制高压统治来对抗社会政治经济危机，加强国家对社会的干预，虽然在短时间内起到了一定的效果，但是从长期看，终究还是挽救不了罗马帝国的衰落。

君士坦丁大帝

戴克里先兑现了自己的诺言，在他即位后的第 20 年，即 305 年，他和马克西米安一同退位，归隐乡间。不过，他所创立的"四帝共治制"却并不稳固，为后世埋下了纷争的隐患。在帝国西部，由"恺撒"升任"奥古斯都"的君士坦提乌斯一世在位一年多就去世了，继位的是他的儿子君士坦丁一世（君士坦提乌斯父子的姓氏都是 Constantinus，父亲君士坦提乌斯是该王朝的第一任皇帝，因此称君士坦提乌斯一世。他的儿子有"Magnus"的尊号，就是"大帝"的意思，因此也称"一世"，不过在译成汉语时为避免混淆，一般将其称为"君士坦丁一世"，或"君士坦丁大帝"），当时在他治下的土地有不列颠和高卢，西部罗马帝国的其他地方则处于马克西米安的儿子马克森提乌斯的控制之下。312 年，罗马的米尔维安大桥一战，君士坦丁一世击败马克森提乌斯，成为西部罗马帝国的统治者。第二年，李锡尼击败伽列里乌斯的外甥、控制埃及和部分亚洲领土的马克西米努斯，统一了东部罗马。323 年，君士坦丁一世击败李锡尼，成为罗马帝国的唯一统治者。

之后，君士坦丁一世废除了戴克里先的"四帝共治制"，任命自己的子侄们治理帝国部分地区；同时，他将帝国划分为四个行政区：高卢、意大利、伊利里亚和东方，且军政分开。君士坦丁一世继续了戴克里先的军事改革，又解散了近卫军，重新组建了皇帝直接统领的宫廷近卫队。

君士坦丁一世治下的罗马帝国，官僚机构进一步扩充，官僚人数增加，他们按照严格的等级制度冠以尊贵头衔，享有一系列特权，所有官员都以向皇帝效忠为自己的最高职责。当时罗马帝国西部饱经战乱，日益走向衰落，而东部则相对富裕，文化也比较发达，因此罗马帝国的重心开始东移。330 年，君士坦丁一世将帝国首都从罗马迁到了东方的拜占庭，并将此城重新取名为君士坦丁堡，号称新罗马。此时的罗马帝国，虽然共和制的残迹仍在——元

君士坦丁一世雕像

老院还有，而且还有两个，罗马和君士坦丁堡一边一个，但是君主专制制度已经最终确立。

　　君士坦丁一世顽固地维护奴隶制，为此颁布多项法令，其中包括奴隶主有权鞭挞奴隶致死、从重处罚逃亡奴隶、允许平民贩卖子女为奴等，他还禁止隶农逃亡，抓住逃亡隶农要带上镣铐送还原主，试图将隶农降到和奴隶一样的地位。可以说，君士坦丁一世的统治剥夺了中等阶层的自由权利，广大劳动群众普遍受到奴役，生活状况更加恶化。

　　在对待基督教的态度上，君士坦丁一世则和戴克里先不同，他试图利用基督教加强自己的专制统治。313 年，君士坦丁一世和当时帝国东部的统治者李锡尼共同发布了"米兰敕令"，承认基督教的合法地位，一般认为，这是基督教历史上的转折点，标志着它开始和帝国政权同流合污，开始为奴隶主统治阶级服务。323 年，君士坦丁一世在尼西亚召集 318 名主教，树立有利于自己统治的基督教派为正统，制定了所有基督教徒必须遵奉的教义，即所谓的"尼西亚信条"。这次大会标志着基督教已经为帝国政权所庇护和控制，蜕变完成，正式成为阶级统治的工具。392 年，罗马帝国皇帝狄奥多西一世（379—395 年在位）正式颁布法令，承认基督教的正统地位，禁止各种异端教派进行活动，关闭一切异教神庙，禁止献祭活动。历史上一般将这一年视为基督教成为罗马国教的开始。

罗马帝国一分为二

戴克里先和君士坦丁一世的专制统治，只是短时有效，并不能彻底挽救罗马帝国的没落。4 世纪起，帝国的社会经济便日益衰落，工商业萧条，人口锐减，耕地荒芜。帝国后期统治者内部也更加混乱。337 年，君士坦丁一世死后，他的三个儿子还有一些手握重兵的将领、权臣们打得头破血流，最后胜利者是君士坦提乌斯二世，他在 353 年重新统一了帝国。但是随后，君士坦提乌斯二世又和自己的堂弟、君士坦丁一世的侄子尤利安争夺权力，后在内战爆发时病逝。最终，尤利安被拥立为帝，他大力改革，让罗马帝国的面貌为之一新，但不幸的是，他在 363 年对萨珊波斯人的战争中阵亡。就这样尤利安短暂却很有成效的 20 个月的统治结束了。

364 年，多瑙河军事将领瓦伦提尼安被拥立为帝，是为瓦伦提尼安一世，这也是统一的罗马帝国最后一位有作为的皇帝。瓦伦提尼安一世继位以后，让自己的弟弟瓦伦斯做了帝国东部的皇帝，驻君士坦丁堡，自己则驻扎米兰。瓦伦提尼安一世在帝国西部的统治很有成效，他成功击退了几次日耳曼人的入侵，同时不少日耳曼人被允许以移民的方式进入帝国西部边境，参与到边境的防卫当中。在帝国的东部，瓦伦斯则遇到了比较大的麻烦。当时，被中国汉朝战败的匈奴人大举西迁，挡在他们前进路上的东哥特人被迫也向西迁徙，在东哥特人的压力下，西哥特人也不得不退向西方，这就撞上了罗马帝国的东部边境。375 年，帝国西部皇帝瓦伦提尼安一世在与日耳曼人的作战过程中暴毙，其子瓦伦提尼安继位，是为瓦伦提尼安二世。也是大约在这一年，西迁的西哥特人到达多瑙河，和罗马人隔河相望，请求罗马皇帝同意他们渡河归附。当时帝国东部皇帝瓦伦斯正在和阿勒曼尼人交战，正缺兵源，于是他同意了西哥特人的请求，允许他们入境，但是条件是他们要解除武装。西哥特人不得不同意，不过由于罗马官员的腐败，不少西哥特人还是将武器夹带在行李中混进了罗马帝国，定居在美西亚地区。不久，西哥特人便因为无法忍受当地罗马官员的残暴剥削而奋起反抗，他们大举进犯并蹂躏了巴尔干地区，随后又侵入色雷斯地区。378 年 8 月，亚德里亚堡一战，罗马军队被西哥特人打败，帝国皇帝瓦伦斯在一间小木屋里被活活烧死。

接任东部罗马皇帝的是狄奥多西一世，他平定了西哥特人的起义，对其实行怀柔政策，允许他们在罗马境内生活，但是要服兵役。388 年，狄奥多西一世趁平定西部罗马叛乱之机将势力扩展到西部罗马境内。392 年，西部罗马皇

阿尔卡迪乌斯像
阿卡迪乌斯和霍诺里乌斯分别继承了罗马帝国的东部和西部，自此罗马帝国开始了永久分治的格局。

帝瓦伦提尼安二世去世，狄奥多西一世随后击败了篡位者欧根尼乌斯，重新将东西罗马统一，不过这也是罗马历史上的最后一次统一。

狄奥多西一世支持基督教的正统派，他在位期间对基督教以外的宗教大加迫害，使众多古典文化遭受破坏。395 年年初，狄奥多西一世临死前将罗马帝国分给他的两个儿子，东部归其长子阿尔卡迪乌斯（395—408 年在位）统治，西部归小儿子霍诺里乌斯（395—423 年在位）。至此，罗马帝国正式分裂为东罗马帝国和西罗马帝国，并分别以君士坦丁堡和罗马为首都。

西罗马帝国的残喘

罗马帝国东西分裂以后，分别走上了不同的发展道路。

在西方，西哥特人在首领阿拉里克的率领下数次入侵意大利本土，因为早期西罗马大将斯提里科奉行的"祸水东引"策略，因此一度失利的西哥特人逐渐壮大，于 408 年和 410 年两度围困罗马城，并于第二次在城中起义奴隶的帮助下攻陷了这座有着"永恒之城"称号的城市，大肆洗劫了一番。北部，此前驻守在不列颠岛的罗马人首领为了起兵对抗罗马中央政府而渡海来到了欧洲大陆，造成了不列颠岛的暂时空虚，这也给了日耳曼人中的撒克逊人等部落机会，他们趁势渡海入侵了不列颠。

　　406 年底，日耳曼人中的汪达尔人、苏维汇人、勃艮第人等部落，以及非日耳曼部落的阿兰人趁罗马正忙于对付西哥特人的机会跨过莱茵河，先后夺取了冈提亚库姆（今德国美因茨）、特维里尔等城镇，顺利进入高卢。不久，他们又转进西班牙，占领了西班牙的西部和南部地区。

　　412 年，西哥特人卷土重来，他们攻占了高卢，3 年后又转进西班牙和巴塞罗那，打败了汪达尔人和埃兰人的联军。又过 3 年，西哥特人向比利牛斯山以南推进，将原来在这里的汪达尔人和阿兰人驱逐到了伊比利亚半岛南端的卡塔黑纳和塞利维亚。418 年，西哥特人在高卢南部建立了以图卢兹为首都的西哥特王国，这是罗马帝国境内建立起来的第一个日耳曼王国。

　　之后，被西哥特人驱逐的汪达尔人在其首领盖萨里克（428—477 年在位）的率领下，于 429 年渡过直布罗陀海峡进入北非。439 年，他们占领了罗马帝国的第二大城迦太基，建立了汪达尔 – 阿兰王国。455 年，汪达尔人渡海北上登陆亚平宁半岛，攻陷罗马城，并将其洗劫一空。

　　此外，日耳曼人的另外两支法兰克人和勃艮第人也大举入侵西罗马帝国，法兰克人占领了北高卢，并不断向周围扩张，勃艮第人则占据了高卢东南部。

　　导致日耳曼人大举西迁的匈奴人随后跟踪而至，也成为瓦解西罗马帝国的重要力量。事实上，早在 5 世纪初期，匈奴人就进犯过东罗马帝国的边境地区。422 年和 426 年，他们曾两次蹂躏色雷斯和马其顿，时任东罗马帝国的皇帝狄奥多西二世只能求和、赔款。此后，在阿提拉掌控匈奴帝国大权以后，又曾深入赫勒斯滂海峡和北希腊的温泉关，东罗马除了求和赔款没有别的办法。

　　451 年，匈奴开始进攻西罗马。卡塔隆平原一战，匈奴人和西罗马、西哥特联军势均力敌，两败俱伤，西哥特王国国王狄奥多里克阵亡，阿提拉也被迫撤军。第二年，匈奴卷土重来，一路顺利，直捣罗马，但因为后来军中暴发了瘟疫，便只能接受了罗马皇帝的议和请求，撤军而走。

　　到了 5 世纪 70 年代，西罗马帝国在人民起义和蛮族入侵的双重打击下已是名存实亡，帝国领土成为日耳曼人的天下，意大利的中央政权也掌握在日耳曼雇佣军将领的手中，皇帝废立如同家常便饭。476 年 9 月，日耳曼雇佣军将领奥多亚克废掉了西罗马的最后一任皇帝罗慕路斯二世，至此，西罗马帝国正式灭亡，与之一起进入坟墓的还有西欧的奴隶制度。

古罗马文化

古罗马文化是欧洲古典文化发展的最高峰，它吸收了伊特鲁里亚和古希腊的先进文化，并在这两种文化的基础上发展起来。罗马共和国的早期文化受伊特鲁里亚影响较多，直到公元前 3 世纪，罗马先后征服意大利半岛和巴尔干半岛以后，古希腊先进文化开始传入，才对古罗马文化的形成起到了至关重要的作用。正如古罗马诗人贺拉斯说的那样："被征服者希腊反而征服了野蛮的征服者，将艺术带到了粗鄙的拉齐奥。"

哲学与宗教

古罗马的哲学思想起源是从公元前 3 世纪到公元前 2 世纪，希腊的斯多葛派学说和伊壁鸠鲁派学说传入罗马后开始的。但罗马人不像希腊人那样热衷于考虑诸如宇宙本源、人生真谛等思辨性的问题，他们的思考是带有实用主义色彩的，他们习惯于从希腊哲学中发掘有用的部分加以阐发和改造，使之适应罗马社会的需求。

出现在罗马共和国后期的折中主义就是承袭希腊各派哲学中的可取部分，又调和各种思想而形成的哲学学派，其代表人物是西塞罗（公元前 106—公元前 43 年）。西塞罗将希腊斯多葛派、柏拉图派和怀疑主义等唯心主义哲学拼凑在一起，形成了他自己的复杂的思想体系。他宣扬神灵永恒存在和灵魂不死的观点，主张顺应自然，人们应当服从自然安排给自己的命运。同时，西塞罗还认为，人应当"节制欲望""不生欲念"以求"心灵的快乐"。这些大多数都是希腊哲学家的观点，西塞罗并没有什么创新之处，他在哲学上最大的贡献其

西塞罗雕像

实是用生动的语言将相对深奥、抽象的希腊哲学思想表述出来，使其通俗易懂，能让罗马人了解希腊哲学思想，从而促进罗马哲学的发展。西塞罗的哲学主要著作有《论善与恶的定义》《论神的本性》等。

共和国后期的唯物主义哲学家的代表人物是卢克莱修（公元前99—公元前55年）。在他的代表作、华丽长诗《物性论》中，卢克莱修系统地阐述并发展了古希腊德谟克利特和伊壁鸠鲁的"原子论"学说以及无神论思想，他认为世间万物都是由原子构成的，原子不能创造也不能消灭，灵魂也是一种物质，躯体死亡的时候灵魂一并死亡。在长诗的第五部分，卢克莱修还对人类社会的起源和发展图景进行了描述。《物性论》是后世了解古代原子唯物论思想的唯一系统的著作，虽然卢克莱修的学说在当时的影响并不是很大，但对后来唯物主义的发展产生了很大的影响。

在罗马帝国前期的哲学界，占据统治地位的是唯心主义，其中新斯多葛派，又称折中派斯多葛主义非常流行。这种思想将早期斯多葛派的唯物论因素彻底抛弃，大力宣扬宿命论和禁欲主义，要求人们放弃现实生活和欲望，静候神的启示和精神上的解脱。同时，他们还认为，人的唯一任务是提高自己的道德和智慧，保持精神上的安宁，以求社会和谐。唯心论哲学家、尼禄的老师辛尼加（公元前4—公元65年）对这一学派的发展有重要的贡献。随着罗马帝国走下坡路，新斯多葛派的思想也越来越消沉。"五贤帝"的最后一位马可·奥勒留也是一位新斯多葛派哲学家，他的著作《沉思录》中就明显流露出悲观厌世的情感。当时比较流行的哲学学派还有新柏拉图主义，代表人物是普罗提诺（205—270年），他认为万物的本源是不可理解的神，世间万物由神创造。在他的哲学当中，唯心主义已经彻底蜕化成了神秘主义，其对基督教的教义影响很大，也为后来欧洲封建时期的基督教神学理论奠定了基础。

罗马帝国时期的唯物主义哲学家代表人物是琉善（125—180年）。琉善对德谟克利特和伊壁鸠鲁的唯物论哲学非常推崇，他抨击宗教迷信思想，主张财产共有，人人平等。琉善的作品多是用对话和讽喻的形式将自己的思想表达出来，主要著作有《神的对话》《悲惨的朱庇特》《渡口》等，其唯物主义思想和无神论对后世尤其是西欧文艺复兴时的一些思想家影响较大。

罗马人的原始宗教是多神教，他们信奉万物有灵。事实上，最早罗马是没有神像的，直到伊特鲁里亚文明和希腊文明相继传入罗马以后，拟人化神像才出现在罗马。罗马人信奉的诸神很多都是从希腊神话里"搬过来"的，比如希腊神话中的天神宙斯，在罗马神话中称为朱庇特，天后赫拉则称为朱诺，智慧女神雅典娜更名密涅瓦，爱与美的女神阿芙洛狄忒则被更名为维纳斯。后来，随着罗马征服的触角逐渐扩展到东方，东方的一些神灵便也被加入到罗马人的信仰体系当中，比如埃及主管生育和繁殖的女神伊西丝等。罗马人最信奉的神有两位：一位是战神玛尔斯，因为罗马人长期对外开战，需要战神的庇护；另一位是灶神维斯塔，因为他保护着家庭、国家的福祉。

文学

和哲学一样，古罗马的文学也是在吸取并继承古希腊文学的基础上发展起来的。流传民间的歌谣、故事和谚语等是罗马历史上最早的文学创作，不过这些作品中的绝大部分都没有流传下来。直到公元前3世纪，罗马才开始出现真正意义上的文学作品。

罗马文学史上第一个要提及的名字是李维乌斯·安德罗尼库斯（约公元前280—公元前204年），他本是他林敦城邦的希腊人，后来被俘虏到罗马成了奴隶，再之后被释放，成为罗马公民。安德罗尼库斯是第一个将《荷马史诗》中的《奥德赛》译成拉丁文，并作为教学课本的人，后又将其改编成剧本，于公元前240年在罗马公演，这也是古罗马戏剧的开端。安德罗尼库斯为古希腊的戏剧和史诗在罗马的传播作出了突出的贡献。和安德罗尼库斯同时代的还有一位著名诗人，那就是尼维阿斯（公元前270—公元前200年），他是第一位拉丁诗人，被后世尊为"罗马文学之父"，他的作品《布匿战争》是罗马史上第一部史诗。尼维阿斯翻译了不少希腊的戏剧，同时他自己也创作了不少喜剧，他的作品内容深刻、讽刺性强，有"罗马的阿里斯托芬"之称，不过他也因此得罪了当时掌权的一些元老贵族，最终被逐出罗马。

普劳图斯（约公元前254—公元前184年）是一位高产的剧作家，据说他共创作过130部戏剧，但现在保留下来的仅有20部，其中较具代表性的是《爱吹牛的战士》《钱罐》和《俘虏》等。他的作品题材多样，风格多变，生活气息浓厚，情节生动幽默，在当时很受罗马百姓的喜欢。普劳图斯也是罗马文学史上第一个有完整作品流传下来的作家。

加图（公元前234—公元前149年）是罗马拉丁语散文的开创人，他曾用拉丁文撰写了一部《创始记》，现在还能看到其残篇。此外，罗马共和国末期比较知名的文学家西塞罗，他的文章被称为拉丁文学的典范，对后世影响很大。"前三头"中的胜利者恺撒大帝也是文采飞扬，他的《高卢战记》和《内战记》，文笔简练流畅，也被世人奉为拉丁文的典范之作。

古罗马的文学发展到屋大维统治时期迎来了所谓的"黄金时代"，屋大维对诗人们恩宠有加，因此诗人们为皇帝歌功颂德，双方相得益彰。当时比较著名的诗人有三位，分别是维吉尔（公元前70—公元前19年）、贺拉斯（公元前65—公元前8年）和奥维德（公元前43—公元18年）。维吉尔可以说是罗马文学史上最杰出的诗人，他的早期代表作品是田园抒情诗《牧歌》，共10个篇章，仿照希腊的田园诗风格，生动地描绘了意大利田野的自然风光和农民的生活情景，歌颂了农村生活的恬静自然，发表后博得赞誉一片。晚年的时候，他曾仿照《荷马史诗》创作了《埃涅阿斯纪》，赞美罗马和统治者屋大维，吹捧屋大维是神话中特洛伊战争里的英雄埃涅阿斯的后代。《埃涅阿斯纪》是欧洲"文人史诗"的奠基之作，被后人视为古罗马文明的标志之一，对欧洲文艺复兴和古典主义文学影响很大。

贺拉斯是一位讽刺诗人、抒情诗人和文艺批评家，代表作品有《颂歌》和《诗简》。前者对罗马的光辉伟大、屋大维的丰功伟绩进行了歌颂，是抒情诗中

圣奥古斯丁画像

的代表作。后者的第二卷主要是文学评论，对欧洲古典文学发展影响较大。奥维德则以爱情诗闻名后世，他最著名的作品《变形记》从罗马、希腊神话中取材，描绘的是神如何将人变成各种植物和动物的故事，其中巧妙地穿插着爱情故事。后来，他因为作品触怒了屋大维而被流放，在流放中的奥维德又撰写了《悲歌》和《本都来信》等饱含怀念故土亲人之情的作品。

在罗马帝国早期，杰出的戏剧作家不多，其中较为突出的是辛尼加。辛尼加从希腊古典悲剧中汲取营养，著有 8 部悲剧，包括《美狄亚》《特洛伊妇女》等，每部作品都流露出了他对现实的绝望。当时滑稽剧、喜剧以及哑剧也有一定的发展，这与当时社会上流行粗俗的趣味有关。帝国早期还有多种多样的散文作品，讽刺小说作家佩特罗尼乌斯的著作《撒提里康》，是一部以散文诗的形式写成的喜剧故事，今存残篇。阿普列尤斯著的《金驴记》（又名《变形记》）也饶有风趣，也是至今唯一保存完整的散文体小说。

罗马帝国后期（3—5 世纪）是罗马文学的衰落时期。3 世纪时，只有涅墨西安的诗歌较为出色，他模仿维吉尔的《牧歌》创作了一些作品，表现了他向往朴素生活和自然景色之情。330 年，罗马帝国迁都君士坦丁堡，政治中心也正式东移，在基督教成为罗马国教以后的两个世纪内，基督教文学获得了很大的发展，世俗文学则被挤到了第二位。在当时的基督教作家当中，拉克坦提乌斯文笔纯净，有"基督教的西塞罗"之称。奥古斯丁（354—430 年）的代表作《忏悔录》，则是一部用祷告自传的手法撰写的悔改故事，描写了奥古斯丁内心挣扎和转变的历程，感情真挚，剖析深刻，文笔生动，是晚期拉丁文学的代表作。不过，基督教作家因内容受限，作品艺术价值相对不是很高。

罗马帝国分裂后，宫廷文学开始盛行，短诗成为诗歌创作的主流，当时主要的诗人有克劳狄安和那马提安。这段时间只有少数古典作家的作品能得以继续流传，直到文艺复兴时期，古罗马文学作品才重新回到人民的视线当中。无论是思想风格还是艺术技巧，古罗马文学都对后来的欧洲文学发展影响很大。

史学

罗马的历史学出现得比较晚，虽然古罗马文明早在公元前 8 世纪就出现了，但是一直到公元前 3 世纪中期，罗马都没有出现过真正意义上的历史学家。直到第二次布匿战争期间，罗马的史学才开始萌芽。这时期的代表人物是昆图斯·费边·皮克托尔，他的著作《罗马史》，从上古传说时代一直介绍到公元前 3 世纪末年，其中详细记载了第二次布匿战争的情况，后来的历史学家李维还有波利比乌斯都很推崇他。

罗马史学的真正奠基人是老加图（公元前 234—公元前 149 年），可惜的是，他的作品《罗马历史源流》已经失传。老加图认为，历史著作要有"垂训"的功能，要宣扬爱国思想，介绍古代圣贤的事迹，为当代人树立道德上的模范。老加图开创了用拉丁文撰写历史的先例，他也是罗马史学中"政治史学"传统的开山鼻祖，因此后世将他尊为古罗马史学的奠基人。

从老加图引领用拉丁文著史的风气以来，罗马的拉丁史学在公元前 1 世纪中期有了进一步的发展，此时的代表人物是盖乌斯·萨卢斯特，他继承了老加图开创的政治史学传统，著有《喀提林阴谋》和《朱古达战争》，叙事详尽生动，是研究罗马共和时代末期的主要资料之一。另一位代表人物是恺撒，戎马倥偬之际他还留下了《高卢战记》和《内战记》两部历史著作，前者记述他征服高卢地区的始末，其中保存了大量珍贵的古代高卢史料；后者叙述的是他战胜庞培及其党羽的经过。恺撒的作品文笔简练、叙事生动，直到现在还有篇章被选入拉丁文课本，对后世影响很大。

"奥古斯都时代"不仅是文学发展的黄金时代，也是史学发展的繁荣时代，大体上是因为这一时期罗马国势强盛，百业兴旺，因此学术上相应比较繁荣。古罗马历史上杰出的历史学家李维（公元前 59—公元 17 年）就生活在这一时期。李维的著作《建城以来史》（又称《罗马史》）从罗马建城时期开始记述，一直到 9 年结束，是西方史学史上的第一部通史，其文笔生动流畅，结构安排巧妙，爱国思想热情洋溢，意存劝诫而又褒贬分明。原作共 142 卷，但今仅存 35 卷及少数残篇。

在李维身后 100 年的塔西佗（56—120 年）是罗马史学史上伟大的历史学家，出身旧贵族家庭的他在罗马帝国政府内身居要职，曾出任执政官、亚细亚总督等。塔西佗的历史著作有《历史》（亦称《罗马史》），记述 69 年到 96 年的史实；《编年史》（亦称《罗马编年史》），记述 14 年到 68 年的历史；《日耳曼尼亚志》则记述了日耳曼诸部落的风俗人情，是研究日耳曼人早期历史的重要资料。现在人们所了解的罗马帝国 1 世纪的历史，主要就是根据塔西佗的著作。他的著作材料翔实，语言精练典雅，描写细致入微，文采飞扬，

维也纳议会大厦的塔西佗雕像

对后世史学影响很大。在政治立场上,塔西佗倾向于贵族共和,对帝制非常不满,虽然他承认帝制是不可避免的,但他还是对那些阴险暴虐的专制君主非常憎恨,因此他的历史著作有"惩罚暴君的鞭子"之称。

与塔西佗基本同时代的普卢塔克(约46—约120年)是古代欧洲最著名的传记家。他生于希腊的喀罗尼亚,游历过埃及、意大利以及希腊本土的很多地方,不过大部分时间他还是在家乡度过。《希腊罗马名人传》是其传世的主要作品,共50篇。普卢塔克撰写人物传记的目的在于通过记述这些人物的生平事迹来宣传自己的伦理思想,他的文章夹叙夹议,瑰丽多姿,传诵颇广,同时,里面还保存了大量的已经失传了的古代作家的记述,因此也颇具史料价值。

科学

古罗马的科学发展在农学、天文学、医学以及军事测量等方面比较突出。

古罗马的农业科学是在对古希腊和迦太基的成就进行吸收的基础上发展起来的。农学发展的主要成果是3部都名为《论农业》的著作。前文提到的历史学家老加图同时也是一位农学家，他著的《论农业》是第一部，也是古罗马第一部农学著作，对当时古罗马的农业经营和管理经验进行了总结，是后人了解当时农业生产和奴隶制经济发展状况不可多得的资料，这也是古罗马的第一部农学著作。著名政治家、学者瓦罗（公元前116—公元前27年）撰写了第二部《论农业》，共3卷，涉及农业经营方法以及饲养鸟类、鱼类、牲畜的经验。这部书是截止到公元前1世纪时的罗马农业科学的成果总结。第三部《论农业》的作者是科鲁美拉，他活动于1世纪，这部《论农业》大约成书于60年，共12卷，内容丰富，是3部《论农业》中最具史料价值的。

　　古罗马在天文学上也有很多贡献，其中最著名的要数儒略历。当时古埃及使用太阳历，古希腊实行太阴历，两者都存在一定缺点，罗马人便取长补短，制定了新的历法。该历法每年365天，每年12个月，单数月为大月31天，双数月为小月30天，2月只有29天，每四年置一闰年，为366天。这部历法是在盖厄斯·儒略·恺撒（即恺撒）的推行下实施的，因此被称为儒略历。后来屋大维继位，将他生日所在的8月也改为大月31天，后面的月依次修改，2月又少了一天，只有28天，闰年时为29天，这就和我们现行的公历基本相同。儒略历比较精确，符合地球上四季节气的变化，因此对农业生产比较有利。后来到了16世纪，在儒略历的基础上稍加改动而形成的"格里历"取代了儒略历的位置，这也便是现行的公历。

　　古罗马天文学发展的代表人物是2世纪的天文学家托勒密。关于托勒密的生平，现在所知甚少，只知道在127年到151年之间，他在埃及的亚历山大城进行天文观测。托勒密在天文学上的贡献首先是对古希腊天文学的成就进行了总结，著有《天文学大成》13卷，此书确定了一年的持续时间、给出了日月食的计算方法、编制了星表等。托勒密还利用之前的天文学家，尤其是喜帕恰斯的研究成果，对解释天体运动的地心学说进行了系统化的论证，后世也将这种地心体系用他的名字命名，即托勒密地心体系。

　　托勒密的著作《天文学大成》堪称当时天文学的百科全书，对后世影响非常大，一直到开普勒时代，都是天文学家的必读书籍。此外，托勒密还著有《地理学指南》8卷、《光学》5卷以及一些年代学和占星学方面的著作。

　　在罗马时代，还出现了一部百科全书式的著作，它总结了当时各项自然科学发展的经验成果，这就是普林尼著的《自然史》（又名《博物志》）。普林尼（约23—79年）一般称为老普林尼，这是因为要将他和他的侄子、古罗马的另一位学者小普林尼（约62—约113年）相区分。老普林尼出身骑士家庭，做过

SCENO.
SYSTEMATIS
PTOLE:

SEPTE °° NTRIO

POLVS ARCTI

CIRCVLVS ARC

AXIS ARC

TIORVM

AXIS COLV

SIVE COLV

AXIS ZO

TROPICVS ÆSTIVVS SEV

ZODI

SATVRNVS

ÆQVATOR

MARS

LVNA

QVENVS

ÆQVINO

OCCIDENS

EVROPA

AFRICA

MAR DI

Capricorni

INDIA

TROPICVS HYBERNVS SIVE TR

MERIDIANVS

MVNDI

SOLSTII

RVS ANTAR

CIRCVLVS

POLVS ANTARCT

MERI °° DIES

GRAPHIA
MVNDANI
MAICI.

托勒密宇宙
在托勒密的宇宙模型中，地球被认为是宇宙的中心，日月星辰则围绕地球运行。

很多高官，与罗马皇帝韦帕芗和提图斯关系密切。老普林尼博览群书，在很多方面都有所成就，他的著作也涉及军事、语言、修辞、历史等领域，不过他唯一一部传世的著作也是影响最大的一部著作就是《自然史》。该书共 37 卷，分别介绍了天文、地理、历史、动植物、农业、医学、矿物、工艺、绘画和雕刻等方面的知识，几乎包罗了当时所有知道的各科知识，在中世纪很有影响，对今天的人们了解古罗马自然科学的发展情况也有不小的参考价值。

古罗马的医学发展受到古希腊的影响。生活在提比略时代的百科全书家塞尔苏斯，他所著的一部百科全书现仅存医学部分。在该部分，塞尔苏斯将医药学分为饮食医药、药物治疗和外科手术三部分，每部分均知识广博，文风生动。另外，此书还保存了大量已经失传的古代著作内容，现在对希腊化时代的医学、亚历山大城的解剖学及外科学知识的了解就主要是根据这部著作。14 年，罗马成立了第一所公立的希腊医学学校。1 世纪中叶，提奥斯科里德斯所著的药书收录了 600 多种植物，并对其药性进行了论述。马可·奥勒留时的御医盖伦（129—199 年）在医学上的成就较大，其在解剖学、生物学、病理学和医疗学等领域均有建树，他的代表作有《解剖过程》《身体各部的机能》等，因受教会保护，他的著作有很多都保存了下来，长期以来被西方医学界奉为经典，在16 世纪以前更是一直统治着西方医学界。

因为罗马军队的扩张和商业对外贸易的发展，使得罗马的地理学也有了一定程度的发展。在屋大维时期，古罗马就曾出现了地图。1 世纪初，斯特拉波（约公元前 64—公元 23 年）就著有《地理学》一书，共 17 卷，对自荷马时代以来的古代地理知识进行了总结，对已知世界进行了区划和分类，对海岸、三角洲的形成和沙漠中的绿洲进行了研究，还对尼罗河的泛滥给出了解释。此外，书中还有一幅包括欧洲、非洲和亚洲的世界地图。一般来说，斯特拉波是西方地志学或区域地理学的开创者。托勒密在地理学上也有建树，他著有《地理学指南》8 卷，总结了古希腊数理地理的有关知识，他绘制的世界地图一直到文艺复兴时期都还在被广泛使用。

建筑

古罗马的建筑发展主要在罗马征服地中海世界以后，从公元前 1 世纪起，罗马人就喜欢通过建造各种样式的建筑来炫耀自己的强盛国力。前三头之一的庞培就曾主持修建过第一所石头建筑的大剧场，屋大维则这样说过："我接手的罗马是一座砖城，但是我留下的罗马却是一座大理石的城市。"在屋大维主持修建的所有建筑中，以供奉朱庇特等罗马诸神的万神殿最为著名。

万神殿最早修建于公元前 27 年，后遭遇两次火灾。126 年，罗马皇帝哈德良又主持重修了万神殿。万神殿的主要组成部分是高、直径均为 43 米的穹顶，正中有一个直径近 9 米的圆洞，是除了大门以外神殿唯一的采光孔。神殿中心设有神龛，身处神殿内部，沐浴着从穹顶圆洞照射进来的阳光，尤其感觉空旷宏大、气势撼人、庄严肃穆。神殿的前门由 16 根立柱支撑，带有古希腊神庙的建筑风格。

1—2 世纪，罗马帝国进入繁荣时期，这一时期的建筑风格也就更加彰显其奢侈豪华之气，当时的统治者们大肆兴建凯旋门、纪功柱、大会场、浴池、剧场、角斗场等建筑，其中最著名的为古罗马斗兽场。这座斗兽场修建于 72 年到 80 年，正是韦帕芗和提图斯的当政时期，当时人称其为"哥罗赛姆"，意思是庞然大物。整座建筑呈椭圆形，长轴 188 米，短轴 156 米，高约 57 米，中

罗马角斗场

罗马万神殿

间的圆形舞台长 85 米，宽 53 米，可以进行角斗、兽斗，还可以注满水进行海战表演。周围为 4 层看台，据说可容纳 8 万观众。

罗马建筑的另一个特色是建筑物上的浮雕，那是他们用来描绘过去和现在重大事件的舞台，图拉真纪功柱是其中最具代表性的作品。图拉真纪功柱大概落成于 113 年，高约 30 米，柱体环绕着连环式浮雕，盘旋而上，长达 200 余米，表现的是图拉真和达基亚人作战的情景，柱内还有 185 级盘梯可登上柱顶。图拉真纪功柱现在还耸立于罗马的图拉真广场，堪称古罗马建筑艺术的精品。

罗马除了修建了大量的公共建筑以外，还大力修筑道路。为了加强统治，罗马统治者修建了以罗马为中心，通向四面八方的大道，也因此才有了那句俗语"条条大道通罗马"。在意大利本土，著名的道路有阿庇安大道，通往南方，从罗马经坎帕尼亚到他林敦；弗拉米尼乌斯大道，通往北方，从罗马一直到翁布里亚东海岸；瓦莱利亚大道，从罗马向东沿阿尼奥河上行，穿过亚平宁山口直达亚得里亚海岸边等。这些大道多为石料铺成，中间略高，两边略低，宽度测量精准，也是罗马建筑史上的一大奇观。

中古篇（上）

01

日耳曼入侵

日耳曼是生活在欧洲北部的一个族群，内部分支非常复杂。在罗马帝国称雄地中海以及南欧的时候，日耳曼人生活在罗马人的北方，他们的发展水平要比罗马落后很多。到了罗马帝国后期，大量的日耳曼人南迁进入罗马帝国的范围内，这一历史事件也被称为"日耳曼人大迁徙"。

民族大迁徙

日耳曼人的大迁徙对世界历史产生了深远的影响，
当时从亚洲迁徙而来的匈奴人给其造成的压力是日耳曼
人大迁徙的主要原因之一。不过，这批西迁的匈奴人和
中国秦汉历史上的匈奴人是否为同一部落还有待考证。

农耕世界与游牧世界

如果从最早的苏美尔文明算起，到公元初的几个世纪，人类文明已经发生
发展了近 4000 年，亚欧大陆这片广袤无垠的土地始终是文明发展的中心地带。
从农业的诞生开始，人类开始从被动的食物发现者变为了主动的食物生产者。
而生产食物的两条渠道：种植谷物或驯养动物也造成了农业和畜牧业的分化，
进而形成了农耕文化和游牧文化。在亚欧大陆之上，从最东端的日本列岛、朝
鲜半岛经中国黄河、长江流域、东南亚、南亚到西亚、小亚细亚，越过爱琴海
再到巴尔干半岛、亚平宁半岛、高卢地区，一直到不列颠岛屿，不同的气候、
土壤等条件使其形成了一条弧形的农耕世界。相对而言，农耕世界创造了更先
发展起来的文明，一直以来，介绍古代世界的视角也总是对准农耕世界。然而，
在农耕世界的北面，有一条水草丰满的草原地带，它东起西伯利亚、蒙古草原，
经中亚、里海、咸海、高加索地区，一直到黑海北岸和喀尔巴阡山山麓，这里
适合畜牧业的发展，也因此在此形成了一个游牧世界。

农耕世界有数个文明中心地带，比如东亚的中国、南亚的印度、南欧的巴
尔干半岛和古罗马等，而紧挨着他们周围生活的，就是众多的游牧民族。比如
在汉代的中国北方，就有匈奴、乌桓、鲜卑、月氏、乌孙、羌等民族；在南亚，
贵霜帝国的北方有康居、大宛、大月氏等；在古罗马的北方，有对西方世界影

响深远的"日耳曼蛮族"。

在古时，农耕世界和游牧世界的发展速度不一样，在农耕世界已经广泛使用铁制工具，金属加工、制陶和造船等手工业高度发展的时候，游牧世界的主要生产部门还是畜牧业，手工业基本可以忽略，他们所需要的农产品和手工业产品，大多还要从农耕世界获得。农耕世界和游牧世界并不完全隔绝，他们之间有着经济与文化上的交流，同时也有着侵略、掠夺土地和财富的暴力形式。总体来说，农耕世界和游牧世界的交流结果是积极的，这种交流促使了人类文明的优秀成果得以传播到更远的地方，让文明地区不断扩大，像秦汉王朝对中国北部和西北部地区的经略，就促进了不同民族和文明之间的交流和融合。

日耳曼人——一个族群而非民族

日耳曼人是一个生活在欧洲的古老部族，或者说是族群，但不是民族。他们是一些部落集团的集合，因为在语言、体态、生活方式以及社会组织等方面有相似之处，因此被合称为"日耳曼人"。不过事实上，他们之间的排他性要大于亲和性，他们并不认可"日耳曼人"这样的称谓，"哥特人""勃艮第人""汪达尔人""法兰克人"等更细分的称谓反而更受欢迎。大约在公元前5世纪，日耳曼人以部落集团的方式生活在北欧的北海和波罗的海周边地区，当时的日耳曼人可以分为南北两个支系，北系的扩张方向主要在北欧地区，他们是现代瑞典人、挪威人和丹麦人的祖先。

日耳曼人南系又可以分为东西两支，东支包括哥特人、汪达尔人、勃艮第人和伦巴第人，后来入侵并摧毁西罗马帝国的主力便是他们。他们从西北欧迁徙到了东南欧的潘诺尼亚平原和黑海北岸的草原地带，这里的环境和他们原来的生活环境完全不同，更适合发展游牧业，因此，日耳曼人东支也就此以游牧为生。而这一片的南俄草原（泛指德涅斯特河流域、第聂伯河下游、顿河下游的黑海北岸地区，高加索山脉以北、伏尔加河下游的里海北岸一带）自古以来便是亚洲的游牧民族向西迁徙的走廊。日耳曼人东支中的哥特人将这里征服以后，因其强大的武力而成为这一地区的霸主。哥特人本身又分为东哥特人和西哥特人两个集团，东哥特人活动在顿河和德涅斯特河之间的地带，西哥特人则集中在多瑙河下游地区。当时的哥特人不仅武力相对强大，在其他方面比如政治组织上也要比其他日耳曼人先进，他们当时已经有了领导人"王"，也就是部落联盟的领袖。

西支的日耳曼人相对复杂，按地域分为三个集团：一是北海沿岸集团，分为巴达维人、弗里斯兰人、考肯人、盎格鲁人和朱特人等，前两者为现代荷兰人的祖先之一，后两者为现代英格兰人的直系祖先之一；一是莱茵—威悉河集团，后来的黑森人和法兰克人即属于这个集团；一是易北河集团，其中的斯维比人后来发展为士瓦本人，据说称雄中世纪的哈布斯堡家族和霍亨索伦家族也是来源于此，同属这个集团的马科曼尼人和夸迪人则最终发展为巴伐利亚人。此外，同属日耳曼人西支的还有苏维汇人和阿勒曼尼人。日耳曼人的西支从自己的故乡南迁，这里地理环境和他们的家乡很相似，因此他们长期居住在这里，主要发展农业。到8世纪，除了西渡不列颠岛的盎格鲁人等部分族群以外，日耳曼人的西支基本都统一在法兰克王国之内。

日耳曼人是古罗马人对他们的称呼，这两大族群的直接交往历史甚至可以追溯到公元前2世纪，当时日耳曼人中的古老分支条顿人和辛布里人入侵意大利，曾使罗马几个军团全军覆没，不过他们最终还是在公元前102年被马略战败。从公元前1世纪开始，罗马帝国内开始出现不少日耳曼人的身影，他们有的是奴隶，有的是隶农，还有的是士兵，在罗马军中服役。日耳曼人通常是在经过罗马统治者允许之后，以整个部落的形式集体迁入，定居在边境地区，成为罗马的"同盟者"。不过在此后的几百年间，日耳曼人不断渗透进罗马帝国，有和平时期的和平共处，也有在罗马帝国衰落之时、比如"三世纪危机"时的大规模入侵。

日耳曼人的社会

现代人对古日耳曼人的了解，主要通过恺撒和塔西佗两人的著作。早期的古日耳曼人情况主要出自恺撒的《高卢战记》一书。在公元前1世纪中叶时，恺撒任高卢总督，在他征服高卢地区之时曾与日耳曼人有过接触。恺撒主要接触的是日耳曼人西支，在他的书中对苏维汇人的介绍较多，当时苏维汇人多从事农业和畜牧业，但是对前者"并不特别热心"，不占主要地位。他们的土地为公社所有，成员轮流使用，年限为1年，期满后调换土地。当时的苏维汇人还处于原始社会，财产平等，没有出现奴隶，战时再选出军事领袖指挥作战。

塔西佗生活的年代大约在恺撒的一个半世纪以后，他在《日耳曼尼亚》中详细地描绘了当时日耳曼人西支的社会状况。在塔西佗的笔下，日耳曼人身材魁梧高大、红发碧眼，好斗好酒，他们住在简陋的小木屋当中，穿着用兽皮或亚麻织物制成的衣服。当时的日耳曼人已经出现了阶级分化，出现了贵族、自由人、释放奴隶和奴隶。日耳曼人认为，把神塑成人形是"亵渎神明的行为"，因此，他们没有神庙，而在视为神圣的树林中祭神。日耳曼人信奉的神灵传说后来演变成了和希腊神话、罗马神话鼎足而立的北欧神话，从现在英语的星期称谓中甚至还可以看见北欧诸神的名字：星期二 Tuesday，为战神提尔之日；星期三 Wednesday，为主神奥汀之日（奥汀又称沃登 Woden）；星期五 Friday，为婚姻家庭之神、奥汀神的配偶弗丽嘉之日。

当时日耳曼人正处于军事民主制阶段，战时选出指挥战争的军事首领就是经常被提起的"王"，不过当时的他们远没有国王的权力，因为那时的日耳曼人还没有形成国家，只是部落联盟而已。军事首领由民众大会选举产生，早先民众大会拥有决定重大事项的权力，后来这些权力转移到贵族议事会，再由民众大会表决通过。

这时的日耳曼人已经开始使用铁制工具，不过数量较少，主要的金属工具还是青铜制品。此外，还有木制、草制或陶制工具，大部分陶器为手工制作，使用陶钧制作还很罕见。

日耳曼人居住的地区纬度相对较高，光热不足，地表又多是冰碛平原，较为贫瘠，因此这里的农业生产力对比南方的罗马地区还差很远。塔西佗笔下这样描述道："他们牲畜有很多，但是大多数都很差，牛很矮小，角也很小。"日耳曼人主要的粮食作物是大麦，他们实行"轮耕制"也是为了让土地恢复肥力，但即便如此，在日耳曼地区也经常发生饥荒，很多人营养不良，平均寿命非常低，历史学家推测，这是他们要大举迁徙的原因之一——为了寻找更好的家园。不过，从塔西佗时代到民族大迁徙时代，日耳曼人的进步非常快，可惜没有留下史料记载。现有的考古发现表明，日耳曼人和罗马人的贸易往来一度非常繁盛，罗马人的武器、纺织品以及金银制品大量流入日耳曼地区，同时日耳曼人的农牧业和手工业也获得了不小的发展，且人口急剧增加。大概他们需要更多的土地，也是大规模迁徙的原因之一。不过，使日耳曼人的迁徙达到最高潮，让他们像潮水一样涌进罗马帝国，却是因为一股外力。随着一个更为强悍的民族入侵欧洲，日耳曼人的民族大迁徙不得不发生，这个民族就是匈奴。

北欧神话中的世界之树

日耳曼人西迁

在 4 世纪中叶的东欧伏尔加河流域，突然出现了一个陌生的游牧部落民族，他们就是匈奴人。据当时罗马历史学家阿米阿努斯·马尔塞利努斯所著的《历史》记载，匈奴人不从事农业生产，四处游荡，没有国王也没有法律，但是受“大人物”的松散节制。他们整日骑在马上，行动迅捷，使用插着磨制骨箭头的梭镖、剑、套索等武器。大约从 360 年起，这个陌生的民族开始“狂飙突进”，他们的一连串行动令整个欧洲为之战栗。

372 年，匈奴人征服了地处顿河和伏尔加河之间的阿兰人，这是一个斯基泰人部落，匈奴人征服他们以后，一部分阿兰人被纳入了匈奴的军队，另一部分阿兰人则躲入高加索山，还有一部分向西逃窜。匈奴人对其紧追不舍，继续向西进发，于是他们和日耳曼人的碰撞就开始了。当时生活在顿河和德涅斯特河之间的是东哥特人，他们位于日耳曼地区的最东端，因此首当其冲。当时东哥特人的首领赫尔曼纳里克号称“哥特人的亚历山大”，可惜这个亚历山大也不是匈奴人的对手。374 年，匈奴击溃东哥特，赫尔曼纳里克自杀，一部分东哥特人加入了匈奴的阵营，另一部分则向西逃窜。匈奴人的下一个目标是西哥特人，但西哥特人也不是对手，他们不得不从德涅斯特河和喀尔巴阡山之间的地区大举西迁，在获得罗马皇帝同意以后得以渡过多瑙河，迁入罗马帝国。376 年，匈奴人进抵罗马帝国的多瑙河边界，在此后的半个多世纪当中，匈奴人还曾南下到叙利亚和卡帕多西亚大肆蹂躏，还击败过另外一些日耳曼人，也曾作为雇佣军帮助罗马人同日耳曼人作战。430 年，匈奴人更是打败了拜占庭帝国（东罗马帝国），迫使其每年缴纳 350 磅黄金。

征战中的哥特人

不过，尽管匈奴人激起的哥特人西逃浪潮将前所未有的恐怖带往西方，但是在最初的几十年间，相对于后来的阿提拉时代而言，匈奴人并没有大举西进。在常年的征战过程中，匈奴渐渐以潘诺尼亚（今匈牙利西部、奥地利东部、斯洛文尼亚、克罗地亚、波黑和塞尔维亚北部）为中心，形成了部落联盟国家，势力遍及今德国多瑙河以北的东欧、黑海、高加索等地。大约在432年，路阿成为首个统一的匈奴王。两年后，路阿去世，他的儿子布莱达和侄子阿提拉继位，共同执掌大权。445年，阿提拉害死布莱达，独揽大权。447年，阿提拉再次入侵拜占庭，战败的拜占庭割地赔款乞和。大约在450年前后，阿提拉统治下的匈奴帝国达到了巅峰，它东起咸海，西至大西洋岸，北至波罗的海，南到多瑙河，领土广大，但是颇为松散。斯大林曾在《马克思主义和语言学问题》中这样论述："居鲁士和亚历山大大帝、恺撒和查理大帝等所建立的帝国并没有自己的经济基础，而是暂时的、不巩固的军事行政的联合。"阿提拉的匈奴帝国也是如此。

在大肆欺凌东罗马帝国几次后，阿提拉的目光转向了西罗马帝国。当时的西罗马帝国已经处于崩溃的前夜，被匈奴人驱逐过来的日耳曼诸分支大批进入帝国境内，西班牙和高卢的大部分地区已经成为他们的乐园，此外，还有高涨的巴高达农民运动也沉重地打击了罗马人的统治。当时的帝国皇帝瓦伦提尼安三世昏庸愚懦，统治集团内部也是矛盾重重。451年春，阿提拉统率约50万匈奴大军越过莱茵河，进攻西罗马帝国。罗马人闻讯便和西哥特人、法兰克人等联合起来，组成了一支同盟军，对抗匈奴大军。同年6月，在马恩河畔的卡塔隆平原一战，据说双方各伤亡十几万人，两败俱伤，西哥特国王狄奥多里克也在此阵亡。阿提拉随后撤军而走，第一次入侵西罗马帝国没有成功。

452年，阿提拉卷土重来，这次他换了一条路线，取道巴尔干向南，越过阿尔卑斯山攻入意大利，接连攻下阿魁利亚等重镇，兵锋直至罗马城。不过这次因为当地发生饥荒，又有瘟疫流行，阿提拉不得不接受了罗马的求和，撤退回了潘诺尼亚。453年，阿提拉暴卒，据说他死在新婚之夜。阿提拉的一生给当时的西方人带来了无穷的恐惧，因此被称为"上帝之鞭"——上帝遣下来惩罚他们的。阿提拉死后，诸子争位，各个被征服地区也都趁机奋起反抗。455年，在潘诺尼亚的涅道河一战，匈奴被由格皮德人、东哥特人、赫卢利人等组成的联军击溃，强大一时的匈奴帝国就此瓦解，他们在欧洲历史上的巨大影响也就此终结。

中国史学界历来认为，4世纪中叶出现在东欧的匈奴即是在东汉时期被击败而西逃的北匈奴，国外也有很多学者认同这种观点，不过也有人持有异议，这个问题还待考证。

日耳曼人的入侵及西罗马帝国的崩溃

日耳曼人各分支原本生活在罗马帝国漫长的北部边境以外，并已经向这个庞大但是腐朽的帝国渗透了好多年，现在强大的匈奴人西迁，不是匈奴人对手的日耳曼人只好也西迁，罗马帝国自然成了他们迁徙的不二之选。西哥特人也成为了日耳曼人的先锋。376 年，为匈奴战败的西哥特人在得到东部罗马皇帝瓦伦斯的同意后率部渡过多瑙河，成为罗马人的"同盟者"，条件是放弃武器和以妻儿作为人质，就这样，西哥特人在巴尔干半岛北部的色雷斯地区暂时落脚。但是，当地的罗马官吏还当他们是蛮族看，对他们大肆欺凌压榨，不堪压迫的西哥特人奋起反抗，开始起兵反对罗马的统治。西哥特人的起义得到了当地奴隶、隶农、采矿工人等社会底层的支持，因为他们也是饱受罗马上层统治的压迫，所以将西哥特人视为解放者。378 年 8 月，亚得里亚堡一战，罗马人惨败，皇帝瓦伦斯阵亡，继位的狄奥多西一世只好采取征抚兼施的策略，同意西哥特人定居在巴尔干半岛，并保证提供充足的粮食，同时对西哥特人的首领极力拉拢。狄奥多西一世的策略很见效，一些西哥特人领袖受抚就范。

此后平静了近 20 年。395 年，狄奥多西一世去世，他将帝国留给了两个儿子，罗马帝国正式分裂为东西两部分。也是在这一年，阿拉里克成为西哥特人的王，在他的领导下，西哥特人重新崛起，先是进攻东罗马首都君士坦丁堡，没有得手后又南下希腊，先后占领并洗劫了科林斯、斯巴达等城邦，这时罗马派出斯提里科率军平乱，将西哥特人围困于阿卡迪亚山区。397 年，阿拉里克接受罗马的羁縻，被任为伊利里亚军事长官。此后在 5 世纪最初的几年，阿拉里克先后两次西侵意大利，不过都被斯提里科打败，只能退出意大利。但是西罗马帝国的皇帝还是因为害怕而避居拉韦纳，这里也取代罗马成为意大利新的政治中心。

406 年，内外交困的西罗马帝国缩小统治范围，将莱茵河上的驻军撤回，戍守意大利和罗马，这下帝国西北部的边境彻底门户大开，边境以外的日耳曼人各支——汪达尔人、苏维汇人、阿勒曼尼人、勃艮第人以及阿兰人等像潮水一样涌进西罗马的高卢、西班牙等地。408 年，斯提里科因卷入宫廷斗争被杀，他的部下要为其报仇，便加入了阿拉里克的麾下。没了对手的阿拉里克也趁机

古罗马广场

起兵，进军意大利包围了罗马，在罗马人奉上巨额赎金并释放日耳曼奴隶以后才撤围而走，在撤军的路上大约又有 4 万名被释奴隶加入了阿拉里克的队伍。两年后，阿拉里克卷土重来，再次围攻罗马城，这次在城内起义奴隶的配合下，他们最终于 8 月 24 日攻陷了罗马城，并大肆洗劫 3 天。随后，阿拉里克准备南下渡海占领罗马帝国的谷仓西西里岛和北非领地，不过却不幸在中途病死。西哥特人随即掉头北上，越过阿尔卑斯山，占领了高卢的西南部，后来也在那里建立了西哥特王国。

5 世纪初的头 10 年，西哥特人多次进出意大利本土，所向披靡，如入无人之境，不曾遇到任何像样的抵抗，最后还攻占了古都罗马城，曾经强大无比的罗马帝国已经腐朽至此。紧随西哥特人脚步的还有同属日耳曼人的汪达尔人、苏维汇人以及非日耳曼人的阿兰人，他们的主要侵略方向是高卢和西班牙地区，后来还有法兰克人、勃艮第人以及伦巴第人等接踵而至，再加上本就在意大利本土纵横的东哥特人，广阔的西罗马帝国彻底成为这些所谓的"蛮族"们的乐园，"蛮族人"遍地开花，帝国的崩溃只是时间问题。

日耳曼人建立的国家

日耳曼人大批入侵西罗马帝国以后，在高卢、西班牙以及意大利本土相继建立了一系列的日耳曼人国家，直至476年，西罗马帝国的最后一任皇帝被日耳曼雇佣军首领杀死，正式结束了其名存实亡的历史。

西哥特王国

西哥特王国是日耳曼人在罗马帝国土地上建立的第一个国家。410年，西哥特人的首领阿拉里克在洗劫了罗马城、南下准备占领西西里岛和北非时，不幸在路上病死，他的妹夫阿陶尔夫随即继任为王。之后，阿陶尔夫率领西哥特人北上，越过阿尔卑斯山后转而向西，进入高卢南部，占领了图卢兹和波尔多等地。当时的西罗马帝国皇帝打算"以夷制夷"，用西哥特人来对付其他的蛮族，要求他们赶走其他蛮族后就把图卢兹和波尔多作为酬劳赐给他们。418年末，新继位的狄奥多里克（阿拉里克之孙）以罗马人同盟者的身份在阿奎丹（今法国西南部，比利牛斯山和加龙河之间）定居下来，以图卢兹为首都建立了自己的国家，这就是西哥特王国，且得到了罗马统治者的承认。随后，西哥特人入侵西班牙，将盘踞在这里的汪达尔人和阿兰人驱逐去了北非，另外的苏维汇人则被挤到伊比利亚半岛的西北一隅。

就这样，西哥特人占领了西班牙和南高卢的大部分地区。在5世纪中叶阿提拉率领匈奴人入侵西罗马帝国之时，狄奥多里克一世积极参加了罗马和日耳曼联合抗敌的战争，不过也正是在这场无比惨烈的卡塔隆平原一战当中，狄奥多里克一世跌落马下，被乱兵所杀。之后，西哥特王国在尤里克统治时期（466—484年在位）达到了鼎盛，王国领土北至高卢南部的卢瓦尔河，东到隆河，481 年还占领了普罗旺斯。尤里克在位期间，编纂了法典，宣布废除和罗马的同盟者关系。等到尤里克之子阿拉里克二世在位时（484—507 年），他又在东罗马帝国 438 年颁布法典的基础上编成《阿拉里克法典》，在日耳曼人中影响很大。不过，阿拉里克二世在 507 年的武耶战役中被法兰克国王克洛维打败，他本人也因此被杀，之后西哥特王国也丢失了高卢的领土。此后，西班牙成为了西哥特王国的中心，其都城也在 6 世纪中叶改为托莱多。待到利奥维吉尔德在位期间（约 572—586 年），西哥特王国一度中兴，利奥维吉尔德征服了苏维汇王国，还从拜占庭手中夺回了科尔多瓦等地。

西哥特王国的封建制度基础是瓦解的罗马奴隶制和日耳曼氏族公社制度，西哥特统治者没收了罗马大地主 2/3 的耕地、1/2 的森林，还有一部分奴隶、隶农和工具，并将其分给西哥特人从事生产。随着时间的推移，西哥特王国的阶级分化渐渐出现，一部分公社社员沦为依附农、隶农甚至奴隶，同时王公贵族还有神权势力逐渐成为封建大地主，后来罗马的大地主也加入进来。大地主们将土地分给亲信，封建等级土地所有制开始形成。虽然当时的西哥特王国还保留着不少奴隶制的残余，但不少奴隶身份的人其实已经是农奴。此外，西哥特王国的政治制度基本照搬罗马体制，西班牙的拉丁方言为其官方语言。最初，西哥特人信奉基督教中的异端"阿里乌斯派"，西班牙、高卢本地居民则信奉的是罗马基督教，两者不能通婚。为维护王国的统一，雷卡雷德一世（586—601 年在位）于 589 年定罗马基督教为国教。再后来，王国日渐衰落。8 世纪初，阿拉伯人入侵伊比利亚半岛。714 年，西哥特王国被阿拉伯人灭亡。

汪达尔 – 阿兰王国

汪达尔人是东日耳曼人的一支，最早大概居住在中北欧的波罗的海沿岸地区，后来南迁，在 1 世纪到 3 世纪的时候他们居住在奥德河的中游地带——西里西亚（今属波兰的一个地区），据说就是因汪达尔人的第一个部落西林而得名。335 年，汪达尔人作为罗马人的同盟者迁入潘诺尼亚，后来匈奴人的突然出现迫使其和阿兰人向西迁徙。阿兰人是生活在黑海东北部草原上的一个游牧民族，他们被匈奴人击败后，有一部分人加入了敌人的阵营，不过不久他们中的大部分就脱离出来，向西迁徙，与日耳曼人中的苏维汇人、汪达尔人为邻。而留在匈奴军中的那部分阿兰人在匈奴帝国灭亡以后，继续生活在东欧草原，后又和黑海、里海北边草原的钦察人联合起来抵抗蒙古人，据说他们是现在的奥塞梯人的祖先。

406 年，罗马帝国撤离莱茵河边境上的武装力量，于是在境外徘徊已久的汪达尔人、阿兰人以及苏维汇人等蜂拥而入，他们越过莱茵河，进入高卢地区，先后劫掠兰斯、亚眠、阿拉斯、图尔内、阿奎丹等地，并于 409 年越过比利牛斯山，占领了大半个伊比利亚半岛。大约在 411 年，伊比利亚半岛上出现了两个"蛮族"建立的王国，北面是苏维汇王国，南边是汪达尔人和阿兰人的王国。415 年后，更为强大的西哥特人进入高卢以及伊比利亚半岛，汪达尔人和阿兰人不得不退守半岛的南端和西北一隅。大约在 426 年，阿兰国王阿达克斯被西哥特人杀死，剩下的阿兰人便转而拥戴汪达尔国王贡德里克为王。

4 世纪 20 年代末，汪达尔人和阿兰人的命运出现了转机。427 年，罗马的非洲总督保尼法斯和罗马中央政府矛盾重重，想要闹独立的他便在次年邀请汪达尔王国新即位的国王盖萨里克来非洲，和他一起对抗罗马。保尼法斯此举无异于引狼入室，正愁被西哥特人挤得无生存之地的盖萨里克欣然答应，他于 429 年率领 8 万汪达尔人和阿兰人渡过直布罗陀海峡进入非洲，占领了今毛里塔尼亚地区。第二年，盖萨里克围攻希波城，城中坚守的正是已经和罗马中央政府和解的保尼法斯。汪达尔人先后击败了渡海驰援的东、西罗马援军，并在 431 年攻占了希波城，汪达尔人也就此建国。

刻有汪达尔国王盖萨里克头像的钱币

435 年，西罗马统治者被迫承认了盖萨里克在北非占领的土地合法，但要汪达尔王国承认西罗马为宗主国，并缴纳年贡。汪达尔人并没有遵守协议。4年以后，西罗马在北非的首都、罗马世界第二大城迦太基落入盖萨里克手中，这对西罗马帝国是一个沉重的打击，因为迦太基正是罗马帝国的非洲财源所在。

　　5世纪中叶的西罗马帝国已经处于崩溃的前夜，外有蛮族匈奴人、日耳曼人入侵，内有权力的纷争，人民的反抗。这一时期，盖萨里克先后占领了地中海上的西西里岛、撒丁岛、科西嘉岛和巴利阿里群岛，并不断骚扰东罗马和西罗马的沿海地区。455年，盖萨里克趁罗马处于混乱之际亲率大军渡海登陆亚平宁半岛，随后攻陷了罗马城，然后纵兵焚掠长达两个星期（6月2日—16日），这使罗马这座千年古城遭受严重破坏，汪达尔人也因此为后世创造了一个词语"汪达尔主义"——毁坏文化的代名词。476年，东罗马皇帝芝诺被迫承认了盖萨里克对北非、西西里岛、科西嘉岛等地的占领。477年，盖萨里克去世，其子胡内里克（477—484年在位）继位。

　　汪达尔人信奉基督教的阿里乌斯派，历届国王对罗马正教的态度不一，大致为迫害——缓和——迫害的过程。胡内里克是一个狂热的阿里乌斯派教徒，他在位时便大肆迫害罗马正教教徒。但他的下一任国王盖萨里克之孙、胡内里克之侄古萨蒙德（484—496年在位），就对罗马正教持温和态度，还将早年没收的土地予以归还。但在对外战争当中，古萨蒙德不敌东哥特人，丢失了西西里岛的不少领土，还受到来自柏柏尔人的压力。古萨蒙德去世后，其弟色雷萨蒙德（496—523年在位）继位，又开始迫害罗马正教。对外，他则选择和东

东罗马帝国皇帝查士丁尼

哥特人结盟。523 年，希尔德里克（胡内里克之孙，523—530 年在位）继位，因为他崇信罗马正教，此举赢得了东罗马的支持，所以北非的正教又得以复兴。然而，因对内镇压柏柏尔人的起义失利，导致一直对希尔德里克扶植罗马正教不满的贵族、军队等势力则趁机在 530 年发动政变，废黜希尔德里克，扶植其堂弟盖利默（530—534 年在位）登位。

当时的拜占庭帝国皇帝查士丁尼雄心勃勃，一心想要恢复罗马帝国强盛时的统治，北非故地成为他的目标之一。汪达尔王国内部的纷争给了他插手的机会。希尔德里克被废黜以后，查士丁尼表示抗议，要求盖利默退位，被拒绝以后便对汪达尔宣战。533 年，拜占庭大将贝利萨留率领军队远征北非，登陆突尼斯后进攻汪达尔王国。迦太基城以南一战，汪达尔军队战败，迦太基陷落。534 年，盖利默投降，汪达尔王国灭亡。至此，拜占庭人在这里恢复了罗马的统治，北非地区重新成为罗马的一个行省。

东哥特王国

最早拉响匈奴人西侵警报的东哥特人，并没有缺席这场日耳曼各部族在罗马帝国境内进行的战争。自 4 世纪以来，罗马帝国甚至意大利本土多次遭受外来蛮族的入侵，帝国首都罗马也经常受到威胁，西罗马帝国就像一栋早已腐朽的大厦，一阵风就能让其轰然倒地。最终灭亡西罗马的也正是日耳曼人的雇佣军。帝国末年，日耳曼籍的将领们把持着军队大权，皇帝不过是傀儡。476 年，日耳曼军事统帅奥多亚克（据说他还有匈奴的血统，他的父亲可能是阿提拉的手下大将）废黜了末代皇帝罗慕路斯二世，西罗马帝国彻底灭亡，意大利半岛都落在了奥多亚克的手中。奥多亚克虽然宣称效忠当时的东罗马帝国皇帝芝诺，但也只是口头上效忠，他先于 482 年征服了达尔马提亚（今克罗地亚南部、亚得里亚海东岸地区），后又打败了东日耳曼人的一支鲁吉人，又从汪达尔人手中夺回了西西里岛。就这样，奥多亚克在意大利本土又建立了一个日耳曼人统治的国家，它和西哥特王国、汪达尔 - 阿兰王国本质上是一样的。

整个地中海世界都因此而震惊，东罗马帝国随即怂恿东哥特首领狄奥多里克进攻奥多亚克。

原本生活在黑海草原西部的东哥特人被匈奴人击败以后，一直随匈奴西进，最终停留在潘诺尼亚。直到阿提拉死后，匈奴帝国崩溃，东哥特人也趁机脱离了匈奴的控制，不过他们还一直停留在潘诺尼亚。489 年，在东罗马皇帝芝诺的支持下，东哥特人入侵意大利，对奥多亚克发起进攻。因为罗马当地居民本身就对奥多亚克不满意，所以东哥特人仅用了 3 年时间就占领了奥多亚克的大部分土地。但在进攻首都拉韦纳时，东哥特人遇到了困难，直到 493 年双方才签订了共治意大利的和约，不过在随后欢庆和好的酒宴上，奥多亚克就被狄奥多里克所杀，其余众则被狄奥多里克收编。随后，狄奥多里克便在此基础上，建立了东哥特王国，定都拉韦纳，领土包括意大利半岛、西西里岛和达尔马提亚的一部分。

东哥特国王狄奥多里克

　　东哥特王国建国后，便将奥多亚克及其拥护者的土地没收，再将其分给东哥特贵族。狄奥多里克几乎全盘继承了罗马的国家机构和政治制度，不少原来的罗马元老、贵族和行政官吏继续在东哥特王国担任官职。东哥特人信仰阿里乌斯派，却也允许罗马正教的存在。当地的罗马人将东哥特人和奥多亚克视为一丘之貉，非常反感。同时，不少东哥特贵族对东罗马帝国有怨言，因此狄奥多里克亲东罗马的倾向也引起了他们的反感。526 年，狄奥多里克去世，其外孙阿塔拉里克（526—534 年在位）继位，其母阿玛拉逊莎摄政，她继续了狄奥多里克的亲罗马政策。534 年，小国王阿塔拉里克夭折，政权落到了狄奥多里克的侄子狄奥达哈德（534—536 年在位）之手，阿玛拉逊莎被囚禁致死。

　　东哥特王国的建立和巩固令东罗马帝国妒火中烧，而东哥特内部的斗争、阿玛拉逊莎的被杀又给了东罗马人插手的机会——据说已经预料到自己处境危险的阿玛拉逊莎曾给东罗马皇帝查士丁尼写了一封信，希望自己能在东哥特王国发生动乱时到东罗马避难。535 年，查士丁尼对东哥特王国开战。东罗马帝国先是进攻达尔马提亚未果，后来贝利萨留（已灭汪达尔王国人）率军在西西里岛登陆，次年又登陆亚平宁半岛，先后占领了那不勒斯和罗马。打了败仗的狄奥达哈德很快便被废黜，将军维蒂吉斯被拥立为新王，随后他便倾全国兵力猛攻贝利萨留所在的罗马城一年之久，但后来还是被查士丁尼所派的援军赶到解围。540 年，贝利萨留攻陷拉韦纳，并将维蒂吉斯俘往君士坦丁堡。

意大利拉韦纳的教堂一隅

查士丁尼在东哥特王国的领土上恢复了罗马旧址，一切如旧。541 年，东哥特人推举了新的王托提拉。托提拉收编逃亡奴隶、隶农进入军队，没收罗马贵族土地，减轻百姓赋税，因此获得了民众的支持。此时，东罗马统帅贝利萨留因被查士丁尼猜忌而回了东罗马，留驻意大利的东罗马雇佣军们因此士气低落、纪律松弛。东哥特军队就趁此时机连战连胜，先后收复那不勒斯、罗马等城，重新控制了意大利半岛的中部和南部，还派出海军前往攻取西西里、科西嘉和撒丁等岛屿。东罗马帝国见形势不利便又派出贝利萨留，不过虽然一度夺回罗马，但最终还是失利。548 年，贝利萨留被免职，后由接替他的纳尔西斯率领东罗马精锐从北部进入意大利半岛。552 年，塔吉那战役中，东哥特军队战败，托提拉重伤而死。之后，东哥特人在泰亚斯的率领下继续抵抗，直到554 年，他们的最后一个据点被东罗马攻陷，东哥特王国灭亡。至此，这场长达 20 年的东罗马征服东哥特的战争（史称"哥特战争"）终于结束，东哥特人被赶出阿尔卑斯山南。

之后，意大利半岛成为东罗马属地，东罗马帝国皇帝莫里斯一世（582—602年在位）在这里设立了拉韦纳总督区，拉韦纳此后便一直是东罗马帝国西部的政治中心，也是如今意大利的第二古都。

勃艮第人、伦巴第人等分支的迁徙和建国

勃艮第人是东日耳曼人的一支，最早居住在波罗的海南岸的博恩霍尔姆岛（意为勃艮第人的故乡）和波罗的海南岸地区。1 世纪的时候，他们迁移到了维斯瓦河下游，5 世纪时，又进抵罗马边界的莱茵河一带，以沃尔姆斯为中心活动。443 年，勃艮第人以西罗马帝国"同盟者"的身份定居在日内瓦湖畔的萨伏依地区。大约在 457 年，他们占领了罗讷河和索恩河流域，在这里建立了勃艮第王国，首都是卢格杜努姆（今法国里昂）。

勃艮第王国在贡多巴德在位时期（474—516 年）达到了巅峰。贡多巴德曾在乌什河被法兰克国王克洛维打败，被迫纳贡，不过不久之后他就恢复了实力，不再向法兰克人纳贡。贡多巴德对当地原来的高卢－罗马居民较为宽容，曾根据勃艮第习惯法汇编成《贡多巴德法典》，以拉丁文颁布，为勃艮第人和罗马人所通用。之后他又颁布《勃艮第罗马法典》，为罗马人专用。在宗教上，勃艮第统治者也较为宽容，勃艮第人原信仰阿里乌斯派，但是对本地的罗马教会也采取友好的态度，并不排斥。贡多巴德死后，其子西吉斯蒙德继位（516—524 年在位），他信奉罗马教会，兴建了不少修道院，勃艮第人之后也皈依了罗马教会。当时勃艮第王国的邻居法兰克王国非常强大，勃艮第的北方和东方都遭到法兰克王国的入侵。523 年，法兰克人又入侵勃艮第，西吉斯蒙德战败被俘，次年被杀。10 年以后，法兰克人彻底征服了勃艮第王国，将其变成了法兰克王国的一部分。

在后来漫长的历史当中，勃艮第人逐渐和周围的其他民族相融合，"勃艮第"这个词也保留了下来，也曾作为具有一定独立性的公国、王国出现，但更

多层面上则是作为一个地理名词出现，已经和当年那个东日耳曼人的分支勃艮第人没有太多的关系，这里生活的也不再单纯是勃艮第人。据推测，现在法国西部和瑞士法语区的居民可能保有一部分勃艮第人的血统。

在日耳曼的民族大迁徙当中，还有一些在历史上没有哥特人、汪达尔人、法兰克人那样影响大的族群，比如阿勒曼尼人。这个日耳曼部族的来源未知，其最早出现在历史文献上是 3 世纪时，罗马皇帝宣布自己击败了北方入侵的阿勒曼尼人。在罗马人眼中，阿勒曼尼人相当具有攻击性，经常骚扰罗马帝国的上日耳曼行省。1 世纪的时候，莱茵河成为罗马帝国的高卢行省和日耳曼人的界限，罗马人曾在这里修建了日耳曼长城以抵御日耳曼人的入侵。不过几个世纪以来，阿勒曼尼人和其他日耳曼人还是会不时地越过长城进入罗马帝国境内。5 世纪时，阿勒曼尼人扩展到了今天法国的阿尔萨斯、瑞士高原以及德国巴伐利亚和奥地利的部分地区。据《罗马皇帝传》记载，大约在 280 年以后，阿勒曼尼人建立了一个名为阿勒曼尼亚的国家，不过经常被西边的法兰克人征服。大约在 496 年，阿勒曼尼人彻底被法兰克人的首领克洛维征服，其土地并入法兰克王国版图。今天的法语和西班牙语中称德国为"阿勒芒"（Allemagne，Alemania），即是从阿勒曼尼人的名称衍生而来。

苏维汇人，又称苏维比人，是西日耳曼人的一支，原来居住在莱茵河以东地区，一向悍勇善战。罗马帝国后期，苏维汇人是冲击罗马边境的主要力量之一。大约在 409 年，一部分苏维汇人和汪达尔人、阿兰人　道经高卢入侵伊比利亚半岛，并在半岛的西北部建立了苏维汇王国。后来，西哥特王国强大起来，

阿勒曼尼人留存的文物

几乎占据了伊比利亚半岛的全部地区，但是苏维汇王国还是坚守了近两个世纪。苏维汇王国受罗马文明熏染，经济文化一度繁荣，直到 585 年，被西哥特王国所灭。

另外，孤悬欧洲大陆海外的不列颠岛屿也是日耳曼人迁徙的目标地区之一。大约在 5 世纪中叶，日耳曼人中的盎格鲁人、撒克逊人和朱特人等部落横渡北海，在和当地的凯尔特人进行一番激烈的争夺以后，最终在不列颠岛屿站稳了脚跟，这也为后来英国民族国家的形成奠定了基础。

最后向罗马帝国迁徙的日耳曼部落是伦巴第人。东罗马帝国曾成功驱逐了占领意大利的日耳曼蛮族东哥特人，但是他们在这里的统治并没有持续多久，因为又一支日耳曼部落南下入侵了意大利，在这里又建立了一个国家，他们就是伦巴第人。

伦巴第人可能是西日耳曼人的一支，最早居住在斯堪的纳维亚半岛，1 世纪的时候，他们迁居到了中北欧的易北河下游一带，4 世纪时他们开始大规模向南迁徙，5 世纪初他们迁居多瑙河中游，5 世纪末到达今奥地利地区，6 世纪初到达潘诺尼亚。后因被阿伐尔人侵袭，伦巴第人便在首领阿尔博因的率领下，于 568 年翻越阿尔卑斯山，进入东罗马统治下的意大利，占领利古里亚和托斯卡纳等地，在这里建立了伦巴第王国，以拉韦纳为首都。至此，罗马帝国领土上又诞生了一个日耳曼蛮族统治的国家。

然而，阿尔博因做国王还没有做太久即遭谋杀，继承王位的是克莱夫，不过他在 18 个月以后也去世了，此后伦巴第人没有再选出新的国王。当时，伦巴第的军事贵族势力强大，他们便占领了各个城邦，割据称雄。584 年以后，先后有克莱夫之子奥塔里、都灵公爵阿吉勒夫在位为王。直到 643 年，时任国王罗泰利指令各地诸侯将一半地产交出以助王室，伦巴第的国势才得以稳定。

到了 8 世纪，利乌特普兰德在位期间（712—744 年），伦巴第王国开始崛起。利乌特普兰德对内修明内政，对外开始扩张，其主要目标就是仍处于东罗马统治下的意大利半岛。到 8 世纪中叶，伦巴第王国的势力已经到达意大利半岛的中部地区，并在那里建立了斯波莱托和贝内文托两个独立公国。751 年，伦巴第国王艾斯杜尔夫（749—756 年在位）夺取了拉韦纳，并企图夺取教皇驻地罗马城。在罗马教皇斯蒂芬二世的请求下，法兰克国王丕平在 754 年和 756 年两次远征意大利，击败伦巴第人，夺回拉韦纳还给教皇。但之后，艾斯杜尔夫的继任者狄西德里乌斯（756—774 年在位）再次入侵教皇辖区，教皇阿德里安一世只能再向法兰克国王查理求助。773 年，法兰克人再次出兵，包围了伦巴第王国的首都，不久城陷，狄西德里乌斯被俘。774 年，伦巴第王国被法兰克王国吞并，伦巴第统治意大利的历史结束。

一般认为，伦巴第人定都拉韦纳，建立伦巴第王国，标志着这场浩浩荡荡的日耳曼民族大迁徙结束。至此，日耳曼民族大迁徙历时两个世纪，如果要从他们最初从北欧定居地南迁开始，那么历史算起来会更长。此时，已经强大了几个世纪的罗马帝国日薄西山，日耳曼人的入侵为罗马帝国这艘本已风雨飘摇的大船送来了最后一波巨浪，并将其彻底掀翻。在罗马帝国境内，日耳曼各部族堂而皇之地建立起了自己的王国，虽然他们本是处于原始公社制解体和国家产生的过程中相对落后的，但在罗马帝国先进的经济发展基础上，日耳曼诸王国先后确立起了封建制度，其中的法兰克王国便最为典型。

日耳曼民族大迁徙灭亡了罗马古典奴隶制，也标志着西欧封建社会的开始。

法兰克王国——查理曼帝国

法兰克王国是日耳曼诸王国中实力最为强大，也是寿命最长的王国。后来在查理曼大帝统治时期，法兰克王国扩张成为查理曼帝国，一度几乎统一了西欧，颇有罗马帝国的影子。查理曼帝国最终一分为三，对后世欧洲的历史，尤其是法国、德国、意大利三个国家的形成都有非常深远的影响。

克洛维建立墨洛温王朝

法兰克人是西日耳曼人的一支，最初居住在莱茵河的中下游右岸地区。当时的法兰克人可分为萨利克法兰克人（又称滨海法兰克人，他们居住在莱茵河下游滨海地区）和里普阿尔法兰克人（又称滨河法兰克人，他们生活在莱茵河沿岸地区），当时他们还处于原始社会氏族部落时期。从 4 世纪开始，法兰克人趁罗马帝国衰落之际开始向南迁徙，他们越过莱茵河，进入高卢，并以罗马"同盟者"的身份定居在高卢的东北角。后来，罗马帝国越来越衰落，法兰克人便和其他日耳曼人一样开始大肆扩张地盘。为法兰克王国奠基的是 5 世纪末的萨利克法兰克人首领克洛维（481—511 年在位），当时的高卢地区政治势力错综复杂：法兰克其他部族统治着莱茵河以西的广大地区，高卢的西北部地区仍然在一部分罗马人的残余势力控制之下，在高卢的南部则是同为日耳曼人的西哥特王国和勃艮第王国。

克洛维攻克罗马城

　　克洛维野心勃勃，虽然当时他的领土只有莱茵河口以南的滨海地区一带。克洛维扩张的目标首先锁定在仍然控制着高卢西北部的罗马人残余势力。这部分领土位于塞纳河和卢瓦尔河之间的苏瓦松地区，控制在"罗马人的国王"西阿格里乌斯手中。西阿格里乌斯的父亲艾吉第乌斯原是罗马帝国驻高卢的将军。462 年，他拒绝效忠罗马帝国皇帝，以苏瓦松城为中心建立了一个独立小王国。在西罗马帝国被日耳曼部族的入侵浪潮冲毁以后，这里成了罗马人仅存的孤岛，不过也已是"飞地"，毕竟它与意大利本土中间还隔着日耳曼人国家。486 年，法兰克人在克洛维的率领下击败了西阿格里乌斯，占领了卢瓦尔河、塞纳河沿岸地区。克洛维之后便将首都迁到了这里的巴黎，建立起了墨洛温王朝（481—751 年），墨洛温是克洛维祖父的名字。

　　随后，克洛维又消灭了其他法兰克部落首领的势力，并继续向外扩张。491 年，他在本土以东的图林根取得了一系列胜利；496 年，克洛维又征服了阿勒曼尼人；同年，克洛维率领 3000 名法兰克战士在兰斯接受洗礼，皈依了基督教，此举为他赢得了当地高卢人、罗马人的支持。因为别的大部分日耳曼部落信奉的都是阿里乌斯派，被当地人视为异端，所以皈依了罗马正教的克洛维获得了本地教会等势力的支持，这也是他能建立起强大的法兰克王国的支柱之一。500 年，克洛维征服第戎，迫使勃艮第王国臣服；507 年，克洛维战胜了南方的西哥特王国，占领了阿奎丹，迫使西哥特王国的势力南缩到了西班牙。此时法兰克王国的领土已经包括了高卢的大部分地区和莱茵河东岸地区。

　　早期法兰克人的社会经济状况，可以从编纂于 5 世纪末到 6 世纪初，也就是克洛维统治时期的《萨利克法典》中窥探一二。这部法典最初的文本有 65 章，保存了很多古老的习惯法。当时法兰克王国中的法兰克人并不多，男子的人数不会超过 6000 人，大多数为本地的高卢人、罗马人。因为法兰克的人数少，对土地的需求也就小，所以除了部落贵族和亲兵等瓜分了原来的罗马国有土地和无主土地，成为大地主阶级之外，一般的法兰克人就成为自由农民。他们当时已经组成了农村公社，以农业为主，也有畜牧业。本地原来的罗马贵族、高卢贵族、罗马教会、隶农、奴隶和自由农民也继续存在，并逐渐和法兰克人相融合。其中，上层人和法兰克新地主共同组成法兰克王国的统治阶级和封建主阶级，下层的高卢人和罗马人则继续为残存的奴隶制和日渐成长的封建制所

克洛维画像

剥削、压迫。

克洛维初建墨洛温王朝时，王权非常微弱，同时国家机构也很不完善，地方上也是豪强割据一方。511 年，克洛维去世，他的 4 个儿子按照法兰克人的习惯将王国平分，四国分别以巴黎、奥尔良、苏瓦松和兰斯为中心。534 年，四王国合力吞并了勃艮第王国。

此后的 20 多年时间里，四王国之间争战不断。最终，克洛维最小的儿子克洛泰尔一世（511—558 年为苏瓦松国王，558—561 年为法兰克国王）通过各种手段吞并了其他三个王国，实现了法兰克的统一。可惜，只统一了短短 3 年时间，克洛泰尔一世便去世了。克洛泰尔一世死后，他的儿子们又将王国分成 3 个部分，即奥斯特拉西亚、纽斯特里亚和勃艮第。到了 613 年，克洛泰尔二世又一度统一了法兰克王国。639 年，达戈贝尔特（623—639 年在位）去世以后，王国再度分裂。

在王室的长期分裂过程中，王权逐渐衰弱，宫相渐渐掌握了实权。宫相本是掌管王室田产的官员，也掌管宫廷事物，最终成为总理国家事务的重臣，手握实权。国王没有实权，也不理朝政，后人为墨洛温王朝后期的国王送了一个统称"懒王"。宫相一般出身地方大贵族，是地方贵族的领袖，渐渐有取国王而代之之势。687 年，奥斯特拉西亚的宫相丕平二世统一法兰克，他成为统一的法兰克王国的宫相。714 年，丕平二世的私生子查理·马特继任宫相，当时的法兰克王国正面临外敌入侵，主要的外敌就是东方崛起的阿拉伯人。

四处扩张的阿拉伯人占领北非以后，在 711 年渡过直布罗陀海峡进入伊比利亚半岛，714 年灭亡西哥特王国，后来他们又翻越比利牛斯山脉，先后攻入了纳尔邦高卢和阿奎丹。732 年 10 月，查理统率下的法兰克军队在普瓦提埃战役中击败阿拉伯人。此后几年中，查理又和阿拉伯人数度交手，使阿拉伯人不得不撤回比利牛斯山以南地区。而查理则因普瓦提埃一战的胜利，捍卫了法兰克王国的独立，同时也阻挡了阿拉伯人入侵西欧的脚步，因此获得了"铁锤"的绰号。

"铁锤"查理的另一项功绩是推行军事采邑制。之前墨洛温王朝的土地都是无条件地奉赠给各级功臣贵族，致使王室地产耗尽，经济来源中断，而那些土地越来越多的贵族们却分离化严重，"千方百计地促进了王权的毁灭"；同时，封建化的发展和连绵不断的战争导致大批自由农民破产，国家的兵源告急。查理的改革即从这两点入手。他改无条件奉赠为有条件分封，若将国有土地、没收叛乱贵族土地和部分没收教会的土地分封给官员和将领，前提条件是他们必须要服兵役和履行臣民义务，且土地虽终身所有，但是不得世袭，不履行义务者土地收回。查理的土地改革将豪绅显贵与王室紧密联系起来，加强了中央权力，同时还奠定了西欧封建土地制度的基本特点：国王分封给大封建主土地，封建主再将土地分封给自己的臣下作为采邑，层层分封，层层结成主从关系，最终形成以国王为首的金字塔式的封建等级制度。查理的军事改革还包括让骑兵取代步兵成为军队的主力，这也为西欧的骑士制度奠定了基础。

737 年，墨洛温王朝的国王去世，查理没有拥立新王，而是自己直接统治。采邑制度改革时，查理曾没收了不少教会的土地，为了缓和和教会的关系，查理支持和庇护教会的传教活动，因此赢得了教会的赞誉。查理还积极和罗马教皇搞好关系，740 年，教皇格雷戈里三世赐予他罗马贵族的称号。741 年，查理还答应帮助教皇打退伦巴第人，但因同年查理的去世，诺言未能履行。

查理死后，他的次子丕平三世战胜了和自己平起平坐的哥哥卡罗曼，独揽法兰克王国大权。751 年，丕平三世在得到了教皇的支持之后，将先前自己拥立的希尔德里克三世（743—751 年在位）废黜，自立为帝。至此，克洛维王朝结束，加洛林王朝开始。

加洛林王朝创立者丕平三世

加洛林王朝

丕平三世是法兰克王国历史上最重要的人物之一，因为他身材矮小，所以得了一个"矮子"的绰号。丕平三世的夺权获得了罗马教皇的支持，754 年教皇亲自为其加冕。丕平三世开创的王朝被称为加洛林王朝，这个名字来源于丕平三世家族的常用名字加洛林（拉丁文为 Carolus，即查理）。丕平三世向拥护自己篡位的教皇投桃报李，于 754 年和 755 年两次击败威胁教皇的伦巴第王国，并将夺回的约 4 万平方千米的意大利中部土地送给教皇，史称"丕平献土"。这也成为之后存在千年之久的教皇国的基础。

加洛林王朝在丕平三世之子查理曼时（768—814 年在位）达到了巅峰。丕平三世死后，其长子查理曼和次子卡罗曼共治法兰克王国，直到 771 年卡罗曼去世，查理曼遂才成为整个法兰克的国王。

查理曼一生最显耀的成就是对外扩张。因为意大利的罗马教皇领地经常受到伦巴第王国的侵袭，教皇阿德里安一世于是向查理曼求助。773 年，查理曼出兵伦巴第王国，并在第二年灭亡了这个国家，查理曼的头衔也变成了"法兰克人和伦巴第人的国王"。从 778 年到 801 年，查理曼和当时统治伊比利亚半岛的阿拉伯倭马亚王朝进行了长期的战争，并最终占领了埃布罗河以北的地区。不过在 788 年，查理曼在占领巴塞罗那城后一度失利，只能匆忙从比利牛斯山的龙塞斯瓦耶斯隘口撤退，且其后卫部队在本地土著巴斯克人的袭击中全部阵亡。阵亡部队中有一位布列塔尼伯爵，名叫罗兰。这件事被后世渲染发挥，便成为中古法国文学精品《罗兰之歌》。也是在 788 年，查理曼吞并了巴伐利亚；796 年，查理曼击败游牧部落阿瓦尔人，占领了多瑙河下游地区。查理曼还曾抵挡过北方诺曼人的入侵，控制了弗里西亚和布列塔尼，并进攻易北河地区的斯拉夫人部落，使其表示臣服。在查理曼对外征服中也遇到了最为强劲的对手，即东北方向的萨克森人。

萨克森人也是日耳曼人的一支，当时居住在莱茵河下游和易北河之间，他们其中的一部分曾经联合盎格鲁日耳曼人、朱特人等入侵不列颠岛，并在那里站稳了脚跟。一般为了将这两部分萨克森人区分开，会将进入不列颠的萨克森人译为"撒克逊人"。当时留在欧洲大陆的萨克森人还处在原始社会解体阶段，信奉原始宗教，社会生活水平还比较落后。从墨洛温王朝开始，法兰克人就经常和东北方的邻居萨克森人发生冲突，摩擦不断。从 772 年到 804 年，查理曼对萨克森地区数十次用兵，终于彻底征服了这里。这期间，查理曼对桀骜不驯、

《查理曼加冕礼》

这幅画描绘了 800 年 12 月 25 日，教皇利奥三世为查理曼大帝加冕为神圣罗马帝国皇帝的场景。

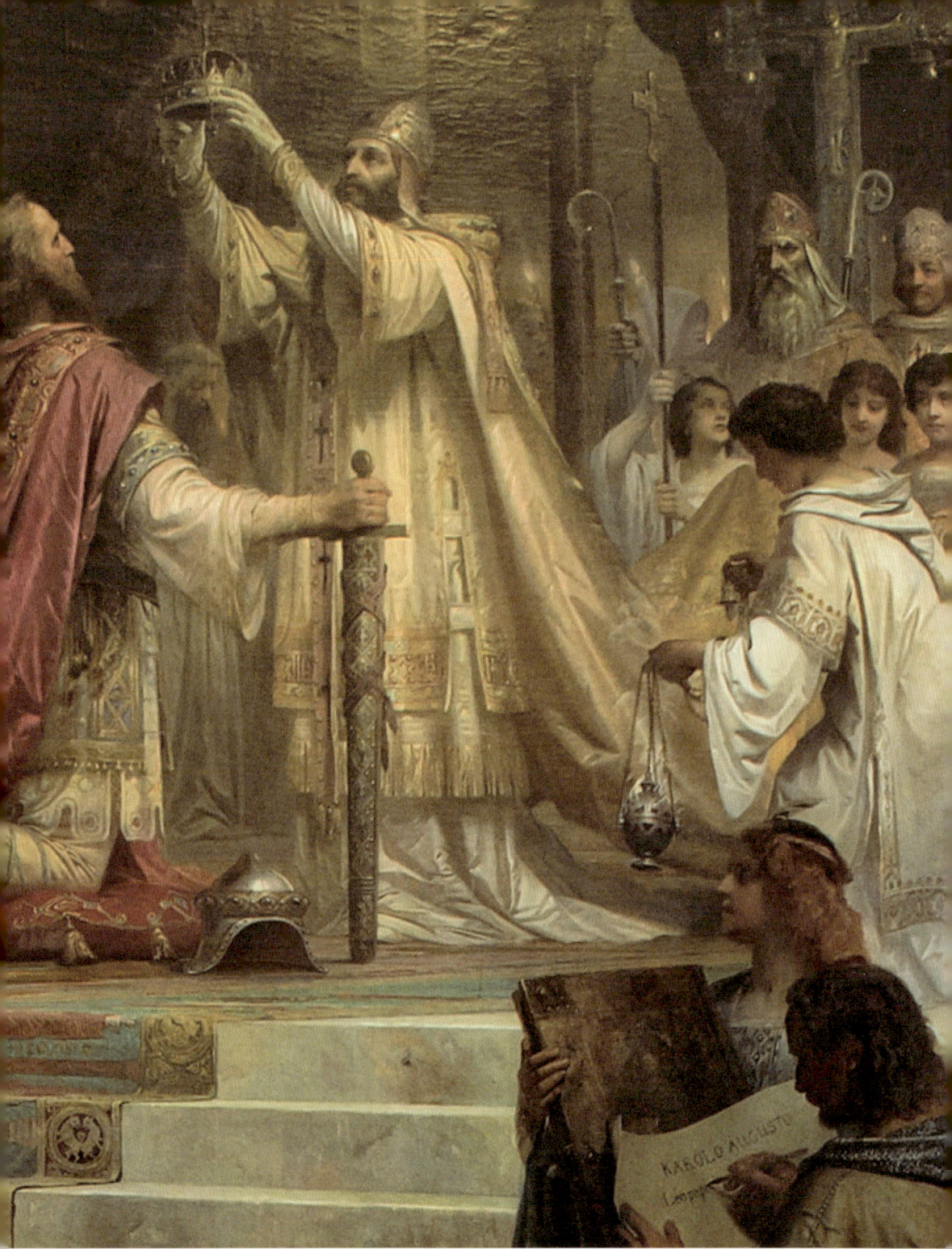

屡次暴动的萨克森人进行了血腥的屠杀，据说在查理曼最终征服萨克森时，这里比原先少了 1/4 的人口。

查理曼在位 46 年，对外进行了 50 多次战争，控制了西欧大部分地区，法兰克王国领土东到易北河、波希米亚，西至大西洋岸边，南邻埃布罗河和意大利中部，北至北海，是罗马帝国以后欧洲领土最大的国家。800 年，查理曼被罗马教皇加冕为帝，史称查理大帝，法兰克王国也因此被称为查理曼帝国，亚琛为其政治中心。

如此庞大的帝国需要完善的政治机构统治。在边境地区，查理曼设立了"马克"，就是边区，由他指派的藩侯统治，其他地区则分别由伯爵进行全权治理。同时，查理曼对教会持保护态度，与教会结盟是他取得巨大成功的主要原因之一。每征服一地，查理曼都要强迫当地人皈依基督教，像萨克森人就被迫放弃了原始宗教信仰。查理曼对基督教的首领也是万般维护。795 年，以不正当手段登上教皇宝座的利奥三世被众多罗马贵族反对，是查理曼出面表示支持；4 年后，利奥三世被赶下台，只身逃离罗马，又是查理曼出兵将其送回罗马，帮他抢回了教皇宝座。也正因如此，才有了 800 年的教皇为查理曼加冕。

查理曼不仅在武功方面成绩显著，在文治方面也取得了不小的成就。他特别重视文化教育的发展，大力兴办学校，从欧洲各地罗织知名学者讲学，又专门派人收集、整理、誊写古代拉丁文和希腊文的文献，对保留古代文化做了很大贡献。当时抄写所用的字体叫"加洛林字体"，这种拉丁文字体优美清晰、简单易学，对后世影响很大。此外，每句话开头第一个字母大写、句尾用句点表示结束，也是从查理大帝时开始推行的。查理曼不仅兴办学校，还兴建图书馆，收藏了大量古希腊、罗马作家的作品以及教会学术著作。此外，他还倡导鼓励贵族和教会人士致力于学习文化知识，使宫廷学术气氛日趋活跃。查理曼的这些文化教育发展政策在一定程度上恢复了古典文明，同时也提高了日耳曼人的文化水准，后世史学家便将这段时期的文化成就称为"加洛林王朝文艺复兴"。

封建庄园是查理曼帝国的基本生产组织形式，国王以下的贵族、教会等都有大片的领地，遍及全国，领地内的庄园是他们收入的主要来源。在庄园里从事劳动的多是农奴或依附农民，其中，农民负担沉重，不仅承担着耕种土地的任务，还要承担建房、筑路、运输等多项杂役，此外还要向领主缴纳各种实物以及名目繁多的苛捐杂税，还有向教会缴纳的什一税。因此，无法忍受如此沉重剥削的农民们经常奋起反抗，农民起义经常爆发。

查理曼的统治促进了欧洲新兴封建势力的确立，同时也促进了文化事业的发展，对后世西欧封建社会影响非常大。但查理曼的庞大帝国是靠武力征服强行捏合在一起的，自然经济为主导的帝国经济注定了各地区之间缺乏经济上的联系，民众的不同民族、信仰等问题又注定文化上也缺乏交流。同时，查理曼实行采邑分封制度的目的是为加强中央集权统治，在常年的对外争战当中，地方封建主的割据势力反而日益强大，广大农民也纷纷破产甚至沦为奴隶，帝国统治基础遭到破坏。因此，查理曼建立的帝国其实潜藏着巨大的危机，他在世时还可能凭借个人威权震慑一时，他去世后帝国就不可避免地走向分裂了。

查理曼帝国一分为三

查理曼在晚年的时候，曾按照以往的惯例，将帝国平分给自己的三个儿子，不过在他去世时，他的儿子就只剩一个还在世，即路易一世。查理曼这个硕果仅存的儿子对宗教特别虔诚，在历史上获得了一个"虔诚者"的绰号（西方国家的很多皇帝都有绰号，比如前面提到过的"铁锤"查理，"铁锤"就是他的绰号。鉴于西方人的名字重名很多，因此经常将绰号和名字一起用，以示区分）。814 年，查理大帝去世，"虔诚者"路易继位。817 年，"虔诚者"路易就预先将国家分给自己的三个儿子：长子洛泰尔一世分得法兰克王国的主要领域意大利；次子丕平分得阿奎丹，三子"日耳曼人"路易继承巴伐利亚地区，皇帝称号则归长子洛泰尔一世，这次划分史称"路易分土"。不过事情在 823 年再起波澜："虔诚者"路易又有了一个儿子——"秃头"查理，当他想重新划出一部分领土分给查理时，长子洛泰尔一世突然发动叛乱，一度将父亲"虔诚者"路易废黜，又囚禁了幼弟查理。此后，帝国内战不断。直到 838 年二王子丕平去世，争夺国土的王子从四个变成了三个。840 年，"虔诚者"路易去世，查理曼帝国内部开始三方纷争。

因为洛泰尔一世势力较为雄厚，因此在 842 年，"日耳曼人"路易和"秃头"查理订立了《斯特拉斯堡誓词》，联起手来对付他们的大哥。为了让参加结盟的双方都能理解，誓词不是用拉丁文，而是用东法兰克人通用的条顿语和西法兰克人通用的罗曼语写成，并用这两种语言当众宣读。因为条顿语和古德语有着莫大的渊源，罗曼语也和古法语有着同样的关系，因此，这次历史事件被后世视为德意志民族和法兰西民族分别形成的先声。843 年 8 月，战败求和的洛泰尔一世和两个弟弟签订了著名的《凡尔登条约》，查理曼帝国正式一分为三："日耳曼人"路易分得东法兰克王国，领土包括莱茵河以东的萨克森、图林根、卡林西亚、巴伐利亚等大部分日耳曼人居住的地方，这也就是日后德意志国家的雏形；"秃头"查理领有西法兰克王国，包括原来的高卢大部分地区和勃艮第、阿奎丹、加斯科涅和西班牙边防区，是为法兰西的雏形；长兄洛泰尔一世则领有中法兰克王国，他的国土夹在两个弟弟中间，包括弗里西亚、阿尔萨斯、洛林、普罗旺斯、伦巴第，同时他还对意大利的教皇国和南部的两个公国拥有宗主权，并继承皇帝的称号。

《凡尔登条约》在欧洲历史上产生的影响很大，它被后世称为"现代欧洲的出生证"，德国、法国、意大利三个国家也就此萌芽。

不过，查理曼帝国的纷争还没有结束。855 年，洛泰尔一世去世，他的三个儿子瓜分了中法兰克王国：长子路易获得意大利，次子洛泰尔二世获得了洛林，三子查理分得了普罗旺斯和一部分勃艮第。直到 863 年和 869 年，查理和洛泰尔二世分别去世，"日耳曼人"路易和"秃头"查理又于 870 年签订《墨尔森条约》，将两个侄子留下的领土瓜分，"日耳曼人"路易得到了洛林的东部地区和阿尔萨斯，"秃头"查理分到了洛林的西部。至此，后来的德意志、法兰西和意大利三国的雏形基本形成，不过在三国交界处，尤其是德、法两国交界的地方划界不清、民族复杂，也因此直到第二次世界大战，德法两国都一直在反复争夺这些地方。

三兄弟的国家命运各异，存在时间都不长。887 年，查理曼帝国最后一个皇帝"胖子"查理被废黜；911 年，东法兰克王国的加洛林王朝绝嗣；987 年，西法兰克王国的加洛林王朝被卡佩王朝所取代。至此，克洛维、查理大帝等人的法兰克王国彻底不复存在了。

02

英吉利民族国家的形成

英国是欧洲历史上一个非常独特的国家：它孤悬欧洲大陆海外，因此离开了欧洲大陆发展的主流，但是一道窄窄的英吉利海峡又不能阻隔一切，所以不列颠岛上的国家和欧洲大陆上的国家一直以来又在互相影响，尽管英国人从来都将自己和欧洲大陆主体划清界限，从称呼上就可以看出来，英国人称欧洲大陆人为"他们"。而造就这一切的离不开英国独特的自然地理环境和历史发展进程，现在就让我们从最早开始看起。

不列颠早期历史

不列颠岛是英国的主体部分，它位于欧洲大陆以西的大西洋上，北为大西洋，东依北海，南侧隔英吉利海峡与法国隔海相望，西侧与爱尔兰岛相隔爱尔兰海。不列颠岛和爱尔兰岛这两个主要岛屿再加上周围近 5000 个小岛共同组成了不列颠群岛，这里便是英国早期历史的主要发生地区。

早期的伊比利亚人和不列吞人

不列颠岛的自然环境可以从蒂斯河口到埃克斯河口画一条线，分为西北高地地区和东南低地地区。西北高地由达特穆尔、埃克斯穆尔、博德明穆尔等山地，还有威尔士的山地、大湖和泥炭区、苏格兰的沼泽等组成，这里的土地地质年代久远、土壤贫瘠，因此不适合农耕生产，而适合发展畜牧业。东南低地的地质年代则相对年轻，多河谷、平地，适合耕作，相对于西北，东南地区一直以来都较为富庶。不过这里正对着欧洲大陆，地势低平又适合登陆，因此经常遭遇来自欧洲大陆以及其他地区统治者的入侵，这里也是英国历史的主要舞台。而西北高地相对落后，入侵者不经常或者没兴趣光顾，那里一直都还保留着一些久远的古老元素。

不列颠岛上很早就有人类活动的踪迹，大约在公元前 3000 年，一支伊比利亚人就渡海登上了不列颠岛，定居在岛上东南部地区。英国举世闻名的"巨石阵"，大概就是这支伊比利亚人的遗迹。大约在公元前 7 世纪，居住在欧洲西部的凯尔特人不断渡海进入不列颠，其中的一支叫作不列吞人，"不列颠"这个名称可能就因他们而得名。

　　凯尔特人比不列颠岛上原来的居民身材高大，他们肤色白皙，头发金黄，已经广泛使用青铜工具。凯尔特人是欧洲较早学会使用金属的一部分人，很快他们又开始使用铁器，并且已经有了货币，考古学家已经发现属于他们使用的公元前 2 世纪的比尔盖金币和公元前 1 世纪的阿比安尼金币。

　　迁居到不列颠岛的凯尔特人和留在欧洲大陆的凯尔特人有着亲密的血缘关系，以及一定的政治从属关系，也正是因为这种连英吉利海峡都没有办法隔断的关系，为不列颠岛招来了新的入侵者——罗马人。

罗马入侵

　　说到罗马入侵不列颠岛，这就要提起罗马历史上最著名的人物之一：前三巨头之一的恺撒。公元前 58 年，恺撒出任高卢总督，他仅用几年时间就征服了山北高卢地区，为罗马开疆扩土。在征服高卢的过程中，恺撒就听说不列颠岛物产丰富，尤其盛产珍珠和贵金属，这着实令他心动。另外，因为不列颠岛上的凯尔特人和高卢地区的凯尔特人同仇敌忾，共同对付入侵的罗马军队，所以恺撒认为不列颠岛对于已经成为罗马一个行省的高卢是一个严重的威胁。

　　公元前 55 年夏天，恺撒率领 1 万罗马军队渡海远征不列颠，在取得了一些小的胜利后，由于恶劣天气等原因他们不得不撤回大陆，第一次入侵不列颠失败。第二年，准备充足的恺撒再次入侵不列颠，但当地人的顽强反抗和后方高卢爆发的起义使恺撒再一次无功而返，这让恺撒企图征服不列颠的意图始终没有实现。

　　恺撒撤出不列颠以后，随着罗马内战的爆发，很多罗马人从拉丁化的高卢移居不列颠，所以罗马对不列颠的影响并没有因为恺撒的军事征服失败而停止。

　　到了罗马帝国的克劳狄在位时，罗马内外均处于较为安定的局面，因此搁置已久的征服不列颠的话题又被重新提了出来。对于罗马帝国来说，不驯服的不列颠确实是高卢地区不稳定因素之一，加上罗马帝国内部的统帅、贵族、将领、商人，甚至放高利贷者，也都有掠夺不列颠的财富、土地和奴隶的欲望。43 年，克劳狄率领罗马军队入侵并征服了不列颠，将这里设为行省。但当时罗马人控制的主要是不列颠岛的南部和中部，对于西南和北部的贫瘠山地，罗马人并没有投入太多的注意力。罗马人以泰晤士河河口的伦丁尼姆为中心，修建起通往四面八方的大道，因此这里也成为了罗马人在不列颠的统治中心。在大

道沿线，罗马人还兴建了很多城镇，现在英国有很多地名都以"彻斯特（chester
或 cester）"结尾，就源自罗马人，因为这是一个拉丁语的词尾，意思是"兵营
或堡垒所在的城镇"。

德斯博罗铜镜
这件出土于英国北安普顿郡德斯博罗的铜镜
大约制作于 1 世纪左右，可能是在罗马皇帝
克劳狄入侵不列颠之前制作的。

到了哈德良在位时期，罗马在不列颠岛的北部边界线上修建了一条长长的城
墙，用以抵御北方凯尔特人的入侵，史称"哈德良长城"。

2 世纪中叶是罗马帝国的强盛时期，此时不列颠岛的东南部进入了奴隶社
会，其他地区则比较落后，还处于原始社会末期。当时罗马人和凯尔特人的上
层贵族在岛上占有大量土地，建立起大庄园，使用奴隶劳动，而奴隶的主要来
源就是凯尔特人和战俘。

3 世纪开始，罗马帝国陷入"三世纪危机"，开始走下坡路，对不列颠行
省的控制也相应减弱。从 4 世纪中叶开始，不列颠当地掀起了反抗罗马人统
治的浪潮，这让处于内忧外患之下的罗马帝国只能开始收缩力量。407 年，罗
马军队被迫全部撤离不列颠。至此，罗马人对不列颠 360 多年的统治宣告
结束。

日耳曼人入主不列颠

　　日耳曼民族大迁徙也波及到海外的不列颠岛，几支日耳曼部落渡海来到这里，并占据了主要地位。到 11 世纪末，又一支诺曼人渡海征服了不列颠，他们和当地的日耳曼人，以及原来的凯尔特人等相融合，构成了英国的主体民族。

盎格鲁－撒克逊人与七国时代

　　罗马军队撤离不列颠以后，不列颠南部陷入混乱，各个部落内斗不断，这也为外族入侵提供了可乘之机。从 5 世纪中叶开始，数支日耳曼部落从欧洲大陆渡海进入不列颠，其中最主要的三支分别是盎格鲁人、撒克逊人和朱特人。

萨顿胡头盔
这顶头盔出土于英国萨顿胡墓地，为 6—7 世纪左右盎格鲁－撒克逊皇家葬船文物。整个头盔由铁和镀锡的铜制成，并镶有石榴石装饰。头盔上面印有动物和战士图案，眼睛上方还刻有银丝的眉毛，做工十分精美，现为大英博物馆的镇馆之宝之一。

　　盎格鲁人的老家和其他日耳曼民族一样，在寒冷的北欧地区，即现在丹麦南部和德国交界的石勒苏益格，"英格兰"这个名字就是由他们而得来，意思是"盎格鲁人的土地"。撒克逊人，即让查理大帝颇为头疼的萨克森人，这个古老的日耳曼部落一部分留在了欧洲，后来成为德国的主要组成部分之一，一部分在4世纪中叶开始渡海来到了不列颠。朱特人的老家在莱茵河下游的弗里西亚地区，和法兰克人是邻居。不过也有观点认为，朱特人的最早居住地区是日德兰半岛。此外，迁居到不列颠岛的还有弗里西亚人、士瓦本人等，不过最主要的就是盎格鲁人、撒克逊人、朱特人这三支。后世一般用"盎格鲁－撒克逊人"来指代入侵不列颠的日耳曼部族，现在这个词在一定程度上也已经成为英国人，特别是英格兰人的代名词。

　　日耳曼诸部落的入侵与移民大约持续了一个半世纪，期间他们遭遇了当地凯尔特人的顽强抵抗。500年左右，一支不列颠人在安布罗西阿斯·奥雷利纳斯的率领下，赢得了巴顿山战役的胜利，这个人也因此成为率领不列颠人抵抗日耳曼入侵的民族英雄，他也很可能就是著名的"亚瑟王"的传说原型。日耳曼入侵者非常野蛮，他们大肆洗劫城镇乡村，大批不列颠人被杀，或者沦为奴隶，以至于在撒克逊语中，"不列颠"和"奴隶"是一个词。最终，本土的不列颠人还是被入侵的日耳曼诸部落打败，他们中的一部分退往北部的苏格兰高地和西部的威尔士群山地区，成为后来苏格兰人和威尔士人的祖先；还有一支凯尔特人，在巴顿山战役之前，为了逃避盎格鲁－撒克逊人的荼毒就渡海来到了今天法国西北部的阿里摩利克半岛，这个地方后也被称为布列塔尼半岛，又称"小不列颠"。与此相对应，他们原来居住的那个大岛就被称为"大不列颠"。今天在法国布列塔尼半岛的居民多数就是凯尔特人的后裔。

　　大部分的不列颠人则和入侵者相融合，形成了后来的英格兰人，或者称为英吉利人。朱特人定居于不列颠南部、东南部以及怀特岛，撒克逊人占据了英格兰东南部大部分地区，盎格鲁人则定居在英格兰中北部地区。随着时间的推移，他们建立起许多小王国，且这些小王国不断发生战争。到7世纪初的时候，这些小王国经过兼并，最终还剩下七个强国，分别是：撒克逊人建立的威塞克斯（Wessex，西撒克逊的意思）、苏塞克斯（Sussex，南撒克逊）、埃塞克斯（Essex，东撒克逊）；盎格鲁人建立的诺森布里亚、东盎格利亚（East Anglia）和默西亚（Mercia）；以及朱特人建立的肯特。这一段历史也因此被称为"七国时代"（7—9世纪）。

　　七个盎格鲁－撒克逊国家彼此攻伐不断，争战不休，也先后有一些王国的国王强大一时，成为不列颠岛的霸主。据相关历史记载，七国时代的第一个霸主是肯特王国的国王埃特尔伯特，他也是英国第一个皈依基督教的国王。602年（一说603年），埃特尔伯特颁布了《埃特尔伯特法典》，这是迄今为止已知的英国最早的法典，它保护国王、教会和公社社员的私有财产，维护刚刚诞生的封建依附制。

　　在埃特尔伯特死后的50多年里，继续称霸的是诺森布里亚的3位国王，即埃德温、奥斯瓦尔德和奥斯维。其中，埃德温曾征服南部、东北部和中部地区，成为南部英格兰的最高统治者，被尊为"不列颠统治者"，但于632年和默西亚王国及其盟友的战争中被杀。接下来的霸主来自默西亚王国，其国王伍尔夫赫尔占领了泰晤士河以北的土地，奠定了霸权的基础；后来，艾特尔鲍尔德继位后又控制了伦敦，同时占领了汉伯河以南的全部土地；继他为王的奥发在位期间，更是先后控制了东盎格利亚、肯特、埃塞克斯、苏塞克斯，并迫使威塞克斯和诺森布里亚臣服，他也因此成为了"英吉利王"。奥发在位时，改革币制，扩大羊毛出口，还在默西亚王国的西部修建了长达193千米的土坝"奥发墙"，以抵御西边威尔士人的侵扰。奥发还兴办教育事业，在他的支持下，英国史上第一位神学家、史学家比德的学生在约克创办了一所学校，它和欧洲大陆的查理曼的亚琛学院齐名，不少爱尔兰和西欧大陆的学生都在此就读。

爱格伯特画像

奥发死后，默西亚的霸权开始衰落，取而代之的是威塞克斯王国。827 年，威塞克斯王国国王爱格伯特击败默西亚王国，之后他便被肯特、萨塞克斯、埃塞克斯和东盎格利亚尊为"不列颠统治者"，他也是英国历史上第一个实现统一的君主，正式结束了七国时代。不过，爱格伯特的统一只是名义上的，因为从 8 世纪末开始，北方维京人便开始入侵席卷欧洲很多地方，这其中也包括不列颠岛。英国历史也由此开始了一个新的阶段。

在七国时代，不列颠的社会经济状况发生了较大的变化，盎格鲁－撒克逊人的氏族制度逐步瓦解，取而代之的是村社。贵族开始占有较多的土地，逐渐成为大封建主，而自由农民的数量则不断减少，甚至有不少农民丧失土地，沦为奴隶。

6 世纪后期，基督教开始在不列颠传播，并得到了很多王室贵族的拥护和支持。在他们的推动下，基督教的影响逐渐扩大，教权和王权紧密结合，教会人士成为社会上层的组成部分，这也促进了英国封建社会的发展进程。

诺曼人的入侵

9—10 世纪时，西欧从东、南、北三个方向都面临异族的入侵。

东面来的是马扎尔人，又称匈牙利人，他们本是生活在西伯利亚或者中亚的游牧部落，9 世纪时活动在黑海北岸的草原，后来在其他游牧民族的压力之下西迁，越过喀尔巴阡山，定居在蒂萨河与多瑙河中游一带的平原上。从 9 世纪末到 10 世纪中叶，马扎尔骑兵大肆侵袭西欧大地。在意大利，马扎尔人最远打到帕维亚；在德意志，他们击败了加洛林王朝的最后一位国王"孩童"路易，德意志境内的萨克森、巴伐利亚是整个西欧受马扎尔人侵袭最严重的地方；马扎尔人还越过阿尔卑斯山，到达法兰克王国的勃艮第和普罗旺斯，之后依次洗劫兰斯、桑斯、贝利。马扎尔骑兵机动迅捷，他们并不进攻严阵以待的城市，而是大肆洗劫乡村，抢掠得钵满盆盈之后便撤回到原来的地方。955 年 8 月，奥格斯堡一战，德王奥托一世击败了入侵的马扎尔人，随后在东部边境上建立边疆马克加强防守。这时马扎尔人的内部也发生了变化，农耕有了一定的发展，对外侵略逐渐停止。

从南边而来的侵略者是阿拉伯人。虽然在 732 年普瓦提埃战役之后，阿拉伯人占领伊比利亚半岛之后北进扩张的脚步被"铁锤"查理阻挡住了，但从 9

世纪开始，北非的艾格莱卜王朝、法蒂玛王朝等都曾越过地中海，对西欧进行海上的骚扰。意大利半岛是他们的主攻方向。从 10 世纪初开始，阿拉伯人先后占领西西里岛和亚平宁半岛中南部，甚至连罗马也一度落入其手。对法兰克王国，阿拉伯人也发动了侵袭，他们曾在普罗旺斯建立据点，由此北上劫掠。但阿拉伯人此时发动的侵袭和以往有所不同，劫掠各种财富或是奴隶是他们的主要目的，并没有在这里长期扎根的打算。到了 11 世纪，北来的诺曼人占领了意大利南部，阿拉伯人势衰，便停止了侵略活动。

三面入侵西欧的异族中影响最大的是来自北欧的诺曼人，诺曼人就是前面提到过的维京人。从 8 世纪到 11 世纪这 300 年，是来自斯堪的纳维亚半岛的诺曼人对欧洲各国进行大规模海盗活动的时代，因此这段时间也被称为"维京时代"或"北欧海盗时代"。

诺曼人也是日耳曼人的一部分，虽然在"民族大迁徙"当中有大批的日耳曼人南迁，包括西哥特人、东哥特人、法兰克人等，但是还有相当多的日耳曼人没有迁徙，继续居住在北欧，过着原始的部落生活，他们就是诺曼人。在 9 世纪时，因为其低下的生产力水平无法承受日益膨胀的人口压力，再加上原始社会末期的社会矛盾也非常尖锐，于是诺曼人就凭借出色的航海技术聚众出海，四处劫掠。诺曼人使用的尖底无甲板木船吃水浅、速度快，非常适合从入海口沿河上溯，深入内地，而西欧恰好到处都有水流平缓的入海河流，因此这也为诺曼人入侵提供了便利的地理条件。

在漫长的历史当中，北欧的诺曼人分成了三个支系，分别是丹麦人、瑞典人和挪威人。他们的南下劫掠活动分东西两路，丹麦和挪威人走西路，不列颠诸岛以及法国是他们的主要入侵对象；瑞典人走东路，即向东方发展，他们也就是俄国历史上的瓦良格人。诺曼人的侵袭和阿拉伯人不一样，他们在一些侵袭的地方定居了下来，大规模移民，试图形成自己的国家。

早在 550 年到 800 年，瑞典人就沿着"琥珀之路"向东发展，在芬兰和波罗的海沿岸建立了一系列的据点。到了 9 世纪，他们的足迹开始迈向更远的地方，沿着波罗的海到达维纳河、尼曼河、涅瓦河、沃尔霍夫河沿岸的地方，又顺着斯维里河进入伏尔加河，远达里海甚至中亚地区；还有的瑞典人顺着洛瓦河进入第聂伯河，也到达了黑海和拜占庭帝国的附近。但瑞典人这一路不只是劫掠，还经营贸易，他们将东方的香料、酒、丝绸、珠宝、金银等运往欧洲，又将北欧的毛皮、海豹油、蜂蜜等物品运往东欧和亚洲。瑞典人东侵影响最大的事件是导致了在俄罗斯地区的基辅罗斯的建立，不过对其具体历史现在还有争议。

另一边，挪威人在 8 世纪末占领了赫布里底群岛、法罗群岛、设得兰群岛和奥克尼群岛，并以此为基地外出侵袭爱尔兰。852 年，挪威人占领了都柏林，在爱尔兰建立了移民区。在常年的航海冒险当中，挪威人还发现了冰岛和格陵兰，挪威人艾力克甚至在 992 年就到达过北美大陆，比哥伦布要早 500 年，他将那里命名为"汶兰"，即酒地的意思。1014 年，挪威人被爱尔兰民族英雄波鲁率军逐出爱尔兰，后来他们又在和丹麦人争夺英格兰的斗争中失败。1066年，挪威海盗首领远征英格兰的失败也标志着北欧海盗时代的结束。

挪威人还曾和丹麦人联手入侵过欧洲大陆地区。845 年，丹麦人入侵巴黎、汉堡、罗马等地，大肆洗劫一番，随后挪威人也加入进来，双方联手入侵了意大利和伊比利亚半岛，还对非洲北部地区进行过侵袭活动。丹麦人大概是四处劫掠的诺曼人中造成影响最大的，他们的海盗活动对欧洲大陆，尤其是对英、法两国的历史产生了深远的影响。

793 年，丹麦海盗袭击了英格兰东北部沿海的林迪斯法恩岛，这件事震惊了整个西欧，因其巨大的影响力，所以一般将这一事件视为北欧海盗时代的开始。不过，其实在更早的时候丹麦人的入侵就开始了。792 年，默西亚国王奥发曾给肯特教会一张特许状，允许他们组织力量反击"异教的海上人"的侵袭，而这些人指的就是诺曼人。从 793 年以后的几乎每年，丹麦人都要骚扰劫掠英格兰，他们还在海边建立据点，以此为根据地进犯内地。虽然在 838 年威塞克斯国王爱格伯特曾击败入侵的丹麦人，但还是无法阻挡一波又一波的入侵。866 年，一支丹麦人占领了约克城，在此建立了第一个斯堪的纳维亚人的国家。此后，他们更是大规模远征，并逐步在英格兰的东北部建立移民区，而在 878 年以前，不列颠岛上的盎格鲁－撒克逊人对此完全无力抵抗。

阿尔弗雷德大帝和克努特大帝

878 年，丹麦人在爱丁顿一战中被威塞克斯国王阿尔弗雷德击败，此后不列颠岛上的形势逆转。阿尔弗雷德（871—899 年在位）是英国历史上的著名人物，他的父亲是威塞克斯国王埃塞尔沃夫。阿尔弗雷德 5 岁时便被送到罗马学习，青年时期正值丹麦人大举入侵，867 年，威塞克斯王国出兵援助被丹麦人入侵的默西亚王国，这也是阿尔弗雷德第一次参加反抗丹麦人的战争。871年，阿尔弗雷德被推举为威塞克斯王国的国王，此后一直到 878 年，阿尔弗雷

阿尔弗雷德大帝雕像

德面对丹麦人一直处于守势，甚至一度向敌人缴纳赎金，不过他却一直受到本国民众的拥护。最终在 878 年 5 月，阿尔弗雷德统率各地民军，在爱丁顿一战中大败丹麦入侵者，第二年双方签订了《威德摩尔和约》。和约规定，沿泰晤士河、利河、贝德福河、乌斯河划界，北面的地方，也就是大半个盎格利亚割让给丹麦人，历史上将其称为"丹法区"，一直存在到 975 年。南面则为阿尔弗雷德统治。

　　886 年，阿尔弗雷德收复伦敦城。之后，为了对抗丹麦人，阿尔弗雷德进行了军事改革，他建立了一支海军，也因此被后世尊为"英国海军之父"；他组建了一支常备军，名为"塞恩"，由贵族、富人组成，开骑士制度先河；他将民军分为两部分，一半在家从事农业生产，一半在外征战，两部分定期交换；他还在各地大力修建堡垒，由民军守卫，保护当地百姓。除军事外，阿尔弗雷德在其他方面也卓有成效。他颁布了《阿尔弗雷德法典》，这部法典将以往盎格鲁－撒克逊诸王国的法律加以整理、汇编、补充，这也是后来英国习惯法的基础。阿尔弗雷德还大力扶持文化事业发展，设立贵族学校培养人才，从欧洲大陆聘请知名学者前来执教，他还亲自将一些拉丁文作品翻译成古英语作为学校的教材。著名的历史著作《盎格鲁－撒克逊编年史》就是在他在位时开始编写的。在对外反侵略和对内文化事业上都作出突出贡献的阿尔弗雷德，也因此被后世尊为"阿尔弗雷德大帝"。

富勒胸针
该银碟胸针可能制作于阿尔弗雷德大帝时期，其作用可能是作为一个护身符好使佩戴者免受灾祸。

阿尔弗雷德大帝去世后，其子长者爱德华继位（899—924 年在位）。此后，盎格鲁－撒克逊人和丹麦人没有发生太大的战争，阿尔弗雷德的继任者们也渐渐地收复了"丹法区"。975 年，威塞克斯国王爱德加将"丹法区"和王国合并。不过从 980 年开始，丹麦人又卷土重来。991 年，英格兰被迫向丹麦人缴纳大笔赔偿金，以换取暂时的和平。此后，丹麦人又发动多次侵袭，英格兰不得不在 1002 年再次缴纳大笔赔偿金才让丹麦人撤退。1013 年，丹麦国王斯万一世（绰号"八字胡王"）征服英格兰全境，迫使英格兰国王、爱德加之子埃塞尔雷德二世逃到了英吉利海峡另一端的诺曼底公国，那也是一个诺曼人建立的国家，且诺曼底公爵的妹妹艾玛是埃塞尔雷德二世的妻子。后来因斯万一世在凯旋的路上去世，埃塞尔雷德二世才于 1014 年回到不列颠。

1016 年 10 月，斯万一世之子克努特进犯英格兰，遭遇埃塞尔雷德二世之子埃德蒙二世的顽强阻击，不过在同年 11 月埃德蒙二世去世后，克努特被拥为英格兰国王。1019 年，克努特成为丹麦国王。1028 年，在击败挪威和瑞典之后，克努特又成为了挪威国王，并占领了瑞典南部地区，建立了一个包括丹麦、挪威、瑞典南部、英格兰和苏格兰大部分地区的"北海大帝国"，北欧海盗时代也在克努特大帝时期达到了巅峰。不过，"北海大帝国"只是昙花一现，在克努特于 1035 年去世以后，"北海大帝国"很快就瓦解了。英格兰再度为盎格鲁－撒克逊人统治，而移民到不列颠岛东北部的丹麦人也渐渐和当地居民融合。

诺曼人对西欧的侵袭对后世产生了很大的影响，他们的洗劫抢掠破坏了当地的生产活动，财富被洗掠一空，人民被杀害或者是被掳为奴。而处于割据状态的西欧各地包括不列颠在内都无法集中力量，组织有效的抵抗，有的只是各地的封建地主高筑壁垒进行自卫，这也使西欧各地的分裂割据情况更严重。这种后果在统治阶层上的表现更加明显，西欧的王权进一步衰弱，如法国。加洛林王朝虽然被卡佩王朝替代，但卡佩王室控制的也只是塞纳河与卢瓦尔河之间的地区，只有一个国王的名义而已，其余地区都被各地封建贵族们分割把持着，他们才掌握着真正的实权。

克努特是一位温和的国王，他在英格兰努力调和征服者和被征服者的关系，尽量使他们友好相处。他统治时，将英国划分为四个伯爵区，由丹麦人或者和丹麦人关系友好的英格兰人统治，其中之一便是他的宠臣——戈德温。克努特大帝去世后，他的儿子哈罗德（克努特与诺森伯利亚公主之子）、哈德克努特（克努特与埃塞尔雷德二世遗孀艾玛之子、丹麦国王）先后继位为王。1041年，哈德克努特将埃塞尔雷德二世留在诺曼底的长子、自己的同父母异之弟爱德华迎回英格兰，立为自己的继承人。次年，哈德克努特去世，爱德华继位，成为英格兰国王。

爱德华从小在修道院长大，是一个虔诚的基督教徒，因此得到了一个"忏悔者"的绰号，这也影响了他的政治热情和作为。爱德华在位时，以戈德温为首的6个伯爵势力异常强大，而爱德华却和诺曼人走得非常近，不仅分配很多土地给诺曼人，一些重要的官职也由诺曼人担任，这引起了戈德温等人的不满。爱德华一度将戈德温等人驱逐出国，但因戈德温的势力根深蒂固，又有百姓拥戴，他们总能又打回来，爱德华不得不将没收的土地、房产等财产归还。1053年，戈德温去世，其子哈罗德继任伯爵。

1066年1月，"忏悔者"爱德华去世，哈罗德随后召集党羽，自立为王。

"忏悔者"爱德华的葬礼

然而，早年爱德华甚至更早的埃塞尔雷德二世和诺曼底的密切关系在这时结出了恶果：哈罗德的非正常继位为诺曼底的威廉公爵提供了入侵借口，也由此引发了英国历史上一件意义非凡的事件：诺曼征服。

诺曼征服

哈罗德继承英格兰王位，招致了海峡对岸的诺曼底公爵威廉的反对。诺曼底公国是一伙劫掠欧洲法兰西地区的诺曼人建立的国家。911 年，法王查理三世和诺曼人的海盗首领罗洛达成妥协，将北部沿海的纽斯特里亚的部分地区封给了他，并授予他诺曼底公爵的头衔。罗洛作为回报也皈依了基督教，使用法语，并放弃了海上骚扰行动。

哈罗德的前任国王"忏悔者"爱德华在位时，由于种种原因而和诺曼底公国走得很近，当时的诺曼底公爵威廉也对英格兰王位觊觎已久，因此在爱德华去世后，他便以爱德华曾面许让他继位为理由，要求继承英格兰王位。

从 1066 年初开始，威廉就在筹划着一次对英格兰的远征，他召集了诺曼底、布列塔尼、皮卡迪等地封建主，他们中的大部分人都对英格兰的财富垂涎三尺，因而积极参与到这次的军事冒险当中。英格兰的哈罗德也严阵以待。但不巧的是，在这一年的秋天，挪威海盗首领、"金发王"哈拉尔德又一次入侵英格兰，占领了约克，哈罗德不得不调兵北上迎战。斯坦福一战，英格兰击败

征服者威廉入侵英格兰

了挪威海盗，"金发王"战死，这一战也标志着"北欧海盗时代"的终结。

海峡南面的威廉趁机率军登陆不列颠，英王哈罗德不得不率领疲惫之师南下迎战。1066 年 10 月 14 日，黑斯廷斯一战，英军战败，哈罗德阵亡，随后伦敦城投降。12 月 25 日，威廉加冕为英格兰国王，称威廉一世（号"征服者"）。英国也就此开始了诺曼王朝的统治。

诺曼征服的一个最直接的后果就是几乎所有的盎格鲁－撒克逊贵族都消失了，反对威廉的英格兰贵族们遭到了威廉的残酷镇压，取而代之的是诺曼贵族，他们都是追随威廉渡海而来，威廉将没收的盎格鲁－撒克逊贵族土地分给他们。得到土地的贵族向国王效忠，并根据土地大小的不同提供不同数量的骑兵，跟随国王作战。大封建主再将自己名下的一部分土地分给下级，也要他们提供一定的骑兵，这样就建立起来了"金字塔形"的封建土地所有制。不过，虽然表面上看英格兰的土地封建制度和欧洲大陆是一样的，都是一层层的土地分封制度，但实际上英格兰和欧洲大陆却有本质的区别。欧洲大陆的传统是得到土地的封臣只对直接赐予他土地的领主效忠，比如大封建主只对国王效忠，得到大封建主土地的只向大封建主效忠，而不必向领主的领主效忠。有一句著名的话可以概括这一关系，即"我的附庸的附庸不是我的附庸"。权力只在一层关系中有效，其脆弱程度可以想象，因此这样的制度也为王权的旁落、诸侯割据一方埋下了隐患。

《土地清丈册》书影

　　而威廉改变了这一切。1086 年，威廉召集全英格兰所有贵族在索尔兹伯里集会，要他们宣誓对自己效忠，这就是著名的"索尔兹伯里盟誓"。就这样，**"我的附庸的附庸不是我的附庸"** 在威廉这里变成了 **"我的附庸的附庸还是我的附庸"**。威廉此举加强了自己的王权，在一定程度上将诺曼征服者和被征服者之间的矛盾打压了下去。此外，在政治统治上，威廉基本沿用了原来的政治机构和法律体系，只不过重要官职都由诺曼人出任。他还极力摆脱罗马教皇对英国教会的控制，想要将英国教会控制在自己的手中。也是在 1086 年这年，威廉下令清查全国所有土地，并将所有情况汇编成《土地清丈册》，它还有一个别名：《末日审判书》，意思是上面的内容不容否认，就好像末日审判一样，这份珍贵的材料一直保留到了今天，成为研究英国中古时期经济状况的主要材料之一。从清查结果上看，封建主们占据了英国的绝大部分土地，广大直接生产者都已经沦为依附农民，英国已经是确定无疑的封建社会了。

　　在此后的 300 年左右的时间里，英国人实际上分成两部分：上层的诺曼贵族，人数较少；下层的盎格鲁－撒克逊民众，人数较多，两者泾渭分明。一个有趣的现象是：当时活的牛羊等牲畜词汇是盎格鲁－撒克逊语，因为饲养它们的是盎格鲁－撒克逊民众而不是诺曼贵族；而牛肉、羊肉等却是法语，因为能吃起它们的只有诺曼贵族。

　　诺曼征服是英国历史上非常重要的事件，因此有的历史学家将 1066 年这一年认定为英国历史的真正开端之年。以威廉为首的封建者能够顺利攻占上百万人口的英格兰，说明在当时的封建制度下，民众对于上层统治者是盎格鲁－撒克逊人还是诺曼人并没有什么情感上的区别，"诺曼人"在他们眼中也并非是和本国人区分的"外国人"，谁当国王，自己都是臣民。换句话说，当时的不列颠岛上还没有形成英格兰自己的民族意识。

　　但从 1066 年的诺曼征服以后，就再没有外来入侵者踏上过不列颠的土地，不管是横扫欧洲的拿破仑，还是"战争疯子"希特勒，他们都没能成功做到这一点。也就是说，诺曼征服以后，不列颠本土再没有混入外族的血统。不过，此时岛上的民族成分已经足够复杂：最早的伊比利亚人、凯尔特人，渡海入侵的盎格鲁人、撒克逊人、朱特人，北方海盗丹麦人、挪威人，还有最后威廉带来的诺曼底的诺曼人，后世英格兰民族的主体也正是在这些民族的基础上形成的，而不是只有"盎格鲁－撒克逊"。

　　另外，从英吉利海峡南岸诺曼底渡海而来的诺曼贵族们还继续保留着他们在大陆的权益：大陆上还有很多他们的土地。他们对待原来拥有的土地和新到手的不列颠的态度异常微妙，而这种态度也成为此后几百年英法两国关系的一条主要线索。

威廉一世以后的诺曼王朝

1087 年，威廉一世去世，继位的是他的次子威廉二世（1087—1100 年在位，绰号"红脸王"），威廉一世的长子罗伯特则继承了诺曼底公爵的爵位。在威廉二世在位期间，这两兄弟曾为争夺权力爆发叛乱，直到 1106 年诺曼底才被彻底征服，而这时威廉二世已经去世 6 年。1100 年，威廉二世在狩猎中离奇死亡，一说是被他的弟弟亨利暗箭射死。

威廉二世去世后，亨利继承王位，是为亨利一世（1100—1135 年在位）。亨利一世一方面继续对诺曼底进行征服，一方面和教会势力争夺权力，他和他的兄长威廉二世一样，在国君任命教职的权力上同坎特伯雷大主教发生了矛盾。1107 年，亨利一世放弃了俗世授职仪式，但在任命教职方面仍保有较大的权力。在亨利一世时期，英国的王权也得到了加强，但并没有强大到失控的程度，仍在一定程度上受到行政制度的制约。亨利一世有很多私生子，但唯一的嗣子在 1120 年溺水身亡，所以在 1135 年亨利一世去世之际，他指定自己的女儿玛蒂尔达继位。

玛蒂尔达曾嫁给神圣罗马帝国皇帝亨利五世，后又嫁给安茹和曼恩伯爵若弗鲁瓦五世，他们的长子就是后来的亨利二世。但是，亨利一世的外甥斯蒂芬抢先一步赶到英格兰继承了王位。斯蒂芬是当时法国的布卢瓦伯爵，他的母亲阿黛拉是威廉一世的第四个女儿，亨利一世也很宠爱这个外甥。此后，斯蒂芬和玛蒂尔达母子展开了旷日持久的战争，国内贵族也分成两个派别，同时不断扩张自己的势力，可以说英格兰陷入无政府状态近 20 年。直到 1153 年，双方达成协议，斯蒂芬继续担任国王，死后则由亨利继承王位。

1154 年，斯蒂芬去世，亨利继位，是为亨利二世（1154—1189 年在位，绰号"短斗篷"）。至此，诺曼王朝（1066—1154 年）结束，金雀花王朝开始。

金雀花王朝

亨利二世开创的王朝被后世称为金雀花王朝（1154—1399 年），这个名字的由来有两种说法，一种是亨利二世的父亲若弗鲁瓦五世经常在猎场上种植金雀花，另一种说法是若弗鲁瓦五世总在帽子上装饰着金雀花。总之，后世就用亨利二世的父亲喜欢的这种花的名字命名了亨利二世开创的朝代。另外，金雀花王朝还在英格兰本土以外的安茹、诺曼底、布列塔尼等地拥有大片领土，因此又被称为"安茹帝国"。

亨利二世的统治

亨利二世的名下拥有大片领地：他从父亲那里继承了安茹等地，后来又和阿奎丹的埃莉诺结婚，这使得他又获得了阿奎丹。亨利二世实际上成了法国最大的封建领主，而这也是他和法国统治者宿怨的根源。

亨利二世在位期间推行司法和军事改革。他巩固王权，扩大国王法庭的司法权限，推行"陪审制"以代替神判法。国王法庭的活动的加强使全国形成了统一的普通法。12 世纪中期时，英国教会势力和王权势力矛盾重重，最集中的表现就是亨利二世和坎特伯雷大主教贝克特的冲突。当时，亨利二世企图收回教会一定的司法权，遭到贝克特的反对。1170 年，贝克特被亨利手下的骑士刺杀，这件事震惊了整个基督教世界，教皇亚历山大三世以开除教籍威胁亨利二世，最终亨利二世屈服，表示忏悔，并表态愿意领导十字军去巴勒斯坦（即十字军东征）。

亨利二世在军事上的改革主要是推行"盾牌钱制度"。"盾牌钱"又称"免

亨利二世画像

疫税"，即封建主可以通过缴纳欠款来免服兵役，欠款多少依其领地大小而定。国王用收上来的欠款招募雇佣军，以代替原来临时应招服役的骑士，这一制度加强了国王的军事力量。同时，一些封建领主开始蜕变为专心经营农牧业的乡绅，不再练武作战。

亨利二世在对外事务上也有一定成就。1157年，亨利二世通过外交手段从苏格兰收回了坎伯兰、威斯特摩兰和诺森伯利亚；1169年，英格兰军队入侵爱尔兰，这是英国人首次侵略爱尔兰。两年后，亨利二世亲率舰队登陆爱尔兰岛，他也成为了第一个到达爱尔兰的英格兰君主。亨利二世后将征服的爱尔兰土地分封给了盎格鲁、诺曼的贵族们。1172年，教皇亚历山大三世承认了亨利二世对爱尔兰的征服。不过在1157年和1165年，亨利二世的两次对威尔士用兵则无功而返。

在亨利二世的晚年，他的几个儿子为了争权夺利而争斗不休，据说亨利二世还怀疑自己的王后埃莉诺也背叛了自己，请求教皇允许自己离婚，但未果。1189年，亨利二世去世。

"狮心王"理查一世

继承亨利二世王位的是他的次子理查，他是英国历史上大名鼎鼎的"狮心王"。他之所以出名是因为他颇具传奇色彩的一生：他是英格兰国王，在位 10 年却只到过英格兰两次，住了 6 个月；他是亨利二世的儿子，却勾结法王腓力二世击败自己的父亲，导致其含恨而死；他戎马一生，取得过击败萨拉丁的巨大胜利，也当过别人的囚徒，最终死于一次战斗当中。理查一世是一个极富争议性的人。

1157 年 9 月 8 日，理查出生于英格兰牛津，但他少年时期主要是在大陆的阿奎丹度过的。从小受到良好教育的他非常喜欢音乐和诗歌，能用法语和普罗旺斯语写诗，却不会说英语。从某种角度来说，英格兰对于理查是一个"银行"，用来支付他从事各种冒险活动所需要的大笔金钱。东征耶路撒冷的军费、将自己赎回的赎金都是从这个"银行"提取的。亨利二世去世时英国国库有不少于 10 万的存款，但这些都被理查挥霍一空，甚至还造成了亏空。为了钱，理查可以付出一切，从他的名言"如果我认为价钱合适，我会把整个伦敦卖掉"可见一斑。1168 年，理查被封为阿奎丹公爵，后来他也与法王路易七世的女儿爱丽丝结婚。

亨利二世将治下的各个领地分封给几个儿子，但他的儿子们为了争夺更大的权力和封地而不惜和父亲、兄弟兵戎相见。1172 年，亨利二世的几个儿子联合他们的母亲反对他，最终，亨利二世平定了这场叛乱，宽恕了几个儿子，但是囚禁了他们的母亲、自己的王后阿奎丹的埃莉诺。此后十几年，理查基本都在阿奎丹，他集中精力治理这块土地。1183 年，亨利二世的长子去世，理查成为英格兰王位的继承人。1188 年，理查又和亨利二世发生了冲突，起因可能是亨利二世要立理查的弟弟约翰为王储（另一说是亨利二世让理查把阿奎丹让给约翰），这次理查勾结法王腓力二世一起和父亲作战，并击败了父亲，亨利二世最终含恨而终，理查当上了英格兰国王，是为理查一世。

理查一世的一生可以称得上戎马一生，他常年在英国国外——法国大陆生活，再加上他本人缺少治理内政的才能，因此他委托亲信在英格兰代他理政。这其中影响最大的一位是胡伯特·华尔特，这是一位卓有成就的政治家，之前曾做过坎特伯雷大主教，1191 年到 1194 年，他成为英格兰的实际统治者，继续亨利二世的改革措施，并取得了非常好的效果，在他的治理下，尽管理查一世长期不在国内，英格兰大体上还是安定的。

理查一世雕像

　　不在国内的理查一世唯一的事情，就是打仗。在他继位前后，基督教世界发生了一件大事情：1187年，伊斯兰世界的英雄、埃及阿尤布王朝的创建者萨拉丁攻下了基督教的圣城耶路撒冷，灭亡了耶路撒冷王国。这震惊了基督教世界，在教皇的煽动下，欧洲各国的君主在1189年纠合发动了第三次十字军东征，领头的便是英王理查一世、法王腓力二世和神圣罗马帝国皇帝腓特烈一世（绰号"红胡子"）三位。不过这次出征却不太顺利。1190年6月，走陆路的腓特烈一世在小亚细亚渡河时溺死，于是德意志军队大部分回国，理查一世和腓力二世成为东征的领导者。此后，英法军队在攻占了塞浦路斯和以色列沿海要

第三次十字军东征期间，画有理查一世（左）和萨拉丁（右）画像的瓦片

塞阿卡以后，两人又因为分赃不均等问题出现了矛盾，法王率军先行回国。理查一世此后独自率领英军和萨拉丁作战，经过一年多的拉锯战，双方互有胜负，但很明显，理查一世无法完成他此行的任务：收复圣城耶路撒冷。这时又从后方传来理查一世的弟弟约翰和法王腓力二世秘密勾结准备反对他的消息，因此理查一世和萨拉丁签订了停战协定，十字军在仅得到了萨拉丁允许基督教徒前往圣城巡礼的诺言以后便匆匆撤军回国，第三次十字军东征就此草草结束，基督教世界收获甚微。

　　然而，理查一世在回国途中又出了事。1192 年 12 月，回国途中的理查一世在维也纳附近落入奥地利公爵利奥波德五世手中。两人之前便结下了很深的仇怨：在之前和萨拉丁的作战当中，利奥波德五世率领的一支部队参加了阿卡战役，并在城上插上了自己的旗帜，与理查的旗帜并列，但是他的旗帜被理查一世下令撕碎丢弃，利奥波德五世由此怀恨在心。1193 年 1 月，利奥波德五世将理查一世转给了神圣罗马帝国皇帝亨利六世，而亨利六世和理查一世也有矛盾。之后，亨利六世将他囚禁在一座城堡当中，传说有一次亨利曾将他扔进一间有狮子的房间，想让狮子吃掉他，没想到悍勇的理查一世竟然把手从狮子的嘴里伸了进去，掏出了狮子的心脏，当着众人的面生吃掉了，因此他得了一个外号——"狮心王"。

　　英国国内没有了国王，出现了变乱，理查一世的弟弟约翰和法王腓力二世相勾结，发动叛乱，但被忠于理查一世的士兵镇压了下去。1194 年，囚禁理查一世的亨利六世向英国索要高达 15 万马克的巨额赎金。英国王室为了筹措这笔巨款，大肆提高赋税，增加税种，盘剥英国民众，民众苦不堪言。而神圣罗马帝国之所以同意英格兰赎回理查一世，其中一个原因就是想将理查一世放出去，继续和法国争斗，这样神圣罗马帝国就可以坐收渔翁之利。

　　1194 年 3 月，理查一世回到英格兰，他积极为下一次的军事行动做准备。当时的军队服役期限只有 40 天，不适合进行长期作战，于是理查一世将制度改为每年要有 300 名骑士服役，期限为一年。这一举动遭到了骑士们的普遍反对，他们拒绝承担到海外服役的义务，但是可以出钱。就这样，理查一世拿着骑士们的钱征集了大量的雇佣兵为他作战，且数量越来越多。理查一世的穷兵黩武让英国民众的负担更加沉重，1196 年，伦敦人民的抗税暴动便是他们忍无可忍之后的结果。

　　理查一世被释放以后只在英格兰短暂停留，随后就又去了欧洲大陆，继续和老对手腓力二世作战。直到 1199 年，理查一世在一次平乱的战争中中了一支冷箭，重伤而死。

"无地王"约翰和《大宪章》

　　理查一世死后，因为无嗣，他的弟弟约翰继承了王位（1199—1216 年在位）。约翰是当时亨利二世唯一在世的儿子。不过他还是遇到了挑战者。之前理查一世在位的时候，因为自己无嗣，曾指定自己的侄子、亨利二世的三子乔弗雷的遗腹子亚瑟为继承人，后来又指定约翰继位。理查一世死后，大部分的英格兰贵族和诺曼贵族都支持约翰继位，但是亚瑟也获得了安茹、曼恩、布列塔尼等地的贵族支持，此外还有法王腓力二世也支持亚瑟做英格兰国王。就这样，约翰一方与亚瑟和腓力二世一方开战。1200 年，双方一度和解，不过没多久就战火重燃。1202 年米拉波一战，约翰击败并俘获了亚瑟以及很多叛军的贵族首领，其中的 21 名贵族被虐待致死。约翰的暴行激起了当地贵族们的反抗，他们都站在了腓力二世一方。第二年，被俘虏的亚瑟下落不明，据说是被约翰亲手除掉了，因为他认为亚瑟是这一切战乱的根源。但约翰的行为并没有为他扭转形势，此后，英格兰在法国的领地接二连三地丢失，这一年的 12 月，约翰撤回英格兰，但仍指挥大陆上军队的作战。1207 年 8 月，腓力二世先后占领诺曼底、安茹和普瓦图，此时约翰在欧洲大陆的领地只剩下阿奎丹了。

因为丢了太多祖辈留下的土地，约翰得到了一个"无地王"的绰号（另一说，约翰的这个绰号是因为在他出生时，他的父亲亨利二世在法国的领土已经都分给理查等他的兄长们了，已经没有土地可以封给约翰，所以他被称为"无地王"）。

回到英格兰的约翰并不死心，他积极扩军备战，大肆敛财，肆意提高税收，同时又把手伸向了教会，并因为坎特伯雷大主教的人选问题和教会矛盾激化。1209 年，罗马教皇开除了约翰的教籍，约翰孤注一掷，开始大肆掠夺，仅 1209 年到 1211 年两年间，约翰就从教会掠夺了 2.8 万英镑的财产。不过在面临法国入侵的时候，约翰又和教会妥协，恢复了教士们的职务，退还了财产。

"无地王"约翰

　　1214 年 1 月，约翰决定跨海征讨法国，收复失地。他的举动并不得人心，骑士们对他都没有信心，因而士气低落。7 月 27 日，在布汶战役中，腓力二世击败了约翰的盟友神圣罗马帝国皇帝奥托四世和佛兰德斯伯爵斐迪南的联军，使约翰收复失地的愿望成了一场空梦。远征的失败让国王和贵族之间的矛盾更加激化，约翰提出的加征兵役免除金成了矛盾爆发的导火索，骑士们拒绝了国王的不合理要求，但获得教皇支持的约翰有恃无恐，于是贵族们决定发动武装起义，对抗暴政。贵族们的行动获得了广泛的支持，中小贵族、教士和城镇居民等纷纷加入了起义的队伍。1215 年 5 月 17 日，起义军占领了伦敦，6 月 15 日，约翰被迫和贵族们进行谈判。贵族们起草了《大宪章》（又称《自由大宪章》），4 天后，谈判双方，即英格兰国王约翰和 25 名男爵在宪章上签了字。

　　《大宪章》全文共 63 条，不少内容是对封建贵族权益的保障，比如明文规定，在没有征得贵族同意时，国王不得随意收取贡赋；不经过同等级者的合法裁决和法律的审判，不得对任何自由人进行逮捕、监禁、没收财产、放逐出境等处分；如果国王有违反规定的行为，监督大宪章执行的大封建主们有权使用各种手段进行反抗，迫使他改正，包括武力手段，这等于赋予了内战合法地位。此外，《大宪章》还对骑士、自由农民、市民的权益给予了一定的保障，不过对广大农奴的权益却基本未提。

　　《大宪章》的主要意义是以法律的形式肯定了臣民的财产权和人身权，还有臣民反抗君主的合法性。这两条原则对后来英国的发展产生了重要的影响：个人财产受到保障，由此激发了个人为社会发展作贡献的能动性；人民反抗合法，因此革命合法，不合理的制度有了改变的契机。另外，《大宪章》还确立了这样的一个原则：国王的权力并非至高无上，他的权力受到法律的限制，即

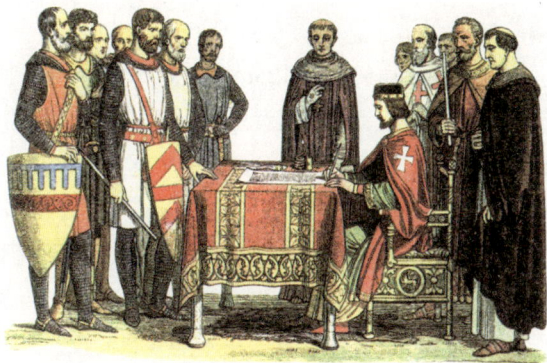

约翰签署《大宪章》

法高于王，国王的权力不能超越法律。

但是，《大宪章》在当时并没有发挥太大的作用，因为约翰的签字是被迫的，这只是他的权宜之计。待起义的贵族们撤围散去以后，国王约翰就食言了，他以贵族们没有拆除城防、虐待执行《大宪章》的官员们为借口，拒绝参加 8 月在牛津召开的主教会议。他还得到了教皇的支持。6 月 18 日，教皇英诺森三世宣布开除所有起义贵族的教籍；8 月 28 日，教皇又宣布《大宪章》"不仅可耻、苛刻，而且非法、非正义"；12 月 16 日，他又宣布将 30 名男爵开除教会，不过这时英格兰大地上已经打响了内战。

这场被称为"第一次诸侯战争"的战事持续了一年多的时间，法王腓力二世站在了起义者一方。1216 年 5 月，法国舰队开抵英国，领导者是法国王子路易，他是亨利二世的外孙女婿，拥有英国王位的继承权。此后，约翰众叛亲离，他的支持者都投向了敌人的阵营。这一年的 10 月，约翰去世，次年，第一次诸侯战争结束。

亨利三世和第二次诸侯战争

"无地王"约翰死后，诸侯们拥立他年仅 9 岁的儿子亨利为王，是为亨利三世（1216—1272 年在位）。当时朝政由两位贵族威廉和德布尔主持，一直到1232 年，25 岁的亨利三世才正式亲政。亨利三世曾多次表示承认《大宪章》，接受贵族们的监督。因他对教皇献纳过多，亨利三世成为教皇用来在欧洲包括英国扩张的工具。如为了酬谢罗马人的忠诚，教皇一次给了他们 300 个英国教禄，遇缺即补，大大加重了英国的负担。加上亨利三世在与来自法国的普罗旺斯的埃莉诺结婚以后，大量重用法国外戚，这些都引起了贵族们的普遍不满。

双方的矛盾终于在 1258 年爆发。当时，亨利三世为了让他的次子埃德蒙得到西西里岛的领地，同意出钱资助一场与德意志皇帝的战争，但是贵族们强烈反对，他们认为西西里岛离英国太遥远了，这个活动过于冒险，而且花销巨大，更何况当时英国国内还有威尔士问题没有解决。1258 年 4 月，以孟福尔为首的几位贵族全副武装进宫，要求国王驱逐外国人，进行政治改革，亨利三世被迫接受。同年 6 月，亨利三世接受了《牛津条例》，这是一份旨在限制国王权力的文件，其中包括国王不能随意没收、分配和监护土地等条款。同时，

第二次诸侯战争

贵族们还组成了一个"十五人会议",掌握大权,没有这个会议的同意,国王不能做出任何决定。这实际上是组成了诸侯们的寡头政治。

在后来的几年中,反对国王的贵族阵营因为利益上的分歧而分裂,亨利三世也趁机否认了《牛津条例》。于是在 1264 年 4 月,第二次诸侯战争爆发。5月,刘易斯一战,孟福尔领导的贵族军队击败了国王军队,并生擒了亨利三世,孟福尔暂时成为英国的最高统治者。1265 年 1 月 20 日,孟福尔在伦敦召开了新的议会,史称"孟福尔会议"。此次会议的参加者范围对比以前明显扩大,除了高级教士和男爵们、每郡两名骑士以外,每个自治市还出了两名市民代表,因为这次会议真正体现了民众运动的性质,因此被认为是英国议会制度的发端。

此后,保王党的势力在王子爱德华的率领下重整旗鼓,孟福尔的一些举动也在贵族阵营内部引发了不满和猜忌。1265 年 8 月,伊夫舍姆战役中,爱德华率领的军队击败了孟福尔的军队,孟福尔被击毙,亨利三世被救了出来。此后,叛乱渐渐平息,亨利三世也重登王位。

"长腿"爱德华

亨利三世死后,继位的便是他那英勇善战又广有谋略的王子爱德华,是为爱德华一世(1272—1307 年在位),绰号"长腿",据说是因为他身躯高大,双腿修长,能紧紧地夹住马鞍。事实上,他还有好几个绰号,分别是"英国的查士丁尼""威尔士的征服者""苏格兰的铁锤"等，基本上概括了爱德华一世一生的几项主要功绩。

查士丁尼是东罗马帝国皇帝，他的一项主要成就就是主持编纂了《查士丁尼法典》，因此号称"英国的查士丁尼"的爱德华一世在立法上也有不小的举措。他在位期间颁布了大量的法律法规，这也是因为当时经济发展的需要，比如 1279 年的《教产法》规定，没有国王的同意，土地不能转为教产；1290 年的《买地法》规定，封臣可以以自由方式转移封土，但从此不能再建立新的封土。

"威尔士的征服者"表明的是爱德华一世征服威尔士的功绩。自 1066 年诺曼征服以来，英格兰和威尔士进行了 200 多年的拉锯战。当年诺曼征服者也想彻底征服威尔士，但他们在威尔士的崇山峻岭之前停下了脚步。因此，虽说英格兰的统治者一直宣称对威尔士拥有霸主权利，但实际上却一直没能在那里建立真正的统治。在这 200 多年间，不断蚕食威尔士领土的其实不是英格兰王室，而是边境上手握封地和私家军队的贵族，他们在那里几乎形成了一些独立小王国。1200 年前后，威尔士人中涌现出一位杰出的领导者卢埃林，他领导了威尔士复兴运动，并积极参与到英格兰内部的斗争当中，他灵活多变且为威尔士争取利益，《大宪章》中 3 条于威尔士人有利的法律就是他的成果之一。

这场复兴运动在卢埃林的孙子小卢埃林在位的时候达到了高潮。小卢埃林曾与孟福尔取得联系，趁机扩大了自己的疆域。爱德华一世继位以后，双方矛盾激化。1277 年 1 月，爱德华一世发动了征服威尔士的战争，节节顺利，迫

爱德华一世召开议会

使小卢埃林在第二年屈服，双方签订了和约。但在 1282 年 3 月，小卢埃林的弟弟大卫和小卢埃林一起撕毁和约，战端再起。刚开始，小卢埃林兄弟取得了一些胜利，而爱德华一世当时正被苏格兰事务缠身无力反击。直到 7 月他才腾出手来反击。12 月，小卢埃林阵亡。次年，大卫被俘杀，爱德华一世彻底征服了威尔士。1284 年，爱德华一世颁布了《威尔士条例》，将北威尔士分成几个郡，由王室直接派人治理，其余贵族领地保持现状。传说，当时威尔士贵族们被迫接受被征服的事实以后，又提出条件：继位的威尔士亲王必须满足两个条件——出生在威尔士，不会说英语。爱德华一世同意了，随后便将自己即将分娩的王后接到威尔士，于是他刚出生的小王子就完全符合了这两个条件。从此以后，每个英国王储都被封为威尔士亲王。

相比征服威尔士的顺利，对苏格兰的征服就困难多了，终爱德华一世一生也没有完成这个任务。1290 年，苏格兰女王玛格丽特一世意外去世，无嗣，当时罗伯特·布鲁斯和约翰·巴里奥都有可能成为国王，最终爱德华一世作为仲裁者指定 16 岁的后者为王。之后，爱德华一世频频插手苏格兰事务，企图架空巴里奥。不甘当傀儡的巴里奥和苏格兰众贵族便在 1295 年和英格兰的老对手法国人结成同盟，一起对抗英格兰。得知这一消息的爱德华一世大怒，于 1296 年率兵攻入苏格兰，迫使巴里奥退位，并离开苏格兰。之后，爱德华一世将象征苏格兰王权的加冕石夺回，自立为苏格兰国王。1297 年，苏格兰爆发了威廉·华莱士领导的起义，他们打着巴里奥的旗帜反抗英国统治，但这次

威廉·华莱士雕像

大起义最终还是被镇压了下去。之后，布鲁斯家族又接过了威廉·华莱士的枪，继续进行起义，领导者就是罗伯特·布鲁斯的孙子。1307 年，爱德华一世亲自领兵镇压苏格兰起义，但这次他没有达到目的，而且自己也病死在了路上。

爱德华一世还有一项突出的贡献，就是对英国议会制度发展的贡献。爱德华一世最早的政治活动，便是站在他父亲亨利三世的身边与孟福尔等"议会派"贵族作斗争，并展现出卓越的才能。继承王位的他，一心想要将权力从贵族们的手中夺回来，但他并未直接采用取缔议会、打压贵族等简单粗暴的方式。高瞻远瞩的爱德华一世并没有视议会为"洪水猛兽"，他已经认识到了议会作为民意橱窗的重要性，也认识到孟福尔等人用来制约王权的议会能限制贵族们的权利，于是他扩大议会的参与者范围，大量吸收骑士、市民等地位相对低下的人士进入议会。贵族们在这种权力体系中的地位实际上已被边缘化了。同时，国王还可以通过议会代表了解民众意见，以实行更有效的统治。1295 年，爱德华一世精心组织的一次各郡、各自治城市和下层教士代表参加的议会召开，代表们涵盖了贵族、教士、骑士以及市民四个阶层，具有空前的广泛性，因此也被后人称为"模范议会"。

英法百年战争的开始和金雀花王朝的终结

爱德华一世死后，继位的是他的四子爱德华，史称爱德华二世（1307—1327 年在位），但他的才能远不及他的父亲。在外政上，爱德华二世曾于 1314 年北上讨伐苏格兰国王罗伯特一世（就是之前同爱德华一世作战的罗伯特·布鲁斯），却在班诺克本战役中被苏格兰人大败，苏格兰人反过来入侵英格兰，还跨海征服了英格兰的属地爱尔兰。直到 1323 年，爱德华二世承认罗伯特一世为独立的苏格兰王国的国王，才实现了两国的和平。在内政上，爱德华二世也很昏庸。他先后宠信加弗斯顿、德斯彭瑟父子等奸佞之人，引起了贵族们的不满，贵族为此和国王进行了长期而剧烈的斗争，甚至还爆发了战争。最终，加弗斯顿、德斯彭瑟父子被贵族们处死，爱德华二世失势。1327 年，王后伊莎贝拉和情人马奇伯爵发动政变，废黜了爱德华二世，并拥立他的幼子为王，是为爱德华三世（1327—1377 年在位）。几个月以后，爱德华二世在伯克利城堡中被害。

爱德华三世在位初期，朝政由他的母亲伊莎贝拉王太后和她的情人马奇伯爵把持，直到 1330 年，爱德华三世发动政变，囚禁了伊莎贝拉王太后，处死了马奇伯爵，夺回了政权。

爱德华三世一生中最主要的活动就是同法国的战争，著名的英法百年战争（1337—1453 年）就是他在位时挑起来的。在爱德华三世以及英勇善战的"黑太子"爱德华的率领下，英国取得了百年战争第一阶段的优势，接连取得埃克吕兹海战（1340 年）、克雷西会战（1346 年）、加来战役（1346 年）、普瓦捷会战（1356 年）等重大战役的胜利，还俘虏了法国国王约翰二世。1360 年，英国和法国签订了《布勒丁尼和约》，英国获得了法国西南部以及加来的大片领土，之后才将约翰二世释放。

英格兰和苏格兰的关系也在这一阶段有了重大变化。爱德华二世在位时曾大败于苏格兰人，1323 年承认苏格兰王国独立。1328 年，英格兰又和苏格兰签订了《北安普顿条约》，英格兰承认罗伯特一世为苏格兰的合法国王。1329 年，苏格兰的罗伯特一世去世，其年仅 5 岁的儿子大卫继位，是为大卫二世。然而，此时的爱德华三世却暗中扶植约翰·巴里奥的儿子爱德华·巴里奥，支持他回国争夺王位。1332 年，英格兰进攻苏格兰，苏格兰第二次独立战争爆发。刚开始，英格兰方面进展顺利，占领了苏格兰的很多地方，被拥立的傀儡国王巴里奥将南部的 8 个郡都送给了英格兰。不过苏格兰人没有停止抵抗，他们和法国结盟，共同对付英格兰。1337 年，英法百年战争爆发以后，爱德华

爱德华三世画像

三世将主要精力用来对付法国，用来对付苏格兰的力量减少。1341 年，大卫二世回到苏格兰开始领导独立战争。1346 年，大卫二世曾攻入英格兰境内，支援法国，后在内维尔十字之战中大败。大卫二世后被俘，被囚禁在英格兰，不过英格兰也无力乘胜追击。1356 年，巴里奥也心灰意冷，退出了这场权力的斗争。1357 年，英格兰和苏格兰签订和约，大卫二世被释放，但需苏格兰缴纳高额的赎金。至此，第二次苏格兰独立战争结束，两国又恢复了和平。

1364 年，法国的查理五世继位，他不甘心让法国受英国人奴役，遂在励精图治之后便开始和英国重开战端。1369 年，英法百年战争的第二阶段开始。此后，法国人掌握了战争的主动权。

1377 年，爱德华三世去世，继位的是他年仅 10 岁的儿子理查，是为理查二世。

理查二世是爱德华的孙子、"黑太子"爱德华唯一还健在的儿子。理查二世在位初年，由他的叔父兰开斯特公爵、"冈特的约翰"摄政。此时，欧洲大陆上的英法百年战争还在继续，法国一直占有优势，一直到 1396 年几乎将所有失地收复，双方签订了 20 年的停战协定。英法百年战争第二阶段结束。

理查二世在位期间，英格兰统治阶级上层内斗不断，相互倾轧。理查二世和叔父约翰的斗争就是其中一例，而且影响巨大。幼年继位的理查二世因大权被叔父约翰把持，所以对叔父心怀怨恨。1399 年，约翰去世，理查二世没收了他的庄园。不过也就是在这一年，理查二世被约翰之子、被驱逐了的亨利发动政变废黜，金雀花王朝就此终结。

都铎王朝

　　金雀花王朝终结以后，英国历史又经历了兰开斯特
王朝和约克王朝两个短命的王朝，并爆发了一场在两大
家族之间的贵族内战——玫瑰战争。随后，都铎王朝建
立，这个王朝有几位在英国历史上颇为著名的国王，比
如亨利八世和伊丽莎白一世。

都铎王朝之前的兰开斯特王朝

　　1399 年，理查二世的堂弟、被放逐的亨利趁理查二世远征爱尔兰时，从
法国回到英格兰，发动政变，拘捕了国王，并在国会的同意下废黜了理查二世。
之后，亨利被拥立为王，是为亨利四世（1399—1413 年在位）。就此，亨利二
世开创的金雀花王朝终结，新的王朝因亨利四世家族爵位名称而得名兰开斯特
王朝。

　　兰开斯特王朝历经 62 年，共有 3 位君主，分别是亨利四世、亨利五世和
亨利六世，其中影响最大的为在位时间最短的亨利五世。亨利五世（1413—
1422 年在位）虽然只当了 9 年的国王，但他取得了令之前所有英国国王都望
尘莫及的成功。亨利五世的对手还是英国人的老对手法国人。1415 年，亨利
五世率军攻入法国，百年战争再次开打。亨利五世率领下的英军重新取得了战
争主动权，连战连捷，使法王查理六世不得不在 1420 年和亨利五世签订了耻
辱的《特鲁瓦条约》，这让英国人取得了难以置信的胜利。两年后亨利五世被
一场传染病夺去了生命，年仅 36 岁。

　　之后继位的是亨利五世唯一的儿子亨利，是为亨利六世（1422—1461 年
和 1470—1471 年在位）。继位时，亨利六世只有 9 个月，而在他继位后不到一

个月，法王查理六世也去世了，英国人于是宣布亨利六世兼任法国国王。然而，亨利五世时期对法国取得的丰硕战果却在亨利六世时代基本丧失殆尽。1453年，驻波尔多的英军向法军投降，至此，法国收复了除了加来以外的英国在法国的所有领地，百年战争最终以法国人的胜利而告终。

英法百年战争对英国产生了重要的影响，其中最重要的影响就是促进了英格兰民族的形成。1066年诺曼征服之后，诺曼人统治着一个跨海峡的王国：不列颠岛上的英格兰，以及大陆上的大片土地。当时他们的"心"还在大陆上，从某种程度上说，英格兰只是他们一次冒险行动得来的战利品，并没有太多的感情寄托，有不少国王的大部分时间都是在大陆上度过的。但是，渐渐地，统治者们的感情发生了变化，海那边的那个岛屿成了他们的精神家园，反而和法国领地的感情倒是渐行渐远。与此同时，诺曼人由北欧入侵而来，诺曼底公国是法王不堪诺曼人骚扰而被迫划出去的本国领土，他们又在大海当中开辟了新的领土，法国人对英国人鱼和熊掌兼得的现状颇为不平，因此围绕着英国在法国领土的冲突是这几百年来英法两国历史的几条主线之一。诺曼人以英格兰为基地对抗法国人的挑战，这样的情况到百年战争结束后有了一个终结：英国人在大陆上的领土几乎都丢光了，只能专心致志经营不列颠岛，国王也一心一意地做英国的国王，可以说，他们至此才将自己看作是英国人，一个和欧洲大陆

剑桥大学国王学院

剑桥大学国王学院始建于亨利六世在位期间，在建设过程中，"玫瑰战争"爆发，工程被迫停止。后亨利七世重新建设，直至1547年竣工。

那些民族有区别的英国人。

不过，英格兰民族的形成只是后世史家的归结，这并不意味着英格兰就此"安定团结、飞速发展"了，而恰恰是百年战争结束以后，亨利六世在位晚期，英格兰又卷入了一场内战，这就是红白玫瑰战争。

玫瑰战争

1453 年，亨利六世患上了疯癫症，约克公爵理查被立为摄政王。约克公爵集团和以亨利六世、王后玛格丽特为首的兰开斯特公爵集团分别代表了不同的利益集团：兰开斯特集团背后是西北部的大封建主以及威尔士贵族，约克家族则有东南地区的势力还有想要扩大王权的新贵族和城市平民的支持。从表面上看是两大贵族家族的对立，实际上却是两个利益集团的对立。因为兰开斯特家族的族徽是红玫瑰，约克家族的族徽是白玫瑰，所以这场持续 30 年的战争被后世称为"玫瑰战争"。

约克家族的理查公爵掌握大权后，兰开斯特家族不甘心就此没落，不久之后就将理查公爵赶出宫廷。到了 1455 年，争斗日烈的双方开始动用武力。1455 年 5 月 22 日，理查率领军队在圣奥尔本斯击败兰开斯特家族的军队，玫瑰战争正式爆发。此次战役获胜后，理查公爵控制了政治权力，此后几年间，两个家族虽然没有爆发大规模的战争，但是明争暗斗仍然持续不断。1459 年，冲突再起。1459 年 10 月 12 日，亨利六世在路孚德桥击败了约克家族，致使理查、内维尔等人纷纷逃亡海外。次年 6 月，沃里克伯爵内维尔和理查之子爱德华率军杀回英国。7 月 10 日，北安普敦一战，约克军取得了辉煌的战果，亨利六世被抓为俘虏，之后被囚禁在伦敦塔中，理查成为王位继承人。但约克家族好景不长，同年 12 月 30 日，王后玛格丽特率军突袭韦克菲尔德，杀死了理查公爵。随后，理查长子爱德华继承了约克公爵的称号，并在次年 2 月 2 日在莫蒂默斯克罗斯击败兰开斯特家族，3 月 4 日将亨利六世废黜，自立为王，称爱德华四世。至此，兰开斯特王朝中断，约克王朝开始。随后，爱德华四世乘胜追击兰开斯特家族军队，并于 3 月 29 日在陶顿战役中大败亨利六世和王后玛格丽特，迫使其逃往苏格兰。玫瑰战争第一阶段结束。

8 年后战争重新打响，这次是因为取胜的约克家族出现了内讧。沃里克伯爵内维尔作为约克家族中的一员悍将，在之前的斗争中立有大功，因此在约克王朝建立后掌握大权，后渐渐和国王爱德华四世发生了冲突。1469 年，内维尔发动叛乱，一度令国王爱德华四世屈服，但随后爱德华四世展开反击，迫使内维尔逃亡法国，并最终和玛格丽特结盟。1470 年 9 月，内维尔重新杀回英格兰，打败爱德华四世，将亨利六世重新推上王位。逃亡佛兰德斯的爱德华四世得到了勃艮第公爵"大胆"查理的支持，于 1471 年 3 月重整旗鼓打回英格兰。4 月 14 日和 5 月 4 日，在先后取得巴尼特战役和蒂克斯伯里战役的胜利后，爱德华四世杀了内维尔，俘虏了玛格丽特，废黜了亨利六世并杀死了他，重新君临英格兰。

此后 10 余年间，英格兰局势较为安定，爱德华四世鼓励工商业发展，抑制大贵族的权势，巩固王权，因此这十几年是宝贵的和平昌盛时期。1483 年，爱德华四世去世，他 13 岁的儿子爱德华继位，是为爱德华五世。不过两个月后，他就被他的叔叔理查篡位，称理查三世。理查三世的举动激起了许多封建贵族的反对。1485 年 8 月，兰开斯特家族的远亲、里士满伯爵亨利·都铎率领一支雇佣军打回英国，重新召集兰开斯特家族的余部。8 月 22 日，博斯沃思一战，亨利击败了约克王朝的军队，杀死了理查三世，后被拥立为王，称亨利七世，都铎王朝开始。

亨利七世继位后，娶爱德华四世长女伊丽莎白为妻，同时用红白玫瑰作为徽章，以示两大家族的和解，至此，持续 30 年的玫瑰战争终于结束。

玫瑰战争作为英国历史上最重要的战争之一，沉重地打击了英格兰的封建贵族势力，在这场旷日持久的贵族内战当中，大批贵族自相残杀，有历史学家

爱德华四世画像

统计，当时男爵以上的贵族死于战争者 61 人（一说 58 人），中小封建主则数以千计。贵族势力的消亡殆尽促使都铎王朝得以加强王权，同时也为新贵族以及新兴的资产阶级势力登上历史舞台扫清了障碍。

都铎王朝的前期统治

都铎王朝（1485—1603 年）建立初期正是英国从封建社会向资本主义社会过渡的阶段，老贵族势力在玫瑰战争中被残杀殆尽，新兴贵族和资产阶级势力渴望和平、安定的环境，因为这样有利于经济发展，促进贸易活动。亨利七世（1485 年—1509 年在位）便利用这样的有利条件进行了大规模的改革。

首先是对封建贵族的打压。1487 年和 1504 年，亨利七世两下法令，令各地贵族解散武装家臣，这使得大贵族们再也没有实力武装反抗国王。1487 年，亨利七世创立了"星室法庭"（这座法庭设在威斯敏斯特王宫中的一座大厅中，大厅的屋顶装饰着星形图案，故而得名），专门用来审判那些不效忠国王，甚至阴谋叛乱的贵族，自此英国建立起了强大的王权。

其次重视经济的发展。亨利七世推行保护关税，扶植本国的工商业和航运业发展，奖励航海活动和对外殖民等有利于资产阶级发展的措施。另外，亨利七世对外实行通婚政策，他先后让自己的两个儿子娶了西班牙公主凯瑟琳，对维护英国民族国家的统一起了很大的帮助。亨利七世的这些政策令英国的经济

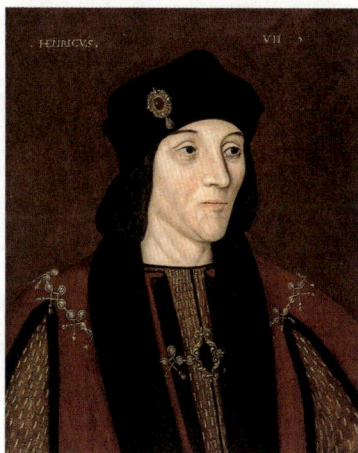

亨利七世画像

迅速发展，据说，到他去世时，英国国库还余有 200 万磅的财产。继亨利七世王位的是其次子亨利，是为亨利八世（1509—1547 年在位）。

亨利八世与教皇决裂

亨利八世一生有 6 位妻子，他在位期间重大举措之一的宗教改革，就源于他的一次婚姻。

亨利七世在位时，还是王子的亨利八世娶了自己的寡嫂、西班牙公主凯瑟琳。后来，亨利八世想要休妻再娶，但遭到罗马教廷还有国内一些贵族的反对，正好当时宗教改革之风已经传入英国，亨利八世于是就想趁着宗教改革的东风以及新贵族和资产阶级的力量，在英国推行宗教改革。1529 年到 1536 年间，在亨利八世的操纵下，英国议会通过了一系列法案，解散了修道院，使英国教会自此摆脱了罗马教廷的控制，国王成为英格兰宗教的最高领袖。这期间，大量教会和修道院的土地被没收，之后落入新贵族和资产阶级手中，这些加速了已经开始的农民丧失土地的过程，因此在一定程度上激化了阶级矛盾。1537年左右爆发的农民起义便是这种矛盾激化的体现。

在对外政策上，亨利八世最初继承了他父亲的联西反法政策（亨利七世为两位王子迎娶西班牙公主也是出于和西班牙搞好关系的考虑），但后因哈布斯堡王朝势力的日益强大，于是转而采取均势政策，纵横捭阖于西、法等国家之间，而亨利七世留下的丰厚家底也使亨利八世有实力干涉欧洲大陆的纷争，维持势力的均衡。此外，亨利八世合并了威尔士（威尔士此时在法律上正式成为英国的一部分），镇压了爱尔兰叛乱，并兼任爱尔兰国王。在对内方面，他重用托马斯·克伦威尔等改革派，进行内政改革，进一步强化专制王权。

亨利八世一生结婚 6 次，其中两位妻子被他休弃，两位妻子被他送上断头台，第三任妻子珍·西摩生的儿子爱德华成为后来的爱德华六世，这也是他唯一一个长大成人的儿子（私生子除外）。在他在位的近 40 年间，英国的方方面面，包括政治、经济、文化等都发生了不小的变化，一般认为，身为封建专制君主的亨利八世顺应潮流推行的一些措施，在客观上有利于英国资产阶级的发展，因此他的统治算是颇有成效。

亨利八世的儿子爱德华六世在位（1547—1553 年）6 年，在这期间宗教改革继续进行，新教被正式定为英国国教。后在他同父异母的姐姐玛丽一世（亨利八世的长女、西班牙公主凯瑟琳唯一长大成人的子女）在位（1553—1558 年）时，则废除了宗教改革，复辟了天主教，玛丽一世也因对新教徒进行血腥镇压而获得了一个"血腥玛丽"的绰号。

女王伊丽莎白一世

玛丽一世的妹妹伊丽莎白一世（1558—1603 年在位）继位后，顺应历史改革，恢复了其父亨利八世的宗教改革，使新教重新成为英国国教。伊丽莎白一世是英国历史上最优秀的君主之一，她的诸多政策，使英国成为当时世界上首屈一指的大国。在内政方面，她推行较为宽容、稳妥的宗教政策，在确立新

玛丽一世画像

教国教地位的同时，对天主教徒也较为宽容，与玛丽一世时期形成鲜明对比，这些为她获得了民众的支持，使英国得以平稳驶过宗教改革这一险滩，而没有像德国等国家那样爆发大规模的宗教战争。此外，伊丽莎白一世继续进行巩固王权的改革，使议会逐渐成为专制统治的工具。

在经济发展上，伊丽莎白一世推行重商主义政策，对本国的毛纺织业和其他新兴手工业进行保护和支持。她在位期间，英国同荷兰、北德意志汉萨同盟的羊毛交易持续增长，为英国经济的繁荣作出了突出贡献。她还鼓励造船业和航海业的发展，鼓励建立海外贸易公司等。与此同时，英国国内的"圈地运动"继续发展，流浪人口数量与日俱增，伊丽莎白一世随即颁布了《血腥立法》《徒工法》和《济贫法》等法律，这些法令虽然在客观上促进了英国资本主义的发展，但迫害了失地农民。

16世纪的航海手册插图

在对外政策上，最初伊丽莎白一世奉行让西班牙和法国两大国相互牵制的政策，这也使英国一度超然于欧洲纷争之外，有了一个安定和平的环境发展经济。但随着西班牙的海上霸业如日中天，俨然成为海外扩张的后起之秀英国的主要竞争对手后，西班牙和英国的关系开始转变。当时英国的海军力量并不强

英国击败西班牙"无敌舰队"

大，还不能和西班牙抗衡，所以伊丽莎白一世便纵容霍金斯、德雷克等人的海盗行动，对西班牙的船只和殖民地进行抢劫。1585 年尼德兰革命时，伊丽莎白一世甚至还曾出兵支援尼德兰反抗西班牙。3 年后，西班牙"无敌舰队"开往英格兰进行讨伐，被英国海军击败。至此，西班牙人的霸权开始衰落，英国人开始步入海上强国的行列。臭名昭著的贩奴活动也在伊丽莎白时代后期开始，这也是英国历史上的一个污点。

在伊丽莎白一世统治的晚年，英国还是出现了一些危机：比如专制王权和资产阶级的联盟开始出现裂痕，资产阶级有进一步进行宗教改革的渴望，清教运动开始兴起；爱尔兰局势不断恶化，那里爆发的人民游击战争据说持续了整整 9 年；常年的对外战争也使国家财政开始出现危机；晚年的伊丽莎白一世对一些宠臣特别信任，给予他们很多商品的专卖权，这些不利于工商业的发展，最终在议会的压力下，伊丽莎白一世不得不在 1601 年向议会许诺停止这一行动。

综合来看，伊丽莎白一世巩固了专制王权，维护了英国民族国家的统一，促进了资本原始积累的飞速发展，同时又在外政上初步夺取了西班牙的霸权，

伊丽莎白一世画像

这些对英国历史的发展起到了至关重要的作用。

　　1603 年，伊丽莎白一世去世，终身未婚的她没有留下子嗣，也没有指定继承人。虽然这位女王从来不缺乏追求者，但在当时欧洲的继承传接制度之下，这位信奉新教的英国女王无论是和大陆国家的天主教王室结婚，还是选择英国的新教贵族，都会让她自己和她的王国陷入不可预见的未来权力斗争当中，因此，孑然一身也许是一个明智的选择。

　　伊丽莎白一世去世以后，她的表侄孙、苏格兰国王詹姆斯·斯图亚特成为了新的英格兰国王。至此，都铎王朝结束，斯图亚特王朝开始。

　　通常认为，都铎王朝的统治是英国历史上的黄金时期，后来的"日不落帝国"便是在这个时候奠定了坚实的基础。不论在政治和经济上，还是在文化上，这段时期的英国都取得了不小的成就。

03

法兰西民族国家的出现

查理大帝去世以后，他的子孙们将他建立的庞大帝国一分为三，分别是东法兰克王国、中法兰克王国和西法兰克王国。其中，西法兰克王国奠定了现代法国的基础，所以中世纪的法国历史就要从西法兰克王国的历史开始讲起。

西法兰克王国时期

查理大帝的小儿子"秃头"查理建立了西法兰克王国，这一支的加洛林王朝一直比较孱弱，从843年《凡尔登条约》签订到1987年路易五世去世，只持续了144年就被卡佩王朝取代。

西法兰克王国的加洛林王朝

843年，法兰克国王"虔诚者"路易的三个儿子签订了《凡尔登条约》，"秃头"查理领有西法兰克王国，领土包括阿奎丹、布列塔尼、勃艮第、加泰罗尼亚、佛兰德斯、加斯科涅、图卢兹以及法兰西岛等。870年，"秃头"查理和东法兰克王国的"日耳曼人"路易又趁着几位侄子的早逝签订了《墨尔森条约》，瓜分了中法兰克王国北部的领土，使现代法国的领土雏形基本奠定。

西法兰克王国的历史具备两大特征：一是对内王权逐渐衰落，地方封建割据增强；二是对外饱受诺曼人入侵之苦。

"秃头"查理在位期间，虽在对外开疆扩土上有一定建树，但他缺乏驾驭封建贵族的能力。从"秃头"查理开始，一直到987年加洛林王朝被卡佩王朝取代，西法兰克王国一共有过8位国王，且多是昏庸无能之辈。查理之后的3位国王——"结巴"路易（877—879年在位）、路易三世（879—882年在位）、卡洛曼（879—884年在位）的在位时间都非常短暂。卡洛曼之后继位的是"天真汉"（又称"昏庸者"）查理，当时西法兰克遭到诺曼人严重侵袭，年幼的查理无法掌政，于是无计可施的法国贵族们病急乱投医，推举东法兰克王国的国王"胖子"查理监国摄政，但没想到这位国王也是无能之辈，面对诺曼人入侵频出丧权辱国的昏招，于是在887年，"胖子"查理被两国贵族废黜。随后，

"秃头"查理像

西法兰克人推举在对抗诺曼人入侵中表现卓异的贵族厄德为王。厄德出身名门，他的父亲是法兰西公爵罗贝尔，曾经英勇抵抗诺曼人入侵，绰号"坚强者"。在厄德击退诺曼人以后，却遭遇国内一部分担心封地利益受损的贵族们的反对，他们打着恢复"天真汉"查理王位的旗号发动了武装叛乱。双方的战争持续了6年。898年，厄德在胜负未分时去世，他的弟弟罗贝尔也已经厌倦了这种斗争，表示支持查理复位，自己只保留原有的封地即可。

　　然而，鹬蚌相争，渔翁得利，诺曼人趁着法国内战卷土重来。勉强抵抗了几年以后，国王查理不得不在911年将法国北部的一块土地割让给了诺曼人居住。此后，地方贵族们又起纷争。923年，以法兰西公爵罗贝尔为首的西部诸侯发动叛乱。苏瓦松一战，查理军队大败，罗贝尔也死于这次战役。随后，反叛的贵族们设下圈套将查理抓为俘虏，查理就这样一直被囚禁到929年去世。紧接着，贵族们推举罗贝尔的女婿鲁道夫为王。13年后，鲁道夫去世，没有子嗣。当时罗贝尔的儿子"伟大的雨果"掌握实权，完全可以登上王位，他却选择了在幕后操纵。此后，又有两位加洛林家族的后裔登上王位，直到987年，加洛林王朝的末代国王路易五世去世，加洛林王朝绝嗣。这时，"伟大的雨果"之子雨果·卡佩被推举为王，法国历史进入了卡佩王朝时期。

　　可以说，从厄德死后的近90年间里，法国王位更迭史就是加洛林和卡佩

（卡佩家族的前身即罗贝尔家族）两大家族的争夺史。这时期王权衰落，同时地方上封建领主的分离倾向也越来越强，这一趋势在9世纪末"秃头"查理在位时就已经开始了。有人统计过，在9世纪末，西法兰克王国境内出现了29个具有独立统治地位的封建公爵、伯爵和子爵。到10世纪末，这个数字增长到了55个，而这个数字应该还远远低于实际情况。地方势力如此强大，加洛林王朝的衰落也就在所难免了。

诺曼人的入侵和诺曼底公国

8世纪至11世纪这300年是北欧的诺曼人对南边欧洲各国进行大规模侵袭的时代，史称"北欧海盗时代"。西法兰克王国也深受其害。诺曼人最早是小股海盗掠夺，9世纪40年代以后发展为武装侵袭。有人统计过，9—10两个世纪，各支诺曼人47次大举入侵西法兰克王国，他们不仅侵袭沿海地区，还会乘船沿河流上溯，侵入些耳德河、卢瓦尔河、加龙河等流域。842年，一支诺曼人沿塞纳河而上，占领了鲁昂；次年，又顺卢瓦尔河将南特洗劫一空；845年，一支诺曼人沿塞纳河而上围攻巴黎，当时西法兰克国王正是"秃头"查理，面对诺曼人围城时束手无策，只好奉上7000里弗"丹麦金"，诺曼人才撤走；848年，诺曼人又洗劫了波尔多。此后，法国各地包括奥尔良、图尔、图卢兹、亚眠、康布雷等地都遭到诺曼人的侵袭。868年夏天，巴黎城在被诺曼人围攻长达11个月之后，被从东法兰克王国请来监国的"胖子"查理重施"秃头"查理故伎，不仅向诺曼人奉上重金，还允许他们穿越塞纳河进入勃艮第。

一直到10世纪初，诺曼人的侵袭还在继续，不过他们已经不再是过去那种抢完了就走，而是试图寻找土地在这里定居下来——这里的气候要比故居宜人。911年，不堪诺曼人骚扰的法王"天真汉"查理和诺曼人首领罗洛签订条约，将塞纳河下游沿岸土地割让给诺曼人居住，但条件是他们皈依基督教、对法王效忠。就这样，诺曼人获得的那块土地因他们而得名"诺曼底"，这支诺曼人也在这片土地上建立起了自己的国家——诺曼底公国。

诺曼人以及马扎尔人、阿拉伯人的入侵对欧洲历史产生了深远的影响：他们的劫掠沉重地破坏了经济的发展；法国加洛林王室面对他们的入侵基本束手无策，各地封建贵族只好自行扩充武装势力，建堡筑坞，抵御入侵，而这对法国王权衰落、地方权力崛起也是一针催化剂。

诺曼底公国

　　1066 年，诺曼底公爵威廉介入英吉利海峡北面的英格兰王室争端，"诺曼征服"之后，威廉成为英格兰国王，他的国土地跨英吉利海峡两岸，这一事件使得英法两国的关系变得非常复杂，诺曼底的统治者当上了英格兰国王，理论上，其地位和法国国王是平起平坐的，但是诺曼底的统治者还是诺曼底公爵，其实际地位就要比法王低下，要向法王效忠。此后，诺曼底以及其他英国人在欧洲大陆的领土就成了英、法两国历史的焦点：英国人不甘心放弃如此广大的土地，法国人也不愿意看到自己的大片土地掌握在别人手里，而错综复杂的通婚关系又使得两国的王位随时都有可能落到对方手中，因此，此后的几百年间，围绕着这些领地归属，两国一直在进行时断时续的战争。

卡佩王朝：法兰西王国的建立

卡佩王朝（987—1328 年）是法国历史上一个非常
重要的王朝，从中期开始，该王朝的历代国王就通过各
种手段巩固王权、扩大领土，为法兰西民族国家的形成
奠定了基础。

卡佩王朝初期的孱弱

987 年，加洛林王朝的末代国王路易五世去世，没有留下子嗣，大贵族雨
果·卡佩击败了另一个竞争者洛林的查理登上王位，后又平定了佛兰德斯伯爵
等人发动的叛乱，巩固了自己的王位。这个新兴的王朝在初期时却并没有改变
自西法兰克王国形成以来就出现的王权衰落、地方贵族势力割据的趋势。

雨果·卡佩画像

　　卡佩王朝的君主们虽然贵为国王，但是当时由他们直接统治的土地只有以法兰西岛为中心，在塞纳河到卢瓦尔河之间的数处各不相连的地区，面积还不到 3 万平方千米，而当时法兰西国家的总面积达 45 万平方千米，也就是说，国王直接管辖的土地还不到 7%。即便是在国王自己管辖的土地上，一些桀骜不驯的贵族还恃强凌弱，在交通要道上建筑城堡，威胁从此经过的人，甚至是国王从自己的一块领地到另一块领地上，比如从巴黎到奥尔良，就要经过数个贵族的私人城堡，因此国王需要军队护送保卫，以防被贵族们打劫。

　　王室土地以外的法国土地则四分五裂，由大小贵族们占据。当时法国土地上存在着一系列的公国和伯国，其中重要的有诺曼底公国、勃艮第公国、阿奎丹公国、布列塔尼公国、加斯科尼公国，还有佛兰德斯伯国、图卢兹伯国、巴塞罗那伯国、布卢瓦－香槟伯国、皮卡尔迪伯国、安茹伯国、吉恩伯国等。在名义上，这些小国家都承认卡佩王朝的国王是他们的宗主，但也仅仅是名义上，实际上在他们的领地内部，他们拥有立法、司法、征税、铸币、宣战、媾和等一切本应是国王才应该有的权力，还有一些贵族，比如佛兰德斯伯爵，他的财富甚至比国王还要多得多。

　　相比之下，卡佩王朝的君主们非常寒酸：首都不固定，经常在巴黎和奥尔良之间换来换去；没有系统的行政机构；没有稳定、充裕的收入来源——有的国王实在囊中羞涩，不得不放下国王的架子去拦路抢劫，像腓力一世就曾打劫过意大利的客商。他们毕竟是获得大家公认的国王，虽然可能只是口头上的，但他们所拥有的强大威望和向心力仍然是一切贵族所不能比的。建立卡佩王朝的雨果·卡佩深知这一点，因为他自己就是被贵族们拥立上台的，为了避免后世效仿，也为了最充分地利用法兰西国王的威望，他在继位之初便立自己的嗣子罗贝尔为王。9 年后，罗贝尔顺利继位，他就是"虔诚者"罗贝尔（996—1031 年在位）。此后的诸王皆是如此，在自己还在位时就为嗣子加冕，保证其顺利接班，这也表明王位继承制正在取代推举制。也正是因为如此的制度设计，虽然卡佩王朝初期的几位国王——"虔诚者"罗贝尔、亨利一世（1031—1060年在位）、腓力一世（1060—1108 年在位）统治期间，王权仍在继续衰落，这几位国王也都没突出政绩，王位更迭却非常稳定，为之后的国王加强王权奠定了基础。

王权加强：从路易六世开始

从法王路易六世（1108—1137 年在位）继位开始，卡佩王朝开始了加强王权的进程。这其中有客观的历史因素，也有主观的原因。从 11 世纪下半叶开始，法国的经济发展较快，不同地区的经济分工也初步成型，而经济的发展和交往促进了政治上的统一。同时，原来的封建领主对各自领地内的统治也已经不能适应新时期的新情况，这些变化都为卡佩王朝的君主加强王权提供了客观条件。有好的条件，还要有好的执行者。幸运的是，从路易六世开始，卡佩王朝先后出现了几位杰出的国王，且他们都抓住了机会。

路易六世（绰号"胖子"）在位时数次出征，平定了国王领地内那些桀骜不驯的贵族。他还改组了御前会议，大量吸收忠于国王的封建地主、市民、教士加入，以稀释原有的那些大贵族们的权势。路易六世对当时的城市自治运动表示支持，尤其是城市公社，他为城市颁发公社特许状，将卡佩王朝和城市的利益联合在一起，因此被后人称为"公社之父"。此外，通过联姻扩大领土也是他的一项措施。1137 年，阿奎丹公爵去世，路易六世便让自己的儿子路易娶了阿奎丹的女继承人阿奎丹的埃莉诺为妻，这样就将阿奎丹收入了囊中。

1137 年，路易六世去世，他的儿子路易继位，是为路易七世（1131—1137 年与父共治，1137—1180 年在位）。他曾于 1147 年参加第二次十字军东征，不过收获不大，且阿奎丹在他手上得而复失：因为他和阿奎丹的埃莉诺的婚姻使得阿奎丹成为王室的领土，但两人于 1152 年离婚后，埃莉诺又和当时的安茹伯爵、后来的英格兰国王亨利二世结婚，这样阿奎丹就从法国王室的手中回到了埃莉诺手中，最后又落到了英格兰国王亨利二世名下，此后，针对这一片土地，卡佩王朝和亨利二世建立的金雀花王朝的争端持续了几百年。虽然又丢失了阿奎丹，但路易七世统治后期，法国经济发展迅速，城市繁荣昌盛，文化也取得了不小的成就，同时卡佩王朝也正式将都城定在了巴黎。

1180 年，继位的腓力二世（1180—1223 年在位）开始向王室领地以外的地方扩展。当时的英国王室为了争夺利益打得头破血流，父子兄弟兵戎相见，这些人有亨利二世、"狮心王"理查一世和"无地王"约翰等，腓力二世更是趁机极力挑拨他们之间的矛盾，时而支持这一方，时而支持另一方，收尽了渔翁之利。1202 年，腓力二世找了一个借口宣布将英格兰国王约翰在大陆的领地全部没收，随后，又出兵陆续占领了诺曼底、曼恩、突伦、安茹和布列塔尼等地，使英王在大陆的领地只剩下了阿奎丹。1214 年，不甘心失败的约翰纠

腓力二世画像

合神圣罗马帝国皇帝奥托一世和佛兰德斯伯爵等人联手进攻法国，最终在 7 月 27 日的布汶一战中，法军击败敌人，生擒佛兰德斯伯爵。这一战的意义非常重大，它奠定了法国王权重新崛起的基础，也第一次激起了法兰西的民族感情，赢得此战胜利的腓力二世也为自己获得了"奥古斯都"的称号，后世也有学者称他为"法兰西王国的真正奠基人"。

腓力二世在内政上也推行了不少措施以加强王权，包括推行"拜宜"制治理地方，国王直接任免相关官员；继续支持城市自治运动，保护工商业经济的发展；开始使用雇佣军，减少对封建附庸武装的依赖性等。腓力二世去世后，他的儿子路易八世继位（1223—1226 年在位），他曾配合教皇镇压了阿尔比教派的起义，又顺手将南部的朗格多克地区并入王室领地。

腓力四世和三级会议的召开

1226 年，路易八世年仅 12 岁的儿子路易继位，是为路易九世（1226—1270 年），初期由其母后摄政。路易九世本人是一个虔诚的基督教徒，1248 年，他曾发动第七次十字军东征，不过在埃及遭遇惨败，他本人也被俘，直到后来缴纳了大笔赎金才被放回。1252 年，路易九世的母后去世，他彻底掌权。路易九世的主要功绩是推行了两大改革。首先是司法改革，他将司法权牢牢控制在了国王手中，设立王室法庭审理重大案件，包括叛逆、铸伪币、伪造王室法令、非法携带武器等案件都归王室法庭审理；在王室领地内，禁止私斗；在王室领地外，则实行"国王四十日"，即任何法国贵族诸侯在受到侵害的 40 天内不得进行报复，可以到王室法庭上诉，请求仲裁。这样一来，封建主的司法权大幅削弱，王权因此加强。其次是币制改革，王室发行的铸币通行全国，在贵族领地上也可以使用，但在王室土地上只允许王室货币通行，贵族发行的货币只可以在自己的领地上使用。此后，王室发行的货币就渐渐将贵族货币挤出了历史舞台。

路易九世这两大改革使法国的王权进一步加强。对内，他还和教会搞好关系，扶助贫弱孤寡，发展慈善事业，据说他曾在济贫院为穷人洗脚，亲自去探望麻风病人等；对外，他和周围各国以及教皇关系和睦，因此他也有一个非常好的名声，被人尊为"圣路易"。1270 年，路易九世又发动了第八次十字军东征，后猝死在这次征途上。

继任的国王是腓力三世（1270—1285 年在位），外号是"勇敢者"。他在位 15 年，通过联姻将图卢兹伯爵和香槟伯爵的领地（香槟地区是在腓力三世死后，他的儿子腓力四世在位期间实现的）并入王室，在教皇的蛊惑下错误地发动了对阿拉贡王国的战争，最初取得了一些胜利，但因军中突然暴发痢疾，法军不得不撤退，而染上痢疾的腓力三世也死在了撤军途中。

腓力三世之子腓力四世是卡佩王朝最后一位强有力的君主，一表人才的他绰号"美男子"。他在位期间（1285—1314 年）先后通过继承和联姻吞并了香槟伯国、比利牛斯山区的纳瓦拉王国等地，且在内政上也有一定贡献。在他当政前后，法国的封建国家机器已经颇具规模，原有的机构也逐步分化成分工不同的职权部门。此外，腓力四世在税收制度上也进行了改革，但他为了满足对外征战的需要，大肆搜刮，引起了下层人民的反抗，也引起了部分封建贵族的不满，同时他向教会征收财产税的行为也使得他和教皇卜尼法斯八世发生冲突。

为了获得国内社会各阶层的支持，腓力四世在 1302 年召开了法国历史上的第一次"三级会议"。

事实上，早在 11 世纪初，一些思想家就提出了"三个等级"的思想：教士、贵族、市民分列三个等级，分工不同，地位不同，其中前两个等级参与政治，治理国家。但随着经济的不断发展，市民阶级不断壮大，逐渐成为一种重

腓力四世画像

要的政治力量。虽然从 13 世纪末开始就有一部分市民被吸纳为官，但这只是少数，市民阶级的整体地位还没有得到承认，比如国王的"御前会议"中就没有市民的身影。随着王权的增强、封建国家机器的完善，财政问题，也就是钱的问题日益凸显，而日益壮大的市民阶级也开始成为王权的主要拉拢对象。因此，腓力四世因征税问题在教皇那里碰了钉子以后就召开了第一次三级会议，允许王室领地的主要城市各派两名市民代表参加。

　　三级会议的召开表明市民阶层开始登上历史舞台，同时也表明法国的封建制度发展到了一个新的阶段，即君主与等级代表会议共同构成的封建等级君主制。腓力四世之后，三级会议逐渐开始制度化，国王经常利用其来扩大王权的社会基础，提高自己的权威性，不过有的时候三级会议也会对国王的暴政进行反击，起到了限制王权的作用。

　　腓力四世召开三级会议是为了解决推行新税的问题，有了民众的支持后，他开始正式和教皇对抗。1303 年，双方矛盾升级，腓力四世甚至出兵攻入教皇住所，将卜尼法斯八世肆意凌辱一番，不久之后这位教皇去世。1305 年，法王控制下的法国大主教克雷芒当上了教皇，是为克雷芒五世。为了更好地控制教廷，1309 年，腓力四世甚至操纵教廷将其从罗马搬到了意大利北部、紧挨着法国的阿维尼翁，此后的六任教皇以及大部分的教会高层都是法国人，一直到 1377 年教皇格列高利十一世将教廷迁回罗马。这 68 年间，教廷都被法国王室所控制，史称"阿维尼翁之囚"。

腓力四世去世后，卡佩王朝随后掌权过的 3 位国王路易十世（1314—1316 年在位）、腓力五世（1316—1322 年在位）、查理四世（1322—1328 年在位）都是腓力四世之子，其中查理四世曾支持过其妹妹、嫁给英格兰国王爱德华二世的伊莎贝拉反攻回国并将丈夫废黜的行动。1328 年，查理四世去世，无嗣，安茹伯爵腓力和英王爱德华三世都声称自己有继承权，最后贵族们推举腓力为王，是为腓力六世。不过此二人的争端并没有就此结束，这也就是英法百年战争的导火索。同时，腓力六世的继位也标志着卡佩王朝的结束，瓦卢瓦王朝的开始。

瓦卢瓦王朝的前中期

瓦卢瓦王朝（1328—1589 年）刚一建立就因为王位继承的问题，和海峡对岸的英国展开了一场旷日持久的战争，即英法百年战争。这场战争对两国的历史都产生了深远的影响。百年战争之后，法国建立起了君主专制体制，且日益根深蒂固，并最终在后来的波旁王朝时成为欧洲封建制度的堡垒。

英法百年战争的爆发

1328 年，法王查理四世去世，无嗣，当时查理五世的堂兄腓力和英王爱德华三世都要求继位。腓力是腓力三世之孙、查理四世的堂弟，英王爱德华三世则是腓力四世的外孙。他的母亲法兰西的伊莎贝拉是腓力四世之女、查理四世的妹妹，嫁给了英格兰国王爱德华二世，后来逃回娘家法兰西，得到了情人马奇伯爵和哥哥查理四世的支持后杀回英国，废黜了爱德华二世，立子爱德华为王，也就是爱德华三世。因此，英格兰国王爱德华三世是去世的查理四世的外甥。不过在当年召开的三级会议上，法国贵族们引用《萨利克法典》中女子不具备继承权的规定，拒绝了爱德华三世的继位要求，随即拥立腓力继位，是为腓力六世（1328—1350 年在位）。爱德华三世并没有善罢甘休，英吉利海峡上战云密布。

腓力六世画像

　　王位继承权问题只是诱发战争的导火索，战争爆发的深刻根源还是英国在大陆的领地问题。从诺曼征服起，英国就在大陆尤其是法国地区拥有大量领地，虽然随着法国王权的不断增强而收回了不少领地，但还有相当一部分控制在英王手中，像在 14 世纪初，阿奎丹就还为英国所控制。这些领地也就成了英法两国关系的定时炸弹：英国人只要在大陆上还有一寸土地，就想着以此为基地继续扩张；而法国人则是还有一寸土地为英国人占着，那么其王权统一大业就不彻底。因此，法国人在想着收回这些土地，而英国人则想继续扩大。双方的矛盾终于在百年战争中有了一个总爆发，并且用战争的方式对其进行了了结。

　　此外，英法对佛兰德斯地区的争夺更是为两国的矛盾火上浇油。佛兰德斯位于中欧低地的西部、北海沿岸，大致上包括今天比利时的东、西弗兰德省和法国的加来海峡省、诺尔省，以及荷兰的泽兰省。在当时，这里的毛纺织业非常发达，是全欧洲最为富庶的地区之一。佛兰德斯在经济上和英国有着密切的关系，因为毛纺织业需要的原料羊毛大部分来自英国，英国也从中获得了巨额的利润。但在政治上，这里却属于法王的附庸，是法国属下的一个伯国，同时法国统治者也一直想将这块宝地吞并，腓力四世就曾大举入侵佛兰德斯，只是在佛兰德斯市民的奋力反抗下才没有得逞。14 世纪上半叶，佛兰德斯内部的阶级矛盾也较为尖锐，佛兰德斯伯爵大肆盘剥搜刮市民，在政治上也打压市民们的自由权利，双方冲突一触即发。1328 年，在佛兰德斯伯爵的请求下，法王腓力六世出兵镇压了市民的起义，随即就在这里建立了直接统治。1336 年，腓力六世授意佛兰德斯伯爵囚禁佛兰德斯境内的所有英国人，爱德华三世随即以牙还牙，下令囚禁所有在英国的佛兰德斯人，还宣布停止向佛兰德斯出口羊毛，这使得佛兰德斯大批工厂停工，工人失业。一直以来，佛兰德斯的当地市民就已经对法王的横征暴敛非常不满，这下他们更是归咎于法王。

佛兰德斯地区风光

1337 年 5 月，法王腓力六世借口英王包庇自己的政敌而宣布将英王在大陆的最后一块封地阿奎丹收回。11 月 1 日，爱德华三世正式向法王宣战，百年战争爆发。

1337 年，英国进军佛兰德斯。1340 年，埃克吕兹海战中，英国军队以少胜多，击沉了法国舰队 172 艘船中的 142 艘。从此，英国人控制了英吉利海峡，英军可以放心大胆地越过海峡登上大陆。此后，在教皇的斡旋下，双方曾停战几年，但到了 1346 年，英军入侵诺曼底，战端又起。同年 8 月，在克雷西战役中，英军弓箭手大败法国士兵，骑士制度也就此从军事舞台上没落。得胜的英军随后围攻重镇加来，猛攻 7 个月之后终于得以占领。此后，一场巨大的瘟疫——黑死病从意大利传入英法两国，两国皆元气大伤，腓力六世也死在了这场瘟疫当中。无力再战的两国，因此又停战数年。1356 年，英军又攻占了法国南部的吉恩和加斯科尼，紧接着的普瓦捷战役中，英军在"黑太子"爱德华的统率下再一次以少胜多，将法王约翰二世（1350—1364 年在位）以下的大批法国贵族抓为俘虏，随后又将他们带回英国，向法国索要巨额赎金。

扎克雷起义和查理六世的励精图治

　　普瓦捷会战溃败，法国陷入一片混乱，19 岁的太子查理监国。此时的市民、农民等阶层对法国骑士贵族们的愚蠢无能和连遭败绩万分不满。查理为了筹措军费和赎金，在 1356 年 10 月召开三级会议，但大批贵族和教士没有出席，第三等级的城市代表超过半数。这些代表们和以查理为首的贵族阶层就惩治无能官员、限制国王和贵族权力等问题产生了严重分歧，之后，查理被迫接受城市代表们制定的限制贵族权力的纲领。1358 年 2 月，巴黎市民爆发武装起义，他们冲进王宫，查理被迫屈服，不久后逃出巴黎。

　　当时的法国农村正在经历战火和黑死病的双重蹂躏，广大农民纷纷破产，还有的地方甚至成了无人区。走投无路的农民只好揭竿而起。1358 年 5 月，法国北部的博韦地区以吉约姆·卡尔为首的农民发动起义，他们提出了响亮的口号："消灭一切贵族！"起义军迅速横扫香槟、皮卡第、法兰西岛等地区，所到之处城堡被毁、贵族被杀。吉约姆曾派人到巴黎和起义市民取得联系，但是以马塞尔为首的起义市民是站在富裕市民的立场上，他们也害怕农民起义军会损害自己的利益，所以虽然他们也曾派出小部分军队援助农民军，但始终对建立联盟缺乏诚意和行动。之后，贵族们推举约翰二世的女婿、纳瓦拉国王"恶人"查理负责镇压起义。紧接着，查理率军逼近起义军主力所在的博韦地区麦罗村，他先是以谈判为名诱杀了起义军首领吉约姆，随后又猛攻群龙无首的起义军，致使起义最终失败。因为当时法国贵族蔑称农民为"扎克雷"（Jacques，乡巴佬的意思），因此后世就用这个词为这次大起义命名。扎克雷起义是法国中世纪规模最大的农民起义，它给予封建贵族势力沉重打击，使此后的封建贵族不敢再对农民残酷剥削，在一定程度上改善了农民的处境。

扎克雷起义

法国贵族们在镇压了扎克雷农民起义后，又将目标转向了巴黎的市民起义军。7月31日，马塞尔在巴黎巷战中被害。两天后，太子查理恢复了他在巴黎的统治，巴黎市民起义最终也以失败告终。

1360年，太子查理和英国签订了屈辱的《布勒丁尼和约》，将加来以及法国西南部大片领土割让给英国，且英王是以国王的身份而不是法王的附庸身份占领这些领土。同时，英王放弃对法国王位的要求，但法国需缴纳300万克朗赎回约翰二世以及被俘贵族。至此，百年战争第一阶段结束。之后，约翰二世被释放回国筹措赎金，英国人将他的次子路易扣下作为人质。但没想到，后来路易竟然私自逃回法国，这使得严格遵守骑士信条的约翰二世主动回到英格兰继续当囚徒，一直到1364年在那里去世。为此，约翰二世获得了一个"好人"的绰号。

1364年，太子查理正式登上法国王位，是为查理五世（1364—1380年在位）。他一心要报仇雪恨，在税收和军事上进行了一系列的改革，加强了法国的实力，又起用智勇双全的杜·盖克兰为统帅，终于在1369年对英国展开了复仇之战。经过10余年的艰苦奋战，到1380年查理五世去世时，法国已经收复了大部分失地，只有加来、布勒斯特等几座沿海城市还掌握在英军手中。随后，两国在1396年签订了20年的停战协定。

此时的法国国王是查理六世（1381—1422年在位），他继位时只有13岁，

复仇成功的查理五世

由其叔父摄政。待到 1388 年查理六世亲政后，前 4 年政绩还不错，但他在 1392 年患上了间歇性精神病，经常突然拿起宝剑就砍人，法国贵族们便趁机结党营私、争权夺利。当时法国贵族有两大派，分别是勃艮第派，以勃艮第公爵为首；阿曼雅克派，以奥尔良公爵为首。贵族集团的内部混乱和国王的精神疾病削弱了法国的实力，所有人只能眼睁睁地看着查理五世取得的成就这样一点一点地被挥霍。

与法国相反，当时的英国国王是一位雄才大略的君主——亨利五世。他抓住了机会，在 1415 年重新发动了战争。法国贵族闻讯，勃艮第派立刻投降了英国，其余贵族则仓促上阵。10 月，在克雷西城附近的阿金库尔一战，法军大败，随后英军占领了法国北部地区，首都巴黎也遭沦陷。1420 年，英法双方签订《特鲁瓦条约》，条约规定，查理六世去世以后，亨利五世及其后裔拥有法国王位继承权；法王查理六世之女嫁给亨利五世。1422 年，查理六世和亨利五世先后去世，英国随即宣布亨利五世和查理六世之女所生的男婴为英国和法国国王，是为亨利六世，亨利五世之弟贝特福勋爵为法国摄政。此时，地跨英吉利海峡的英法两大国似乎有合二为一之势。

不过，逃到南方的查理六世之子拒不承认亨利六世，他在南方以布尔日城为中心建立了一个政权，自立为法国国王查理七世（1422—1461 年在位）。一时间，法国出现了两个国王——占据着北方大部分地区的英王亨利六世和偏居南部的查理七世。

圣女贞德和法国百年战争的胜利

1428 年，英军大举南下，猛攻要塞奥尔良。奥尔良的地理位置非常重要，是通往法国南方的必经之地，一旦为英军占领，法国南部也将处于沦陷的厄运。奥尔良城内法军奋勇抵抗，却因兵力悬殊而危在旦夕。

就在这危急关头，一位姑娘挺身而出，名垂法国青史，她就是贞德。贞德（1412—1431 年）的家乡在法国香槟和洛林交界的东雷米村，可以说贞德从小便目睹英军的烧杀抢掠暴行。贞德的父母都是天主教徒，她也从小便笃信天主教，在当地素以虔诚闻名。宗教的虔诚和爱国的热情使贞德对英法战争十分关注。1429 年 3 月，17 岁的贞德面见查理七世（当时他还有没有加冕为王），声称上帝派自己来拯救法国，绝望中的查理便派她率领一支军队前往奥尔良解围。

4 月 29 日，身先士卒的贞德率领援军冲进被重重围困的奥尔良城，城中军民士气大振。几天后，上下一心的法军击退了围城英军，奥尔良之围终解。不久，贞德的英雄事迹广为传诵，人们都称她为"奥尔良姑娘"。此后，法军乘胜追击，连下数城，并在 7 月份收复了被法国人视为圣地的兰斯。7 月 17 日，在贞德的劝说下，查理在兰斯大教堂加冕称王，正式成为查理七世，而当时站在查理的身旁的，正是手持旗标的贞德。

当时的贞德声望如日中天，却也招致了一些贵族们的嫉妒和担心。1430 年 5 月下旬，兰斯以西的重镇贡比涅告急，贞德率军驰援，在一次偷袭行动失败后率军撤回，但是被守城的法军拒之门外，因为他们担心英军趁机冲进来。就这样，贞德被勃艮第军队俘虏了。半年以后，贞德被勃艮第公爵以 1 万金币的高价出卖给了英国人，查理七世以及法国贵族则见死不救。1431 年 5 月 30 日，贞德被英国人拼凑起来的宗教法庭判处火刑，罪名是"女巫"和"奇装异服"等。

贞德虽然牺牲在英国人的火刑柱上，但她唤起的爱国热情继续在法国民众间高涨，此后法军节节胜利，不断收复沦陷国土。1435 年，早已厌战的勃艮第公爵退出战争，臣服于法王查理七世；1436 年，在巴黎人民发动起义的内应下，查理七世重返巴黎，此时距巴黎沦陷已经过去了 17 年；1447 年到 1449 年，法国又先后收复鲁昂和诺曼底；1453 年 7 月，英法在卡斯蒂永展开决战，英军大败；10 月 19 日，波尔多的英军向法军投降。至此，法国收复了除加来以外的全部国土。也是在这一天，英法两国签订停战和约，百年战争最终以法国的胜利宣告结束。

圣女贞德在兰斯大教堂查理七世加冕礼

　　百年战争结束，英国人几乎丢失了在大陆上的所有土地，同时也放弃了对法国王位的继承权；而法国人也终于赶走了在自己"卧榻之旁"酣睡的英国人，这对两国来说都有着深远的意义。对于法国来说，百年战争一打就是 116 年，法国领土是主战场，虽然最后收复的土地已是久经兵燹，但法国基本完成了统一，向一个统一的、强大的封建国家迈进。可以说，正是百年战争的胜果奠定了法兰西崛起的基础。而百年战争的另一个深远影响是，法国人民在抵抗英国侵略的战争中，逐步培养起来了爱国情操，他们开始树立"法国人的法国"的观念，法兰西民族开始形成。

法王路易十一

　　百年战争以后，法国虽然基本将英国人的势力逐出了大陆，但在国内并没有很快就实现王权的统一，还有一些领地为封建贵族们所统治，查理七世一直到 1461 年去世也没有看到最后的统一，不过，他继位的儿子路易十一（1461—1483 年在位）基本完成了这一任务。

　　路易十一在位期间一度和封建贵族们关系紧张，以勃艮第公爵"大胆"查理为首的贵族们甚至成立了一个"公益同盟"，同国王进行对抗。国王在和这个同盟交手时，一度落于下风。1465 年，路易十一被迫和公益同盟签订条约，

路易十一像

把索姆河流域的城市还给了勃艮第公爵，把诺曼底让给了弟弟查理。1468 年，路易十一更是成了"大胆"查理的阶下囚。不过，路易十一很快就撕毁了条约，重新占领了诺曼底。之后，路易十一挑拨洛林、瑞士和勃艮第之间的关系，给予民风强悍的瑞士资助，还获得了在瑞士征召雇佣军的权利。1477 年，勃艮第公爵"大胆"查理在南锡战败身死，他的大部分领地除了尼德兰以外都落入了路易十一手中。因为 1479 年路易十一被奥地利大公马克西米安（后来成为神圣罗马帝国皇帝）击败，使得勃艮第公国的领地尼德兰落入了哈布斯堡王朝手中。1480 年和 1481 年，安茹、曼恩、普罗旺斯等地先后被并入法兰西王室领地。就这样，路易十一经过多年的努力，在使用了武力、外交等各种手段之后，终于基本上完成了法兰西的统一，今日法国的国土轮廓基本成型（除了布列塔尼公国和加来），因此，路易十一获得了一个"法兰西领土聚合者"的绰号。此外，因其在和对手进行斗争时喜用阴谋手段，从来不把信义、诺言放在心上，便又有了另一个绰号——"蜘蛛国王"。

1483 年，路易十一去世，查理八世继位（1483—1498 年在位）。在查理八世及以后的几位君主在位期间，法国彻底建立起了封建专制制度，这也是法国为当时的大势所趋。当时，资本主义经济已经在法国获得了一定的发展，一些资产阶级也进入了社会上层（他们被称作"穿袍贵族"）。与此同时，原来的那些封建贵族（"佩剑贵族"）却日益没落，他们迫切需要王权来保障自己原有的那些政治经济特权，并且，宫廷也成为他们追逐高官厚禄以及声色犬马的最后场所。而新兴的资产阶级也需要王权来为他们打压封建贵族、镇压被剥削反抗的普通百姓和维护安定的国内国际环境以保证贸易发展，这两股势力基本是势均力敌，因此，以国王为首的王权势力左右逢源，并顺理成章地凌驾于二者之上。

意大利战争

上述权力均衡也存在一定的隐患，那就是传统的封建贵族对丧失种种特权和地位心有不甘，而新兴的大资产阶级的胃口则越来越大，于是路易十一以后的几位国王先后将目光投向了国外，企图通过对外侵略扩张来消化国内贵族们的欲望，当时经济上非常富裕但政治上却是一盘散沙的意大利就成了一个最好的目标。因此，开始强大起来的法国针对意大利进行了一场旷日持久的战争，前后持续 65 年。

1483 年，查理八世继位。1491 年，他和布列塔尼公国的女继承人安娜结婚，布列塔尼因此并入王国版图，其父聚合国土的大业终于在他的手中拼上了最后一块拼图。1494 年 1 月，意大利的那不勒斯国王斐迪南一世去世，查理八世宣称自己有权继承王位，随后在 8 月底率领近 4 万军队入侵意大利，没有遇到什么像样的抵抗便在次年 3 月占领了那不勒斯。法国强大的侵略招致了一片恐惧，于是意大利城邦中的威尼斯、米兰、佛罗伦萨和教皇，以及西班牙、神圣罗马帝国联合成立"神圣同盟"反对法国，最终将查理八世逐出了意大利。1498 年，年仅 28 岁的查理八世在一场意外事故中去世，他的堂兄奥尔良公爵路易继位，是为路易十二（1498—1515 年在位）。路易十二在内政上减轻赋税，发展经济，这为他赢得了"人民之父"的美誉，不过在外政上，他继续侵略意大利，不仅要求得到那不勒斯王国，还要得到米兰公国。1499 年，路易十二出兵占领了米兰，两年后又占领了那不勒斯，不过最终他还是在米兰等意大利城邦与神圣罗马帝国、英国、教皇国等国的联手进攻下，于 1511 年退出了意大利。

1515 年继位的弗朗索瓦一世（1515—1547 年在位）是一位对艺术情有独钟的国王，他对文艺复兴的发展有着重要影响。弗朗索瓦一世延续了对意大利的侵略战争，他也一度取得了胜利：1515 年，通过马里尼昂战役，弗朗索瓦一世征服了米兰公国，此役的胜利使他成了法国的英雄，也使他自信心

弗朗索瓦一世

膨胀，随后竟去竞选神圣罗马帝国皇帝，结果输给了背后有巨大财团支持的西班牙国王、哈布斯堡家族的查理一世，后者最终成了神圣罗马帝国的皇帝查理五世。当时的神圣罗马帝国不仅统治着今天德国、奥地利等地，还统治着西班牙、尼德兰、南意大利，从三面对法国形成了包围。对此，弗朗索瓦一世同时还想以勃艮第继承人的身份重新夺回这块土地，于是意大利战争升级为法国和神圣罗马帝国的争霸战争。

1521 年，战火重燃，这一年法国丢失了图尔内和米兰公国。1523 年，站在查理五世一方的英国出兵入侵法国北部的阿图瓦，同时，法国的陆军统帅波旁公爵也发动了叛乱。1525 年，法军在帕维亚战役中大败，弗朗索瓦一世被查理五世抓为俘虏，次年被迫在《马德里条约》上签字，宣布勃艮第归查理五世所有，法国放弃在意大利的所有领地。不过，被释放回国的弗朗索瓦一世立刻就撕毁了和约，此后一直到他 1547 年去世，两国之间又进行了大大小小数次战争，双方都没有取得明显的战果。1547 年，继位的法王亨利二世（1547—1559 年在位）继续战争，结果基本还是势均力敌。1559 年，法国和哈布斯堡家族统治下的西班牙签订了《卡托－康布雷齐条约》，条约规定，法德边境上的凡尔登、土尔、梅斯三个城市继续归法国所有，法国放弃对意大利的领土要求，勃艮第也仍归法国。至此，意大利战争终于结束，法国控制意大利的企图失败了，意大利成为西班牙的势力范围。而作为战争的主战场，意大利更是饱受创伤，不仅政治上继续分裂，经济上也开始衰落。

1559 年，亨利二世去世。此后的 30 年间，他的三个儿子弗朗索瓦二世（1559—1560 年在位）、查理九世（1560—1574 年在位）和亨利三世（1574—1589 年在位）先后继位为王，法国文艺复兴、宗教战争等重大事件也都是发生在这一阶段。1589 年 8 月 2 日，亨利三世遇刺身亡，无嗣，纳瓦尔的亨利继承了王位。至此，瓦卢瓦王朝结束，波旁王朝开始。

全球通史

——上古篇（下） 中古篇（上）——

❶ 古希腊文明

古希腊进入黑暗时代，因描绘这段历史的主要文献是《荷马史诗》，所以这一时期又被称为"荷马时代"。

米诺斯文明进入古王宫时期，发明线性文字 A，建立克诺索斯王宫。

迈锡尼人建立王国，发明线性文字 B，迈锡尼文明开始兴起。

| 公元前 2000 年 |
| 公元前 1600 年 |
| 公元前 1200 年 |
| 公元前 1100 年 |

迈锡尼文明开始衰败。

❷ 马其顿文明及希腊化时代

亚历山大在巴比伦去世。

在腓力二世的领导下，马其顿王国征服希腊。

亚历山大继任马其顿国王，史称"亚历山大大帝"。

| 公元前 355 年 |
| 公元前 336 年 |
| 公元前 334 年 |
| 公元前 323 年 |

亚历山大东征，先后征服波斯、埃及、巴勒斯坦、叙利亚、印度等地。

历史年表

雅典进行梭伦改革，开创了雅典的民主政治。

希波战争爆发，著名的马拉松战役就发生在希波战争之中。

伯罗奔尼撒战争爆发，以斯巴达为首的伯罗奔尼撒同盟最终战胜了以雅典为首的提洛同盟。

公元前 492 年

公元前 594 年

公元前 431 年

公元前 800 年

希腊进入城邦时代，主要城邦有雅典、斯巴达等。

马其顿王国的埃及总督托勒密一世在埃及创建托勒密王朝。

托勒密王朝被罗马灭亡。

公元前 312 年

公元前 305 年

公元前 247 年

公元前 30 年

亚历山大大帝的昔日部将塞琉古一世在叙利亚地区创建塞琉古王国。

帕提亚帝国（安息帝国）在波斯地区建立。

❸ 古罗马文明

塞尔维乌斯继位并进行改革，标志着罗马国家的正式诞生。

罗马颁布《十二铜表法》。

罗马与马其顿王国先后爆发四次马其顿战争，最后马其顿成为罗马的一个行省。

公元前 579 年

公元前 753 年

公元前 510 年

公元前 450 年

公元前 215 年

公元前 264 年

罗马建城，罗马进入王政时期。

罗马进入共和国时期。

罗马和迦太基先后爆发三次布匿战争，迦太基战败，先是割让西西里岛和附近的利帕里。

恺撒在元老院上遇刺身亡。

罗马暴君尼禄自杀，罗马帝国第一个王朝克劳狄王朝灭亡。

安东尼、屋大维和雷必达结成"后三头同盟"。

罗马帝国皇帝安敦尼去世，罗马帝国开始由盛转衰。

68 年

公元前 27 年

117 年

公元前 43 年

161 年

公元前 44 年

235 年

元老院授予屋大维"奥古斯都"称号，罗马帝国时代正式开启。

哈德良继任罗马帝国皇帝，修建哈德良长城，罗马帝国进入全盛期。

塞维鲁王朝灭亡，罗马帝国出现"三世纪危机"。当时政局混乱、经济萧条，帝国面临四分五裂的危险。

西西里奴隶起义，
但被镇压。

苏拉担任执政官，开创
了军事独裁的先河。

克拉苏、庞培与恺撒
结成同盟，一起反对
元老院，史称"前三
头同盟"。

公元前 137 年

公元前 91 年

公元前 88 年

公元前 73 年

公元前 60 年

公元前 51 年

同盟者战争爆发，战
后意大利同盟者们获
得罗马公民权。

斯巴达克斯起义。

恺撒领导的高卢
战争取得胜利。

君士坦丁一世继
位，加强君主专制
统治，史称"君士
坦丁大帝"。

罗马帝国皇帝狄
奥多西一世颁布
法令，确认基督
教的国教地位。

日耳曼雇佣军首领
废黜西罗马皇帝罗
慕路斯，西罗马帝
国正式灭亡。

392 年

306 年

330 年

395 年

476 年

284 年

戴克里先继承帝
位，创建"四帝共
治"制度，进行戴
克里先改革。

君士坦丁一世将
帝国首都从罗马
迁到东方的君士
坦丁堡。

罗马帝国一分为
二，东罗马帝国
以君士坦丁堡为
都，西罗马帝国
以罗马为都。

❹ 日耳曼民族大迁徙

日耳曼人的一支西哥特人在西班牙及其附近地区建立西哥特王国。

公元前 100 年

418 年

439 年

法兰克人首领克洛维定都巴黎，建立法兰克王国，开创墨洛温王朝。

481 年

日耳曼人开始南迁，逐渐进入罗马帝国。

汪达尔人征服罗马世界第二大城市迦太基，就此建立汪达尔王国。

伦巴德人占领了意大利北部的伦巴德和托斯卡纳等地，建立伦巴德王国，这也标志着日耳曼民族大迁徙结束。

矮子丕平继任法兰克国王，结束了克洛维王朝，开始了加洛林王朝。

751 年

西哥特国王雷卡雷德一世定罗马基督教为国教。

714 年

589 年

568 年

西哥特王国被阿拉伯人灭亡。

汪达尔王国被东罗马帝国所灭。

意大利全境被东罗马帝国征服，东哥特王国灭亡。

534 年

535 年

554 年

493 年

东罗马公元皇帝查士丁尼一世对东哥特王国开战。

日耳曼人的另一支东哥特人在意大利及其附近地区建立东哥特王国。

加洛林王朝国王虔诚者路易的三个儿子签署《凡尔登条约》，法兰克王国一分为三 —— 东法兰克王国、西法兰克王国和中法兰克王国，而这三个法兰克王国也正是德国、法国、意大利三个国家的雏形。

查理曼加冕称帝，史称"查理大帝"，法兰克王国也被称为"查理曼帝国"。

伦巴德王国被法兰克王国吞并。

768 年

774 年

800 年

843 年

丕平之子查理曼继位，开始大规模向外扩张。

❺ 英吉利民族国家的形成

日耳曼人（主要是
盎格鲁－撒克逊人）
进入不列颠。

450 年

407 年

43 年

公元前 55 年

罗马帝国从不列颠撤兵。

恺撒渡海远征不列颠。

罗马帝国在不列颠设立行省。

"狮心王"理查一世继位，
联合法王腓力二世和神圣
罗马帝国皇帝腓特烈一世
发动第三次十字军东征。

"长腿"爱德华一世继
位，他率领英格兰征服
了威尔士、苏格兰。

1297 年

1272 年

1215 年

1189 年

"无地王"约翰签署
《自由大宪章》。

威廉·华莱士领导苏格兰
起义，但最终被镇压。

丹麦海盗袭击英格兰，开启"维京时代"。

阿尔弗雷德继任威塞克斯王国的国王，带领人民抵抗丹麦人的入侵，后被人尊为"阿尔弗雷德大帝"。

诺曼底公爵威廉征服英格兰，加冕为英格兰国王，称"威廉一世"，建立诺曼王朝，史称"诺曼征服"。

600 年

793 年

871 年

1066 年

1154 年

不列颠进入"七国时代"。

亨利二世继位，诺曼王朝结束，金雀花王朝开始。

兰开斯特家族远亲亨利·都铎率军击败了约克家族，亨利继位，称亨利七世，都铎王朝开启。

金雀花王朝终结，亨利四世开创兰开斯特王朝。

英国海军击败西班牙"无敌舰队"，逐渐奠定海上霸主地位。

1558 年

1399 年

1485 年

1588 年

1455 年

英国女王伊丽莎白一世继位，确立新教为英国国教。

两大贵族家庭兰开斯特家族和约克家族爆发战争，史称"玫瑰战争"。

⑥ 法兰西民族国家的形成

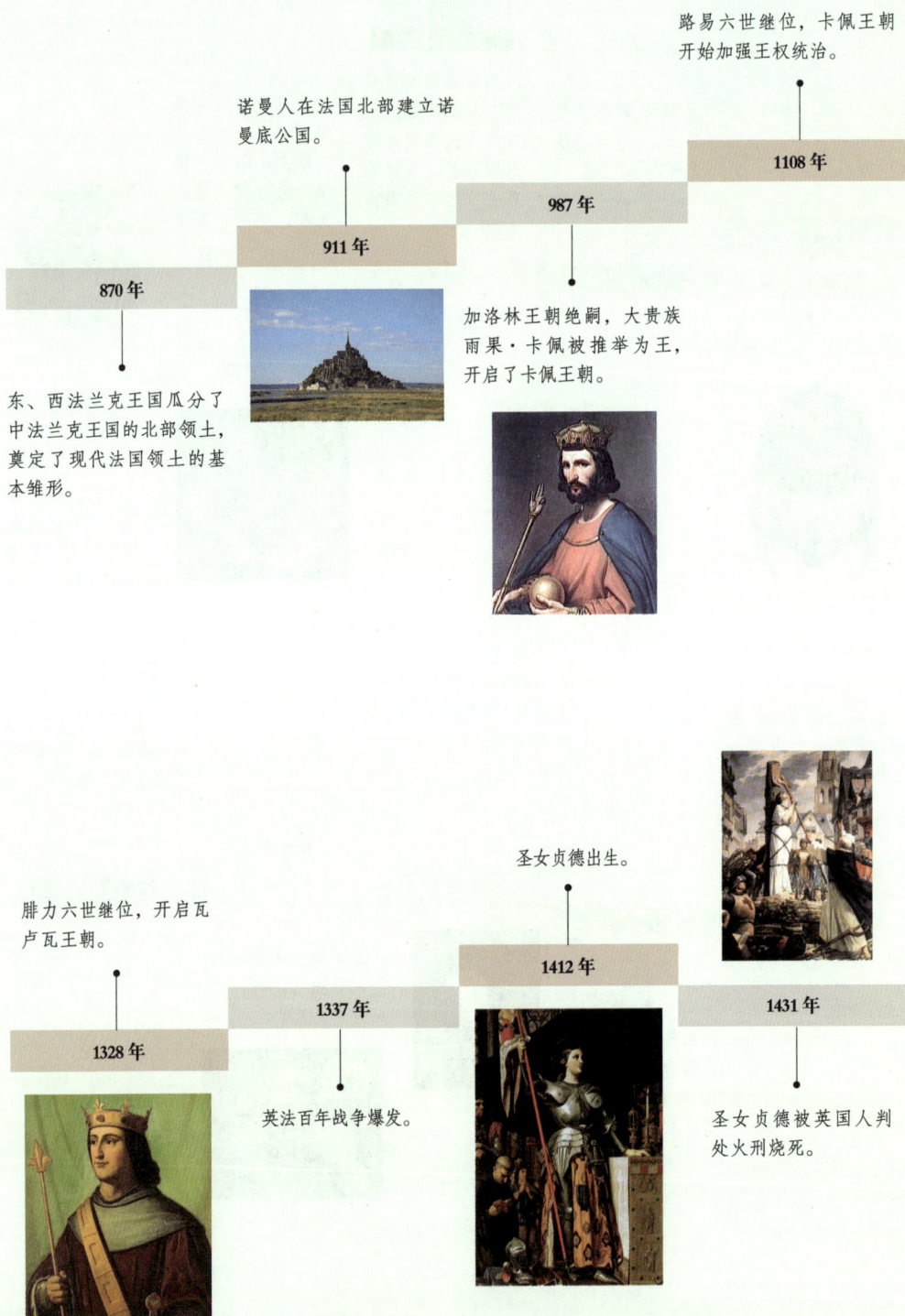

路易六世继位，卡佩王朝开始加强王权统治。

1108 年

诺曼人在法国北部建立诺曼底公国。

911 年

987 年

870 年

加洛林王朝绝嗣，大贵族雨果·卡佩被推举为王，开启了卡佩王朝。

东、西法兰克王国瓜分了中法兰克王国的北部领土，奠定了现代法国领土的基本雏形。

圣女贞德出生。

腓力六世继位，开启瓦卢瓦王朝。

1412 年

1337 年

1328 年

1431 年

英法百年战争爆发。

圣女贞德被英国人判处火刑烧死。

腓力二世继位，通过布汶战争，腓力二世扩大了法国领土，巩固了王权。

1180 年

1226 年

路易九世继位，在位期间卡佩王朝达到鼎盛。

腓力四世继位，在位期间召开了法国历史上第一次"三级会议"。

1285 年

1309 年

腓力四世操纵教廷从罗马搬到了意大利北部、紧挨着法国的阿维尼翁。

路易十一继位，在位期间法兰西基本统一，路易十一也因此被称作"法兰西领土聚合者"。

瓦卢瓦王朝结束。

1589 年

1494 年

1461 年

1453 年

查理八世在位期间，法国入侵意大利，但最终战败。

驻波尔多的英军向法军投降，百年战争最终以法国人的胜利而告终。